中国人口迁移时空格局的形成机理与模拟

李 扬 著

科学出版社

北 京

内 容 简 介

人口是其他地理要素的参照点，应成为地理学的主要研究内容。人口迁移的研究已经是人口地理学的标志，人口迁移是影响人口时空分布的主要因素。本书通过总结中国人口迁移的历史轨迹与特征，分析我国近三十年（1985~2015 年）国内人口迁移的规模、强度、流向、迁移方式、迁出/迁入地的空间结构、迁出/迁入人口的空间分布等特征；探究近三十年中国人口迁移时空格局演变的动力机制；借助双组分趋势制图法、人文地理学建模学术思想，构建人口迁移时空格局机理和特征模拟的分析框架，并应用模型对不同时空尺度下的人口迁移过程开展实证研究；运用马尔可夫链预测人口迁移时空格局态势，提出未来可行的人口迁移相关政策建议。

本书可供人口地理学、地理建模、时空模拟等相关领域的研究学者、政府相关部门规划工作者及社会大众参考、阅读。

审图号：GS 京（2023）1968 号

图书在版编目（CIP）数据

中国人口迁移时空格局的形成机理与模拟 / 李扬著 . —北京：科学出版社，2023.10
  ISBN 978-7-03-072841-8

Ⅰ. ①中⋯ Ⅱ. ①李⋯ Ⅲ. ①人口迁移–研究–中国 Ⅳ. ①C922.2

中国版本图书馆 CIP 数据核字（2022）第 145546 号

责任编辑：李晓娟 / 责任校对：彭珍珍
责任印制：徐晓晨 / 封面设计：无极书装

科学出版社 出版
北京东黄城根北街 16 号
邮政编码：100717
http://www.sciencep.com

北京九州迅驰传媒文化有限公司印刷
科学出版社发行　各地新华书店经销

*

2023 年 10 月第 一 版　开本：787×1092　1/16
2025 年 3 月第二次印刷　印张：12 1/2
字数：300 000

定价：150.00 元
（如有印装质量问题，我社负责调换）

前　言

有关人口迁移以及时空格局的研究是人文地理学的重要学术命题。美国地理学家协会（AAG）前主席特里瓦萨（G. Trewartha）在 1953 年年会的致辞中说过，人口是其他地理要素的参照点，人口应成为地理学的主要研究内容。而流动性是所有人口的固有特征，除非有限制或控制人口流动的具体政策或其他因素。人口迁移变动的研究已经是人口地理学的标志，它与人口自然变动、人口社会变动一起构成人口的三大变动。其中，人口迁移变动与人口自然变动又是影响人口时空分布的两大主要因素，相对于变化较迟缓的人口自然变动，人口迁移变动的影响更为显著。

联合国移民署（IOM）发布的《世界移民报告 2020》估计，2019 年全球国际移民数量接近 2.72 亿人（占世界总人口的 3.5%），是 1970 年国际移民人数的三倍以上。在过去五十年中，全球的国际移民人口数量不断增加，但其占世界人口的比例相对稳定。印度继续成为国际移民的最大来源国，其次是墨西哥和中国，最大的移民目的地仍然是美国。

从中华人民共和国成立到 20 世纪 80 年代末以前，由于受到计划经济和严格的户籍制度约束，人口迁移流动表现为规模小、频率低、受国家政策影响深的特点。但是 20 世纪 50 年代末户籍制度的松动、70 年代末的改革开放和伴随的快速城镇化进程以及 21 世纪初提出的新型城镇化，都使得大规模跨区域的人口迁移流动已呈现不可阻挡并越来越多元化之势，同时人口迁移时空格局亦发生着剧烈的变化，主要表现在迁移规模、强度的增大和流向的多样化，迁移人口分布呈现出东南沿海吸入人口、中西部地区流出人口的空间格局，存在着突出的乡—城流向趋势。2010 年后中国经济进入新常态，东部沿海产业或外迁或内迁或转型升级，中西部地区就近城镇化开始推进，农民工特别是外出务工人员增速放缓，中国人口迁移开始出现新的特征。2014 年我国流动人口总量达到峰值 2.53 亿人（国家统计局，2020），随后，流动人口数量在增速下降的同时规模开始减少，不少人口开始向西部地区回流，中西部地区净流出人口明显减少，东部地区人口集聚的速度开始放缓，乡—城流动人口开始减少，城—城流动人口持续增加。

当代中国正经历着人类历史上最大规模的人口流迁，对人口迁移格局过程的机理把握与空间特征的模拟研究将进一步深化现有的人口迁移理论，有助于科学制定人口流迁相关政策，为区域社会经济发展提供决策依据。本书应用地理学与人口学等研究领域的前沿理论与方法，在总结我国国内人口迁移的规模、强度、流向、迁移方式、迁出/迁入地的空间结构、迁出/迁入人口的空间分布等特征的基础上，借助双组分趋势制图法、人文地理学建模学术思想，构建人口迁移时空格局机理和特征模拟的分析框架，并应用模型对不同时空尺度下的人口迁移过程开展实证研究。在此基础上运用马尔可夫链预测人口迁移时空格局态势，提出未来可行的人口迁移相关政策建议。

本书共分 10 章，主要讨论以下几方面的问题：第 1 章对人口迁移时空格局机理模拟研究的相关概念进行界定和明晰；第 2 章系统梳理人口迁移时空格局模拟研究的相关理论与模型；第 3 章对国内外人口迁移及时空格局机理模拟研究的最新进展进行阐述和归纳；第 4 章按照时间轴对中华人民共和国成立后到 2020 年的中国人口迁移的历史轨迹进行整理阐述，并对当代人口迁移的基本特征进行归纳总结；第 5 章对中国人口迁移的规模和强度进行测算、分析，总结期际变化特征；第 6 章对中国人口迁移的流向进行测算、分析，总结期际变化特征；第 7 章探寻中国人口迁移时空格局演变的动力机制；第 8 章分析迁出/迁入地的空间结构、迁出/迁入人口的空间分布特征等，并进行趋势面的模拟；第 9 章运用马尔可夫链预测人口迁移时空格局态势；第 10 章阐述中国人口迁移的相关政策与制度以及未来人口迁移政策的讨论及建议。

李　扬

2022 年 4 月 8 日

目　录

第 1 章 人口迁移时空格局机理模拟研究相关概念界定及研究意义

人口综合研究是一个复杂的巨系统，地理学家、人口学家、经济学家和社会学家都对此进行了深入研究，相比较而言，人口学家更关注人口的出生、死亡和婚姻等自身的类型，却忽视人口迁移和时空变化的整体影响，而关注时空变化是地理学家对人口研究的重要贡献。本章就本书出现的相关概念做统一的定义。

1.1 人口迁移时空格局机理模拟研究相关概念界定

1.1.1 人口迁移

在人口三大变动中，对人口迁移（migration）流动的研究相对最少，但是对"人口迁移"的定义却不胜枚举。目前学术界对人口迁移流动的概念及内涵并没达成一致的意见，美国人口普查局（United States Census Bureau）定义：movement 是指人口在 1 年内改变了其住所的行为，所指的范围很宽，既可指在本地（本乡、镇、街道）改变其住所，也可能是其到外地（其他乡、镇、街道甚至是外省市）去居住，是一种广义的人口流动定义；migration 为跨越了一定的辖区（县以上）边界的人口流动，主要指州际人口流动和国际人口流动。美国人口咨询局在《人口手册》中对迁移定义为"人们为了永久性或半永久定居的目的，越过一定边界的地理移动"。国际人口科学研究联盟（International Union for Scientific Study of Population）定义迁移是人口在两个地区之间的地理流动或者空间流动，这种流动通常会牵涉永久性的居住地由迁出地到迁入地的变化，不同于其他形式的不涉及永久性居住地变化的人口流动（movement）。联合国《多种语言人口学辞典》在概括各种不同定义的基础上，认为人口迁移是"人口在两个地区之间的地理流动或者空间流动，这种流动通常会涉及永久性居住地由迁出地到迁入地的变化"。由于国外覆盖全国的社会保障体系的完善，人口发生迁移以后在迁入地的社保福利不受影响，更没有户籍制度的限制，因此国外对迁移的定义相对单纯得多，正因如此国外的文献中 migration、movement、mobility、population floating 通常作为同义词相互替代。

由于我国特有的户籍制度的存在，关于人口迁移与人口流动在概念上的区分比西方更为复杂。人口迁移与人口流动不仅在时间、空间和是否改变居住地上有差别，在户籍是否随人口迁移上也有体现。通常情况下，人口迁移被认为伴随户口的相应变动，而人口流动没有户口的相应变动。我国学者彭勋等（1992）从人口迁移所具有的时间、空间、目的三大主要属性出发，将不同定义分为宽、中、窄三大派。宽派主要从空间属性来定义，着眼于人口的空间位移，或地区、地域分布的变动。中派主要强调目的属性，认为迁移以定居或居住为目的。窄派则以三大属性中的两或三个属性来共同界定人口迁移。阎蓓（1999）认为，空间属性是人口迁移的本质属性，除此之外还应该再加上时间属性，在这双重属性的限定下人口迁移是指人口常住地发生跨越某一层次行政区的改变，且持续时间达一年以上的空间移动。杨云彦等（2001）认为根据中国的情况，人口流动可以划分为以下三类：一是户口在本地的迁移，简称户口迁移；二是户口不在本地的迁移，简称非户口迁移；三是短期流动、旅行、通勤等。目前在我国人口迁移流动的研究文献和数据资料中对人口迁移与人口流动概念的理解、使用十分混乱，产生了永久性迁移、暂时性迁移、计划迁移、自发迁移、户口迁移、非户口迁移、盲流、暂住人口、流动人口、农村劳动力转移等诸多术语。

综合国内外学者对人口迁移流动定义的研究，可以得出人口迁移的三个基本属性，即空间属性、时间属性和目的属性。而从地理学者的角度来讲，空间属性是人口迁移的本质特征，即人口从一个地理单元流动到另一个地理单元的空间选择行为。但是学者对人口迁移流动进行研究是想就人口迁移流动现象背后的深层原因进行分析，对人口迁移流动的规律进行探讨，并试图对人口迁移流动的时空格局进行模拟和预测。因此，人口迁移流动研究只把对在社会经济生活中起着独特作用的这部分人口空间变动作为研究范畴。在本书中，考虑到建模的需求及在目前可获得的人口迁移流动数据质量的基础上，不在人口迁移、人口流动上进行细致的区分，对人口迁移的定义随着时空尺度、人口调查数据统计口径、行政划分体系及研究侧重点的不同而不同，但大体上属于彭勋等（1992）定义的宽派范畴，并且在具体的实证研究中会单独给出定义。如果无特殊说明，本书的人口迁移规模均指常住地发生改变的这部分移民数量。

1.1.2 时空格局

近代物理学认为，时间和空间不是独立的、绝对的，而是相互关联的、可变的，任何一方的变化都包含着另一方的变化。因此，把时间和空间统称为时空，在概念上更加科学和完整。时空也是四维的，由坐标 x、y、z 和时间 t 组成。空间是时间快慢变化同至的区域。时间是空间长短变化同归的程序。时间和空间是贯穿地理研究的两大动态要素。

地理模型大多与空间相联系：从地球的圈层到最小的景观单元，构成了不同的空间层次和地理问题。空间关系影响着要素之间的关系，空间尺度的不同影响着模型的外推和应用。

地理要素总是随着时间的变化而变化的，只是有的变化快，有的变化慢，构成了长期、中期和短期等不同的时间尺度。在地理建模时必须考虑时间要素，如不同时间的数据如何分析，如何保证数据在时间上的可比性等。时空格局变化研究主要集中在三点：一是时间序列上的变化；二是同一时期不同区域之间的空间差异；三是时空格局变化的影响因子分析，即影响因子如何对人口迁移时空格局变化产生影响。图 1-1 描述了不同时间和空间上的地理模型与物理、化学、生物学模型的联系。

不同时间和空间上的地理模型与物理、化学和生物学模型

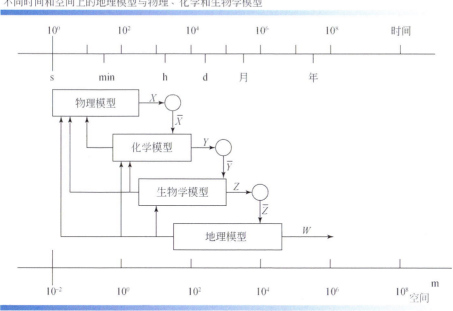

图 1-1　不同时间和空间上的地理模型与物理、化学、生物学模型

资料来源：Jørgensen and Bendoricchio，2001

1.1.3　机理与机制

"机制"（mechanism）一词源于希腊文，原指机器的构造和工作原理，借指事物的内在工作方式，包括有关组成部分的相互关系以及各种变化的相互联系。其在《辞海》中的几个解释分别是：①用机器制造的；②机器的总体构造和工作原理；③有机体的构造、功能和各器官间的相互关系；④某个复杂的工作系统或某些自然现象的演变规律。在Merriam-Webster 词典中，其主要的解释之一是"涉及或导致某些行动、反应和其他自然现象的一系列相关的基本活动或过程"。

不管对自然科学还是社会科学而言，对机制的理解主要包括三方面的内容，即构造、运行及功能。"构造"涉及主要对象的组成，该组成决定了运行的情况和功能的本质。例如，石头放在阳光下不发生光合作用而树叶可以发生，根本原因是其构造不同。而"运行"指因为构造体之间的相互作用而体现的一种特有的秩序。任何机制必然导致某种"功能"，没有无谓的机制。在社会科学中，"机制"即指一定机构或组织的机能，以及这个机构或组织与其机能之间的相互作用关系。

"机理"有如下两种解释。解释一：指为实现某一特定功能，一定的系统结构中各要素的内在工作方式以及诸要素在一定环境条件下相互联系、相互作用的运行规则和原理。解释二：指事物变化的理由与道理。在化学动力学中，所谓"机理"是指从原子的结合关系来描绘化学过程。在化学气相沉积中，机理的含义更加广泛。如果其过程是动力学控制

的，其机理就是指原子水平的表面过程。

机制是一种体制或体系，是框架下形成的整体，重在事物内部各部分的机理即相互关系。机理只是一个理念，由相关数据及事实构成，作为机制组成的一部分。机理、机制研究是地理研究是否能够深入进行的关键。只有摸清了某过程的机理与机制，才有可能去较好地利用或改变这一过程。人口迁移理论就属于一种机理性研究，包括影响人口迁移流动的强度、方向的各种因素及其作用机制。

本书在前人工作的基础上，建立合理的指标体系及选择机制，以期能在不同尺度下，选择适当的人口迁移影响因子，建立模型，以便能够更好地掌握人口迁移过程时空格局的作用机制。

1.1.4 模型与模拟

模型（model）是对原型（prototype）即现实世界中的实体或现象的抽象或简化，是对原型中最重要的构成及其相互关系的表达，是为了理解和预测现实世界而构建的一种有效的替代物，它不是现实世界的复制，而是既简单于原型，又高于原型。这种替代就像是某一物体的漫画，它极为简化，但仍能够再现物体的关键特征。根据不同的研究目的，抽象或简化可以通过多种方法如文字、图形、实物及数学等来实现。抽象的方法不同，就构成了不同的模型，如文字或语言模型、图像模型、实物模型（如飞机、建筑模型等）及数学模型等。

地理学研究的目的是理解人类与自然环境间的关系。因此，地理学家不能像艺术家那样完全自由地想象或随心所欲地表达所涉猎的世界。然而，模型是对现实世界的简化或抽象，这就决定了它必然包含一定的"艺术"成分，即在地理建模过程中包含许多人为或主观因素。地理模型可以看作科学和艺术的有机结合。同样的一个地理问题可以用不同方式或不同类型的模型来描述，模型表达也可多种多样。一个好的模型可以把一个复杂问题简单明了地表达出来，而一个劣质的模型常常是把一个相对简单的问题描述得既复杂又玄秘。

模拟（simulation）是一种实验方法，是模型的构建和模型应用的过程。模拟首先是针对特定的研究对象构建一个模型，然后利用该模型对研究对象进行各种实验，其目的是理解研究对象的行为，评估在一定的限制条件下研究对象的各种变化和不同对策所产生的结果。

建模（modeling）是构造现实世界中与研究对象相关模型的过程。在建模中，首先观测研究对象，然后在忽略次要因素和不可观测因素的基础上，使用物理或数学的方法进行抽象，建立与实际对象近似的模型。建模的重点是探索研究对象与模型之间的关系，所建立的模型要尽可能地接近研究对象。

1.1.5 人文地理过程

人文地理系统是地球表面上占有一定空间，以不同物质客体为对象的地域结构形式，可以是经济的、社会的，具有一定的体系结构形式，分级性或多级性、层次性，并具有纵向与横向间的关系。人文地理过程（process of human geography）是复杂的、综合性的地理现象，许多人文地理现象具有非平衡性、多尺度性、自相似性、层次性、随机性和交互性等复杂特征。

人文地理过程是地球表层过程的核心组成部分，是指人文地理要素（包括人口、经济、社会、文化及政治要素）随时间推移而表现出的包括其发生、发展、演变和消亡的动态过程，侧重研究各种人文要素的空间过程，包括空间分布的变化和空间格局的演变（刘慧等，2010），以及"时间断面"上人文地理要素动态演化过程的基本事实、概念、原理、规律。只有了解地理事物的发展过程，才能对其演化机制进行深层次剖析，以获取地理现象变化的规律，以预测、决策和管理人文地理系统。随着现代化技术与计量方法的不断发展，对人文地理过程的研究不再局限于简单和静态的描述，更侧重于人文地理事物构成或地理现象产生的演化过程、内在机制的解析及基于此的调控与优化。人文地理系统处于不断发展的过程之中，从理论和方法上寻找人文地理系统的空间发展状态，找出其发展过程的共同性和差异性，并总结出发展过程的规律性，是人文地理过程研究要解决的重大问题。

以上特点决定了人文地理过程建模具有其自身的特殊性，主要表现在以下几点。

1）主观性

人文地理过程是以人类活动为主的地理过程，人类的主观能动性在其中体现得淋漓尽致，使得对其机理的研究和过程的模拟具有复杂性与不确定性，不能硬性地采用自然地理建模的思想与方法。

2）不可实验性

博格曾经提到，如果人口学家可以在实验室条件下研究迁移，可以考察由每种环境因素甚至社会经济因素引发的迁移的量、方向与结构的变化，将是最佳的人口迁移的定量模拟。但是现实生活中不存在这样的条件，人们只能观察到在不同地方实际发生的迁移，这使得人口迁移这样的人文地理过程的模拟模型的检验具有一定的难度。

3）决策出口

由于对人文地理过程的模拟最终是为了指导政府决策、制定科学的区域、产业规划，在建模设计初期就不得不考虑其最终的出口而使其建模思想与步骤有别于其他的学科。

因此，本书从人口迁移过程的角度对人文地理过程的单要素进行驱动力机制剖析、动态模拟预测，试图找到研究人文地理过程的一般普适方法，推进人文地理过程的研究进展。

1.1.6 尺度与尺度分析

尺度（scale）、空间和人的经验是有关地理空间概念建模的三个重要因素（Ittelson，1973）。其中，尺度观念在地理学分析中是十分重要的。从广义上来讲，尺度是指研究客体或过程的空间维和时间维，地理学中的尺度包括两方面的含义——粒度（grain）和幅度（extent）。其中，粒度指研究对象的最小可辨识单元（空间粒度、时间粒度），而幅度指研究对象的持续范围（空间幅度、时间幅度）。空间尺度可用比例尺（地图）、分辨率（遥感影像）和不同层次行政区划等来描述，时间尺度指所考察地理系统演化过程的时间区间以及建模仿真的时间步长。

在地理学研究领域，"尺度"问题无疑是一个非常重要的问题。地理系统（自然、人文）都是包含无数不同时空尺度系统的复杂系统，不同层次间的系统相互影响和制约。同样地，人口迁移现象也是一个复杂的巨系统，而复杂系统的简化都是基于特定的时空尺度进行的。在具体的研究中，由于条件限制，人们不太可能在一种时空尺度上对包含全部影响因素的地表自然或人文系统进行研究，必须根据所讨论问题的特征对系统进行简化。依据不同的时空尺度对系统进行简化，得到复杂系统的不同时空尺度下的近似系统——尺度分析。尺度分析的本质是把简化系统所采用时空尺度因素看作影响复杂系统的主要因素，经过简化的系统由几种主要影响因素控制，它是地理学模拟建模的基础。

上述在定义人口迁移的问题上给出的准则是在社会经济生活中起着独特作用的这部分人口空间变动，具体到实际操作中应选择明确的"空间"和"时间"标准，即研究尺度的问题。换句话说，不是所有的空间位置变动都被当成人口迁移或人口流动，只有超过"一定"时间限度、跨越"一定"空间范围的位置变动才被视为人口迁移或人口流动，发生这种行为的人才能被视为迁移人口或流动人口。原则上讲，这种时间和空间范围不能太大，太大则会使许多位置变动不能被恰当地纳入人口迁移和人口流动的视野中；也不能太小，不然可能连人们由楼房的一层到另一层、由一个房间到另一个房间的移动都被当作人口迁移或人口流动了。这两种情况都不利于准确反映人口迁移或人口流动的状况，所以应选择"合适的"时间和空间标准，这是本书所要探讨的首要问题。

那么，什么是"合适的"标准呢？在人口迁移方面，根据迁移流动人口所跨边界性质和等级的差异、城乡类型和规模及持续时间的差异，将人口迁移分为国际迁移和国内迁移。国内迁移又分为省（州）际迁移和省（州）内迁移，县、市迁移和县、市内迁移、城乡迁移、城市迁移、乡村迁移，以及不同规模城乡居民点间的迁移、城市内通勤等。

因此，为便于政策制定者参考，基于不同研究单元，根据研究所选取的时间空间尺度不同以及数据的可获取性，确定主要研究以下尺度人口迁移流动时空格局形成机制及模型搭建（图1-2）。

（1）跨国迁移：研究洲际或者国家间人口迁移，国际迁移受签证制度影响很大，不是人口的自然流动，而且数据不容易获取，故在本书中不做研究。

（2）省际迁移：以全国为研究对象，对省际人口迁移时空格局进行机制与模拟研究（相对来说受国际迁移影响较小）。

（3）市县际迁移：以京津冀地区县域为单元，进行县域间人口迁移建模研究。市县际单元便于研究人口迁移的微观机制。

（4）城乡迁移：以全国为研究对象，以城市、乡村为研究单元，对城乡间人口迁移时空格局进行机制与模拟研究（包含在省际与市县际迁移研究中）。

（5）城市内通勤：考虑到数据的可获取性差，故其不作为本书的研究对象。

因此，省际迁移、城乡迁移以及市县际迁移是本书研究的重点。而尺度转换一直是地理学有关"尺度"问题研究的一个热点、难点，也是地理学有关时空动态模拟分析的一个"瓶颈"（柏延臣和王劲峰，2003）。在本书中，尺度转化问题只作为尝试，不作为重点。

人口迁移研究尺度图

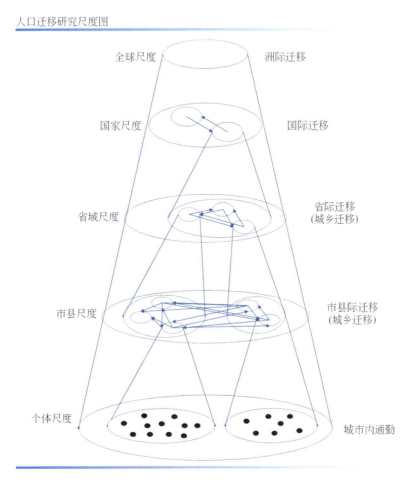

图1-2　人口迁移研究尺度图

1.2　人口迁移时空格局机理模拟的研究意义

随着中国迁移流动人口规模快速增长和影响日趋深远，各级政府在制定经济社会发展战略、区域与城市规划等各类重大决策时，亟须准确地认识和把握中国迁移流动人口的空间分布特征及其内在动力机制。因此研究我国人口迁移时空格局不仅具有深刻的理论意义，还具有重要的实践意义。

1.2.1 理论意义

1.2.1.1 深入和细化我国人口迁移理论与实践研究

近年来，国内人口迁移研究在人文地理学的范畴中越来越受到青睐，随着社会转型所带来的迁出与迁入人口逐渐受到关注，相关的议题在各类学术期刊及学院学位论文中的出现频率不断增加。但是纵观国内人文地理学范畴的人口迁移研究，其研究议题、取径方法多半仍局限于 20 世纪 80 年代以前西方传统人口学，缺乏理论面上的探究。在实证研究中，国内地理学者对人口迁移的研究多局限于单一尺度的研究，而且以省际迁移研究为主，市县级及以下的研究屈指可数。其实，对我国人口迁移的研究不应该局限于省级单元，因为中国一个省的面积在某种程度上相当于欧洲国家的面积，如果不继续深入更小的单元，如地市级、城市级，那么对人口迁移的研究将显得过于粗略。

因此，本书拟选择不同尺度，基于可获得的人口迁移数据，从更注重人口迁移的微观过程并强调有决策能力的个人角度出发，以期更加深入和细化我国的人口迁移理论与实践的研究。

1.2.1.2 丰富人文地理学"格局—过程—机制""时空耦合"的研究

在要素研究中建立格局—过程—机制的系统思维；在区域研究中建立时间—空间转换的思路、格局与过程耦合的思路、区域差异与关联的思路（宋长青和冷疏影，2005）。地理现象既包括空间上的性质，又包括时间上的特征。只有把时间及空间这两大范畴纳入某一统一的基础之上，才能真正认识地理学的本质规律（周成虎等，1999）。可见，时空格局研究在推进地理学发展中占有相当重要的位置。随着地理学的发展，对地理空间系统的研究不再仅仅局限于简单和静态的描述，更应该侧重于地理事物构成或地理现象产生原因及演化过程。然而，目前在我国地理学研究的众多领域中，对地理现状形成的格局特征、存在问题、格局影响因素及相应实施政策进行研究的文献最多，对地理格局的形成机制进行研究的文献较少，而对地理格局形成过程进行对比研究和模拟研究的文献则更为少见。本书试图对人口迁移时空格局进行科学认知，识别形成人口迁移时空格局的影响因素，探究人口迁移过程中驱动力的变换过程和作用机制，剖析人口迁移时空格局的演化过程和内在机制。

1.2.1.3 提升人文地理过程模拟的研究方法

人口迁移过程是人文地理过程的重要组成部分。人文地理系统的空间过程具有明显的复杂性和高度的非线性，同时具有显著的自组织性和不确定性（刘慧等，2010），其模拟需要寻求可行的切入点：第一是单一人文要素的空间过程模拟，第二是各种要素综合作用交界面的空间过程模拟，而人文地表过程的模拟是人文地理过程单要素模拟的重要组成部分。单一人文要素的空间过程模拟研究，曾是人文地理学者长期研究的主题，但尚未形成系统化的研究，不能否认的是，某些领域的研究已经取得了重要成果，如国家尺度的经济过程模拟、基础设施空间过程等。综合来看，过去及目前的研究，虽然尚未形成系统化的研究，相关方法和技术手段也尚未成熟，但却取得了一定的研究成果，积累了一定的研究经验。人文地理过程动态机制的研究，反映了人文地理已跨入深层次研究的新阶段。但必须指出的是，目前对地表过程的模拟研究尤其是人文地表过程的模拟研究尚未形成理想的研究方法与理论框架。未来，随着人类活动作用与影响的增强，人文地表过程越来越重要。尤其是，工业化、城市化和现代化的共同推进，加快了人文地表过程的速度和影响深度及范围。针对如何模拟人类需求—人类行为—人类作用的过程，定量表达人文作用的效应，以期形成综合的研究思路与方法学框架。本书以人口迁移为人文地理过程模拟研究的切入点，运用现代化的计算机手段、模型的思想以及系统集成的方法，是对现有人文地理过程研究方法的提升。

1.2.2　实践意义

1.2.2.1　有助于制定科学的人口政策，为区域社会经济发展规划提供决策依据

进一步深化认识我国人口迁移时空格局，有助于各级政府提出合理的相关人口政策，包括人口规划、人口发展、人口城市化、人口区域再分布、国际移民、人口普查、住房政策等方面。制定出行之有效的相关政策，合理引导人口迁移，可为制定人口发展政策、区域社会经济发展规划提供决策依据。

1.2.2.2　有助于国家和区域产业布局和产业结构的优化调整

人口迁移，反映人口流向、规模和主要迁出/迁入地区。它既影响一国、一地区人口数量的增减，也影响人口构成和分布的变化，是人口特征中不可忽视的方面，具有事关全局的重大意义。人口迁移与区域经济差异有密切的相关性，间接地反映国家和区域产业布局与结构调整的效果。因此，本书分析我国人口迁移的热点迁出、迁入区域的空间分布格局，提出问题所在，辅助制定更为合理的经济产业相关政策。

1.2.2.3　为区域可持续发展模拟实验室提供子模块平台支持

通过对人口迁移的机理分析与动态模拟研究，积累人文地理过程研究的理论和方法，以二维、三维可视化图形的形式提交结果，为区域可持续发展模拟实验室提供子模块的理论支撑与技术支持。

第2章 人口迁移时空格局模拟研究的理论基础

英国地理学家雷文斯坦（E. G. Ravenstein）的《人口迁移法则》（Ravenstein，1889）是公认的关于人口迁移理论的开山之作，其后直到20世纪50年代以前迁移理论研究长期处于停滞状态，没有实质性的进展。20世纪50年代以后西方人口迁移研究才重新活跃起来，几乎所有的社会科学分支学科都开始关注迁移问题。不过，早期有关人口迁移的研究主要集中在解释迁移运动普遍的、抽象的条件上，即人口迁移的非经济宏观理论。随着迁移研究实践知识的积累，在50~60年代，西方人口迁移研究有主要流派的人口迁移的经济理论、人口迁移的人类生态理论、人口迁移的现代化体系和人口迁移的马克思主义及新马克思主义理论等，他们的代表观点引导着西方人口迁移研究方向并至今仍深有影响。自19世纪末以来，国外学术界对人口迁移及其规律、模型等理论进行了广泛深入的研究，取得了丰富的研究成果，涌现出相当数目的基于不同尺度的实证研究，为其时空格局建模奠定了坚实的理论基础。

2.1 人口迁移相关理论与模型

西方学术界对人口迁移时空格局这一领域的研究历史较长，并且形成了一系列颇具影响力的理论和模型，如"雷文斯坦法则""距离模型""引力模型"等。自19世纪80年代雷文斯坦提出人口迁移和距离呈负相关关系等七条有关人口迁移的法则以来，国际上各种学派从不同角度对人口迁移空间格局的理论和模型进行不断充实与完善。

2.1.1 空间物理学理论与相关模型

整个世界是物质世界，人类社会也是物质社会，人是物质的人，所有这一切都要遵守物理学定律。人口迁移的空间物理学理论与模型就是借鉴物理学的理论与方法研究人口迁移问题。该理论与模型是基于物理学中的引力作用建立的，该理论认为两地之间的相互作用和频繁性与两物体之间的万有引力作用类似。西方学者在这方面做的研究较多，并取得了令人信服的理论成果，提出了一些实用性很强的理论模型。比较而言，中国学者则把较多精力用于对人口迁移的人口特征性和迁移后果的研究，而对空间物理学机制问题较少涉足。

2.1.1.1 距离模型

由于人口迁移是一种人口在空间中的移动现象，因此距离便成为一个衡量和影响人口迁移的基本地理要素，也是该领域研究的切入点和基础。西方学者通常把距离看成人口迁移的障碍，并且认为两地间的迁移率随距离增加而降低。早在1885年英国学者雷文斯坦提交英国皇家统计学会的发言中就指出，"通常移民们经过长途跋涉，力求迁往一个规模较大的商业与工业中心城市，而在这一过程中，移民的主体只是移动了一个较短的距离"（Ravenstein，1885）。从地理学角度来看，这条法则强调空间距离对人口迁移的影响，即移民的数量分布随着距迁入中心距离的增加而减少。也有学者认为迁移距离在很大程度上受信息等级偏好的影响，也可以理解为社会联系的"拖网效应"，如托利在1963年发现，短距离迁移，原有社会关系还能维系（Tolley，1963）；区域间迁移，社会关系就可能破裂，但由于范围内环境通常相似，新社会关系能够很快建立；而长距离迁移，人口往往就迁入完全不同的环境，因此大多数人不易做长距离迁移。

Fields（1982）在一项有关加勒比地区移民的研究中发现，人口迁移量与迁入地和迁出地之间的距离均具有显著的负相关系数，在包括距离、工资和就业等变量的模型分析过程中，结果唯一显著的变量就是距离，它对移民具有很强的抑制作用。Fan（2005）对1995~2000年中国迁移场的描述中，阐述了距离对迁移的持续的负相关作用，但是一些远距离迁移流的显著突出也表明距离的阻尼作用随着时间而下降。我国学者王桂新（1992）指出，距离是阻抗人口迁移的重要地理因素，但不同地区或同一地区不同地域层次的人口迁移，由于所受影响因素及作用机制的差异，距离因素影响的大小将有所不同，并在文章中给出距离模型：

$$M_{ij} = K \frac{1}{D_{ij}^\alpha} \tag{2-1}$$

式中，M_{ij} 为 i、j 两地间迁移总人数；D_{ij} 为 i、j 两地间的距离；K 为模型系数；α 为距离衰减参数。并从迁入与迁出两方面，分析距离因素对上海省际不同地域层次人口迁移影响的大小及其差异，考察在距离因素的影响下，上海省际不同地域层次人口迁移的空间分布规律。蔡昉和王德文（2003）也得出，在其他条件不变的情况下，迁移距离上升1%，迁移率下降1.08%，2000年跨省迁移人口比例不到30%，绝大多数迁移人口选择了省内流动的短距离迁移方式。俞路（2006）在对我国第五次全国人口普查数据的定量分析中发现，距离作为对我国区际人口迁移的重要影响要素，其作用具有明显的规律性。

距离模型将阻碍两地之间人口迁移的因素简化到最单纯的地步——两地间的距离，但距离对人口迁移的影响作用不仅仅在于直接的实际发生的旅途交通成本；迁移间接产生的心理成本（Sjaastad，1962），源于与家庭和朋友的分离、文化的差异，迁移的距离越远，团聚的机会越少，文化差距越大，心理成本越高；还包括信息的有效性，由于信息随距离的增加而衰减，因此目的地的不确定性增加以及预期收入将会降低；山、水、气候等自然因素对人口迁移的影响也涵盖在地理距离之中。因此，在做不同的实证研究时，距离可以理解为交通距离、直线距离、心理距离、人口重心距离、时间距离和经济距离等，也可用时间、费用等替代。

研究者也要看到随着社会、经济的发展，特别是科技的进步引起的交通工具和通信手段的日新月异，以及人们传统顾恋家乡、亲人观念的改变，距离对人口迁移影响的效果也在发生着变化，主要表现在作用形式的改变和阻尼效果的减弱。但距离因素作为人口迁移空间格局研究中的一项基本要素，其作用是最普遍和不可替代的。

2.1.1.2 引力模型

最早将物理学里的引力概念用于迁移研究的学者也是雷文斯坦，他指出，"人口迁移必须要考虑到每个迁入地和迁出地人口总量情况"，并在研究英国城市迁移流时运用了引力概念，他观察到英格兰、威尔士工人趋向大城市迁移，且距离越远迁移人数越少（Ravenstein，1876）。而齐普夫（Zipf，1949）将这种关系进一步具体化，他指出："第一，从几个其他处于一定距离之外的地点向一个中心点的迁入率与距离成反比；第二，从一个中心点向在一定距离之外的几个地点中每一个地点的迁出率与距离成反比。"他还提出了关于迁移的引力模型：

$$M_{ij} = K \frac{P_i P_j}{D_{ij}^{\alpha}} \tag{2-2}$$

式中，M_{ij} 为 i、j 两地间迁移总人数；P_i、P_j 分别为 i、j 两地人口数；D_{ij} 为 i、j 两地间的距离；K 为模型系数；α 为距离衰减参数。该模型表明人口迁移量与两地人口数成正比，而与两地间的距离成反比。

引力模型是西方最早的用数理分析模型来解释人口迁移的空间模式的理论模型，也是比较成功且应用性很强的一个模型。引力模型比单纯的距离模型优越的地方在于它引入了可利用机会——用人口规模代替可供选择的目的地的机会，因为通常人们认为一个地方的人口规模与就业机会是相关的，正如万有引力是在两个物体之间的一对大小相等、方向相反的作用力和反作用力一样。引力模型使两地间迁移总人数可以用三个客观的指标来进行描述，也使得人口迁移的空间格局研究由定性描述开始转向定量研究。

引力模型可以用来研究距离对迁移行为的阻碍效应。王桂新（1993）采用引力模型分析了我国 1985～1990 年人口省际迁移强度与距离的关系。引力模型还可以用来研究人口对迁移过程的影响，将人口按迁移方向分成迁出地人口和迁入地人口。一般来说，人口规模由其集聚效应与经济机会相联系，这样总是人口由稀疏地区向密集地区移动。Fields（1979）在委内瑞拉研究中发现，迁出地人口规模对迁入地的引力作用很强。Greenwood（1969）的研究也认为，以前的移民存量（MS）和移民分布对现在的人口迁移情况会产生很大的影响；迁移应与目的地人口规模正相关而与迁出地人口负相关。Fan（2005）利用引力模型对中国 1995～2000 年人口迁移数据进行线性回归分析，发现迁移流中迁出地人口规模比迁入地人口规模更具权威预测性，而且已占据距离变量的地位成为迁移流中最重要的变量。

引力模型影响深远，后人以此为基础发展了众多模型，加入经济、社会的因素，但其基本假设均是相互作用强度与人口数成正比，与距离成反比。Fields（1982）认为人口变量反映了其他影响迁移而没有在模型中出现的社会经济变量的作用，并非真正是人口规模的作用。因此，作为引力模型中的主要变量，迁出地和迁入地中人口变量并无行为学意义，不像收入和就业等经济变量那样。另外，在模型中把人口规模作为独立变量会引起共同偏差，因为迁移本身为人口增长的一部分。可见，尽管引力模型被普遍地认为是一个很好的描述性的模型，非常适用于人口迁移流的空间格局研究，但有学者怀疑能否用引力模型解释迁移空间模式，奥尔松指出，引力模型最大的缺陷是缺乏理论基础，无法满意地定义距离和人口的概念，两个区域之间的"吸引力"显然一般是不对称的（Olsson，1965），所以之后的空间相互作用模型即应运而生。也有学者批评引力模型没有涉及人口迁移的原因和动机，以及许多在迁移者决策过程中需要考虑的事项，与现实中人们迁移过程相去甚远。这主要是由于模型本身更关注宏观层面的影响力而不是微观层面的动机。纠正这个缺点的方法是可以添加代表迁出地和迁入地社会经济的变量，如收入、就业、教育、年龄结构等。

2.1.1.3 经济引力模型

雷文斯坦在 1889 年就提出迁移，主要是为了提高迁移者自身的经济福利。由于迁移的影响对移民来说是长期的，对于大量移民而言，移民的潜在经济收益远高于较长距离的旅行成本。因此，经济因素在分析人口迁移问题中是必不可少的因素。20 世纪 60 年代，西方学者强调就业机会是决定迁移规模和方向的主要因素，美国人口学家劳里在此方面向着人口迁移空间格局理论的深度迈进了一步，他利用统计模型，把齐普夫引力模型中隐含的一个地区的人口规模决定了该地区所能提供的就业机会的假设前提具体化（Lowry，1966）。在劳里的模型中，用两地非农业劳动力人数表示两个地区的人口数量，用失业率和制造业的小时工资来描述就业机会，使其模型具有更为丰富的理论内涵，其模型表达式为

$$M_{i \to j} = k \left(\frac{U_i}{U_j} \cdot \frac{W_i}{W_j} \cdot \frac{L_i L_j}{D_{ij}} \right) \tag{2-3}$$

式中，$M_{i \to j}$ 为 i 地到 j 地的迁移人口；k 为模型系数；L_i、L_j 分别为 i 地、j 地非农业劳动力人数；U_i、U_j 分别为 i 地、j 地的失业率；W_i、W_j 分别为 i 地、j 地每小时制造业的工资；D_{ij} 为 i、j 两地间的距离。根据劳里回归模型，人口迁移的方向是由低工资的地区向高工资的地区，由劳动力过剩的地区向劳动力不足的地区流动。人口迁移量由两地区工资和失业率的落差，以及非农劳动力人数和迁移距离决定。在以后的实证研究中，该模型中的经济因素随着研究因时、因地、因人而异，随着区域的不同和时间的差异发生着变化与改进。

Fields（1982）发现在哥伦比亚，迁出地的就业率对人口迁移影响很小，而目的地就业条件仅对高中教育程度的移民有影响。Fan（2005）利用加入两地人均 GDP 的引力模型，发现中国人口迁移目的地对移民施加的拉力作用很强烈，而来源地的推力作用相对较弱；在模型中加入移民存量（MS）这个变量后，其成为影响迁移的最重要决定因素。类似的结论 Greenwood（1969）也曾得出。我国学者李立宏（2000）曾将影响中国人口迁移的因素分为 10 类，而距离、经济因素和人口变量起主要作用。严善平模型中的独立变量包括距离、迁入地与迁出地的人均 GDP 比、GDP 增长率比和人口迁移存量，并对这些影响人口迁移量的因素进行了计量分析（严善平，1998）。朱杰（2009）利用添加了两城市人均 GDP 水平的引力模型计算出城市节点两两之间的人口引力。

经济引力模型比单纯的引力模型的进步在于引入经济因素来解释人口迁移空间格局。之后该类模型向着更贴近现实的人口迁移过程发展，泊松引力模型便是其一。Flowerdew 和 Aitkin（1982）指出了基于泊松分布的引力模型比起单纯的引力模型更能反映复杂的人

口迁移过程，并用英国1970～1971年的126个劳动力市场的移民流数据证实了方法的可行性和更适合性。Shen（1999）利用中国1985～1990年人口省际迁移数据对比检验了4个用于分解中国人口迁移诸多因素的人口迁移模型，发现多级泊松模型的结果最优。Peeters（2008）利用改进的弹性泊松引力模型，解释了目的地和来源地之间的"异质"（历史的、社会文化的、经济的、政策的等）连接影响作用，并且把传统的经济机会和移民网络效应的要素结合起来。

2.1.1.4 空间相互作用理论与相关模型

空间相互作用模型族，是英国地理学家威尔逊以引力模型为基础建立起来的空间相互作用模型族（Wilson，1970）。其假设前提最大熵模型在理论地理学界产生了巨大的影响，并且引发了众多的理论研究和应用探讨。基于最大熵模型的空间相互作用模型也被视为地理引力模型之一，是一种流量的空间分布模型。古尔德高度评价了威尔逊的研究成果，"他的工作为许多基于不太严格的物理学类比的空间相互作用模型提供了更为坚实的理论基础，使得引力模型像凤凰一样涅槃再生"（Gould，1972）。

关于空间相互作用的基本假设是这样的：设一个封闭区域内有 N 个小区，则流量的线路的数量为（$N×N$）个。进一步假定总流量为 M，则 M_{ij} 为相互作用变量，也就是小区 i 到小区 j 的流量，即地区 i、j 之间的相互作用（i、$j=1$，…，N），流量的空间运行距离不等，最近的为0，最远的假定为无穷大。这样，流量可以在空间上形成连续分布，从而离散的量在技术上可以转化为连续的量。O_i 为从小区 i 出发的所有流量的总和，D_j 为流入小区 j 的流量的总和，$f(d_{ij})$ 为距离衰减函数。

根据流量的起点和终点的约束状况，模型被分为以下四类。

1）无约束型（unconstrained case）

这是 O_i、D_j 均为未知时的情形。此时，以 V_i、W_j 分别表示 i 区的放出性和 j 区的吸收性，则模型变为

$$M_{ij}=k\,V_i^\alpha W_j^\beta f(d_{ij}) \tag{2-4}$$

式中，$k=\dfrac{M}{\sum\limits_{ij} V_i\,W_j f(d_{ij})}$，以满足 $\sum\limits_{ij} M_{ij}=M$，这里的 M 指流量的总和；α 和 β 为标量参数。

2）起点约束型（production-constrained case）

当 O_i 已知而 D_j 未知时，模型应满足 $\sum\limits_j M_{ij}=O_i$，则有

$$M_{ij}=A_i O_i W_j^\beta f(d_{ij}) \tag{2-5}$$

式中，$A_i=\dfrac{1}{\sum\limits_j W_j^\beta f(d_{ij})}$。

3）终点约束型（attraction-constrained case）

同理，当 D_j 已知而 O_i 未知时，为满足 $\sum\limits_i M_{ij}=D_j$，有

$$M_{ij}=B_j V_i^\alpha D_j f(d_{ij}) \tag{2-6}$$

式中，$B_j = \dfrac{1}{\sum\limits_i V_i^\alpha f(d_{ij})}$。

起点约束型与终点约束型一起被称为单约束型。

4）双重约束型（double constrained case）

在此种情形下，O_i、D_j 均为已知，模型为

$$M_{ij} = A_i B_j O_i D_j f(d_{ij}) \tag{2-7}$$

对分离的区域及其间流的把握，是空间相互作用的本质。其突出的特点：之前介绍的引力模型，常用人口数量替代牛顿原式中的质量。在牛顿原式中，引力与物质质量成正比，质量又是物体惯性的量度，物体受引力作用而产生加速度，有空间位移，但质量恒定不变。在人口迁移中，引力导致人口数量的改变，而距离恒为常数。显然，形式上的一致并不能掩盖本质上的差异。而空间相互作用模型本质上借鉴了统计力学的思想。在研究气体运动状态时，大量单个气体分子的运动具有随机性而难以把握，但可用统计规律描述其宏观状态。人类社会系统的运动远较物理系统复杂，每个人的心理素质、思维习惯和行为准则均有不同，类似气体分子运动，是难以精确描述的，威尔逊把人看成概率人，用统计特征描述其宏观运动，这是建模思想的精华所在。

王桂新（1993）尝试应用双重制约模型分析我国 1985～1990 年省际人口迁移这一空间相互作用现象，选取地区生产总值和人均 GDP 作为经济变量建立模型代入数据计算，结果发现对比相同变量的引力模型拟合效果更好。陈楠等（2005）基于空间相互作用理论，建立了人口迁移和经济发展之间关系的数学模型，为人口迁移预测提供了新的思路；在一定程度表明，在制定人口政策时只考虑人口总量控制而忽视人口的空间布局是片面的。毛新雅和王桂新（2006）利用此模型，以长江三角洲（简称长三角)[①] 16 个城市为研究对象，使用面板数据，发现工资水平是影响长三角地区人口迁入的最重要因素之一，人均 GDP 虽然对长三角地区人口非农化的作用显著，但对人口迁入的作用是不确定的，外商直接投资和对外贸易依存度等开放经济因素对长三角地区城市化的作用非常有限。

从地理学意义上看，人口迁移是来源地与目的地空间相互作用的一种直观的社会表达。人口迁移学是一门与空间科学联系密切的学科，因为它总是需要处理给定区域的人口迁移问题。空间相互作用模型不仅与引力模型有本质区别，而且还能用一个模型衍生出内容丰富的模型体系，把原来的静态分析发展为动态分析。在西方学术界，这一模型被认为是地理学研究的最重要成果之一。但该模型并不排斥引力模型，威尔逊曾指出，在充分的约束条件下，最大熵解与引力模型解是一致的。模型最大的不足是将人类社会系统简单类比为封闭物理系统，没有从本质上区分二者的不同，因此不能进行更深层次的理论解释。

2.1.2 空间社会学理论与相关模型

之前的理论与模式多将人口迁移视作社会现象，从宏观的层面上进行研究，在这种宏

---

① 长江三角洲包括上海、江苏、浙江、安徽，共 41 个城市。

观的研究模式下，人口迁移仅仅是一种社会过程。但是归根结底来讲，人口迁移毕竟是个人的选择行为和活动过程，它与社会宏观结构有关，却又不能简单地等同于社会过程。因此，从微观角度出发的空间社会学模式是从迁移的原因机制出发，用社会学模式来考察人口迁移的空间格局。

2.1.2.1 中介机会理论、模型

斯托夫对距离做了更加具体深入的研究，于1940年提出一个颇具概率意义的假定，即从出发地向目的地的人口迁移数，正比于目的地提供的机遇，反比于目的地距离半径内出现的其他机遇（Stouffer，1940）：

$$\delta P = \frac{K}{V} \tag{2-8}$$

式中，K 为迁入地为迁出地提供的吸引机遇（如工作）；V 为以出发地为圆心，以迁出地和迁入地之间的距离为半径画圆，其里面包含的除迁出地和迁入地外的所有其他地点出现的机遇总和，也就是介入机会；P 为从迁出地到迁入地的人口数。值得一提的是，这个概念没有把人口迁移和空间距离 D_{ij} 直接联系起来，因此不能把它归类为纯粹的地理学空间理论，但他认为空间上的机会分布是历史、地理、经济、政治和社会等诸因素综合作用的结果，而且随着位置的变化而变化。把人口迁移和距离与介入机会之间的相互影响联系起来，距离通过机遇数得到了间接反映，这样处理是比较独到和巧妙的。所谓的介入机会，就是指存在于迁出地和迁入地中间地带的就业、居住等机会。

斯托夫先后把空闲房屋看作介入机会，其后又引入"参赛迁移者"的概念来修正自己的模型。其后也有大量的学者做了相关的论证，Levy 和 Wadycki（1974）利用委内瑞拉数据，Wadycki（1974）利用美国数据，他们都用良好的结果证实了斯托夫的中介机会假说。Denslow 和 Eaton（1984）利用不同的5国数据分析，得出拥有高移民收益的目的地相对于其他目的地来说，距离的阻尼作用很小，甚至不存在，而这主要是由于距离变量和中介机会是高度相关的。国内利用中介机会研究人口迁移的文章不多见，主要见于特定职业或年龄段人群的流动研究方面，潘丽丽（2009）利用中介机会理论得出，临安的旅游者目的地发展归因于杭州和黄山之间的中介机会。

Shaw（1975）曾经指出，"介入机会和参赛迁移者模型最多只是肯定了迁移在总体上是机会以及可能参与这些机会的人和社会距离的函数"。斯托夫也承认，比起别的将要发现的概念来说，这个概念是不完善的。斯托夫模型中介入机会的发现和选择很独特，其作用也非常大，但缺点在于中介机会的量化比较困难，而且只有在迁移者具有相同地位和动机时，中介机会的假说才真正有效。

2.1.2.2 "推-拉"理论、模型

早在1938年，学者赫伯尔就指出，迁移是一系列力量引起的，这些力量包括促使一个人离开一个地方的"推力"和吸引他到另一个地方的"拉力"，将雷文斯坦提出的吸引力扩展为"拉力"和"推力"（Herberle，1938）。Bogue（1959）进一步发展了"推-拉"理论，较全面又简明概括地列出了12方面的推力因素和6方面的拉力因素。到20世纪60

年代，Lee（1966）提出了迁移地域迁入地相关的正负因素，这实际上是"推力"与"拉力"的另一种表述。Dorigo 和 Tobler（1983）给出了基于推–拉理论的模型：

$$M_{ij} = \frac{R_i + E_j}{D_{ij}}, \quad i \neq j \tag{2-9}$$

式中，R 为"拒绝"；E 为"诱惑"；R_i 为从 i 地的推力；E_j 为朝向 j 地的拉力。

在实证研究中，推–拉理论模型虽然被广泛运用，但总是结合其他理论模型。不管结合什么理论模型，其基本分析框架总是将迁移分为推力极和拉力极。布思罗伊德和雷德福认为迁入城市的移民是由农业用地紧缺和圈地运动引起的，"推力"是主要因素（Boothroyd and Redford，1968）。恩格斯通过曼彻斯特早期城市快速扩展和晚期城市衰退与工业布局的紧密联系，认为"拉力"为主导作用（Engels，1974）。詹金斯发现墨西哥的"推力"比美国的经济机会的"拉力"更好地解释了 1948 ~ 1972 年墨西哥到美国的人口迁移流（Jenkins，1977）。达塔从"推–拉"理论的视角，利用问卷调查的形式，定性地分析并解释了孟加拉国到西孟加拉邦非法移民高峰的现象（Datta，2004）。我国学者李培（2009）以推–拉理论模型为理论依据，利用 1992 ~ 2005 年省际人口城乡迁移的面板数据，构建了中国人口城乡迁移的计量模型。

"推–拉"理论之所以被广泛接受，主要是由于它把迁移过程高度概括为迁入地和迁出地两极，把人口迁移的动力归因于迁出地的推力和迁入地的拉力共同作用的结果，包括经济因素在内的各种社会因素，使复杂的迁移过程高度简化。博格曾经提到，如果人口学家可以在实验室条件下研究迁移，那将是运用推–拉–模型的最佳条件（Bogue，1959）。但作为人口迁移的定性理论，由于推力和拉力都是比较模糊的概念，当具体到某个人时，很难确定推力、拉力的强度，这就使其只能起到对迁移现象进行一般性表象解释的作用。在做实证研究中，该理论的前提——迁移者总能自由地选择工作，与迁移的现实条件往往相差甚远，尤其在中国更是如此，而且模型过于简化，不利于对迁移过程众多复杂影响因素的分析。

2.1.2.3 "成本–效益"理论、模型

威廉姆·配第（W. Petty）就阐述了人口流动的原因主要是比较经济利益的存在，促使社会劳动力从农业部门流向工业部门和商业部门。著名的美国芝加哥经济学派的代表舒尔茨（T. W. Schultz）也于 1962 年提出，迁移是人们追求更大经济收益的行为决策过程，迁移者预期通过实施这一行为将会得到较大的收益（Schultz，1962）。当迁移收益大于成本时，迁移就有可能发生。1962 年，夏斯达（L. A. Sjasstad）将该理论进行了量化，建立了成本–收益模型：

$$PV_{ij} = \sum_{t=1}^{T} \frac{U_j^t - U_i^t - C_{ij}^t}{(1 + r)^t} \tag{2-10}$$

式中，PV_{ij} 为从 i 地到 j 地净所得的现在价值；j 为潜在目的地；i 为原住地；U_i^t、U_j^t 分别为在 i、j 两地于时间 t 所预期的实际收入；r 为折扣率；T 为预期剩下的生命长度；C_{ij}^t 为在从 i 地迁往 j 地时间 t 内引致的成本。并指出，迁移发生的条件是，只要至少有一个地区 j 的 PV_{ij} 值大于 0，住在 i 地的个人就可能迁移，并将选择 PV_{ij} 值最大的地方作为目的地。

"成本–效益"分析理论能够较好地解释经济型迁移,是从经济学角度把微观经济理论应用到人口迁移研究中,并加入了微观的个人心理分析,可以说拓展了人口迁移研究的领域,也能够较好地解释人口迁移现象。

2.1.2.4 "预期收入"理论、模型

由于推–拉理论和二元经济理论无法解释城里虽然有大量的失业人口,但仍有大量农村人口涌入城市的现象。对此,托达罗提出了预期收入理论,该理论认为迁移能否发生和迁移流量的大小,取决于迁移者在迁入地可能获得的"预期收入"与迁出地实际收入的差距大小(Todaro,1997)。"预期收入"越高,迁移愿望就越强烈,迁移流量也越大。理论可用式(2-11)表示:

$$M_{ij}=k(W_j-W_i) \tag{2-11}$$

式中,M_{ij} 为 i 地到 j 地的迁移人数;W_j 为迁入地的"预期收入";W_i 为迁出地的实际收入;W_j 的大小取决于迁入地的就业概率和迁入地的实际收入,迁入地的就业概率越高,"预期收入"也越高,迁入地的实际收入越高,则"预期收入"也越高。

托达罗在修正后的刘易斯–拉尼斯–费模型的基础上,融入"预期收入"的理念,将迁移的经济动机仅限于可以感觉到的城乡收入差距,对模型法做了精确化的尝试,取得了有意义的收获,建立了新的模型(Todaro,1969):

$$M(t)=f[d(t)],\ f'>0 \tag{2-12}$$
$$d=pw-r \tag{2-13}$$

式中,$M(t)$ 为 t 时期人口从农村迁入城市的数量;$d(t)$ 为 t 时期城乡预期收入差异;$f'>0$ 表示人口流动时预期收入差距的增函数;w 为城市实际工资水平;r 为农村实际收入;p 为就业概率。

该模型指出,城乡劳动力迁移的动力是劳动力在城市获得的预期收入,而非即期绝对收入,这种预期的城乡收入差别取决于城乡实际收入差别和进城后找到工作的可能性即就业概率的大小。Zhong 和 Song(2003)利用截面数据和时间序列回归得出城乡收入差距的扩大是促进人口城乡迁移的关键因素。而卢向虎等(2006)以托达罗模型为理论基础对1978~2003 年中国农村人口城乡迁移规模进行了实证分析,得出相反的结论,其显示城乡实际收入差距的扩大已经限制性地阻碍了农村人口向城镇的长期迁移。

因此,托达罗模型成功构建了人口迁移量与城市就业概率及城乡收入差异之间的联系,强调预期是它与传统人口流动模式的主要差别。关于托达罗模型的批评之一是该模型同推–拉理论如出一辙,过分强调个人动机的同时,忽视了社会结构制约因素。

2.1.2.5 空间经济学理论与相关模型

以克鲁格曼(P. R. Krugman)为代表的新经济地理学派从规模报酬递增、不完全竞争和路径依赖等理论出发,提出集聚经济是促使人口与产业由农村向城市集中的主要因素(张文忠,2003)。新经济地理学以经济集中和不平衡发展为关注焦点,探究向心力和离心力的关系,认为拥有较多企业和较大市场需求的城市区域有着比农村更强的生产和消费能力。生产和需求的多样化,进一步导致不同类型的企业在城市的集中和消费,即所谓的向

心力。根据规模报酬递增理论，当投入规模不断增加时，企业成本将随之降低，导致收益增加，从而会吸引更多企业向城市集中，相互竞争促使企业不断提高劳动力的工资水平。受西方主流经济学的影响，新经济地理学派将劳动力假设为理性的个体，区域间的工资差异成为吸引低工资地区劳动力人口向高工资地区迁移的主要因素。他们指出熟练劳动力的迁入对本地企业利润产生的正需求效应比企业数量增加所产生的负竞争效应更大，因此由产业集聚而带来的人口集聚将进一步加强城市空间格局的变化。人口随着时间的流逝而逐渐增长，当人口增长超过某个临界点时，新城市就会出现；当人口继续增长，超过下一个临界点时，会出现更多的新城市。同时，离心力的作用决定了地区中心发展的规模不能无限制扩大，因而会在某些位置出现一些新的中心，区域间劳动力迁移速度和规模扩大速度将放缓，从而区域间的空间发展格局改变速度也将减缓，最终形成"中心-边缘"格局。可见，空间经济学的中心-外围（CP）模型就是基于空间经济集聚为人口迁移集聚的主要原因的理论假设，其模型表述如下（Fujita et al., 1999）：

$$\frac{U_1}{U_2} = \frac{w_1 - T(b_1) I_2^\mu}{w_2 - T(b_2) I_1^\mu} \tag{2-14}$$

$$w_1 = \sum^{N_1} c_{i1} p_{i1} + \sum^{N_2} c_{i2} p_{i2}/\tau + r(k) S(k) + A + T(k) \tag{2-15}$$

式中，U_1 和 U_2 分别为地区 1 和地区 2 的效用函数；w_1 和 w_2 分别为地区 1 和地区 2 的代表性工人的工资水平；$T(k)$ 为向中心城区的通勤成本；I 为价格指数；p 为产品价格；$r(k)$ 为距离中心城区 k 处的地租水平；$S(k)$ 为住房消费量；$1/\tau$ 为地区间的运输成本，如果本地产品的价格为 p_{i1}，则运输到另一地区后价格变为 p_{i1}/τ；c_{i1} 和 c_{i2} 分别为地区 1 和地区 2 的制造业产品消费量。

劳动力在两个地区之间的区位选择均衡式由式（2-14）决定，当 $U_1/U_2 > 1$ 时，表明工人居住在地区 1 效用更大，故劳动力有动机地在两地之间迁移。空间经济学的中心-外围模型将劳动力流动性和区域发展的内在机理较好地模型化，经济学思想家 Greenwood（1981）也有过类似表述，即人口迁移对城市经济发展影响的思想。CP 模型在解释产业集聚研究方面的应用已很成熟，目前在人口迁移中应用相对较少，但是 CP 模型和其扩展对外贸易与内部地理模型等（Krugman and Elizondo, 1996），为解释中国改革开放后城市经济发展和人口迁移的空间格局提供了很好的理论依据。很多学者应用该理论结合中国改革开放后的人口迁移情况，加以阐释。以广东为例，由于东部沿海已经具有较好的制造业优势，劳动力从广东周围的湖南、广西、四川、安徽等地迁出，迁入广东，这种流迁符合中心-外围理论（范剑勇等，2004）。作者认为该类模型将成为研究城市间及城市内人口流动迁移的突破口。

2.2 地理建模相关理论与模型

应当认识到地理学中的理论，特别是人文地理学，其理论不像自然科学的数学或物理学那样，有严格的推理内涵，有准确的数量关系。地理学的很多理论是表述性的、定性式的，缺乏数量方面的关系。这不能简单地说是地理学的落后方面，或者说地理不是科学。

这是由地理学的特点与性质决定的。西方在 20 世纪 60～70 年代发动了地理学中的计量革命。虽然地理学计量革命过程中，地理学在定量化方面有很大进展，但是还有不少领域无法定量。至少现在或相当长的时期内仍然只能用传统方法，无法定量化。

对地理学理论的深入理解的关键在于实践与思考。因为今天地理学的理论多属于经验的总结与归纳，所以不可避免地存在局限性。另外，世界各地区的地理环境虽然有些属于相同类型而有其共性，但是还存在着影响地理环境的人群在文化上总是有地域的差异性。这些情况，只有在实践中，在细微思考中，才能有所发现。有了新的发现，还要在实践中不断地验证它、修正它，才能不断提高自己的理论认识与思维。这样，才能在地理学的理论方法方面有创见与发展。

2.2.1 地理建模理论基础

2.2.1.1 地理学第一定律

地理学第一定律是美国地理学家托布勒（W. R. Tobler）在 1970 年提出来的"Everything is related to everything else, but near things are more related than distant things"（Tobler, 1970）。其直译表述：任何事物都相关，只是相近的事物关联更紧密。后来人们也称其为托布勒第一定律（Tobler first law, TFL）。该定律英语看起来很好翻译，但其实未必。例如，"everything"很难直译，人们必须把它放在"地理学"这个大背景里去理解和翻译。同样，两次出现的"related"及对应的"near/distant"也很难理解和翻译。"远近"固然是对"距离"的定性描述，但什么是距离，连托布勒自己也"狡猾"地说，他当年用"near/distant"这对词，是有意含糊其词，因为地理学家在不同的场合，已经定义了太多的"距离"，他一口气举出了 14 种，还加了一个"等"字。尽管 TFL 在地理学朝定量化的发展道路上发挥了指导性、方向性的作用，但其"远近"概念的含糊性要求具体问题具体分析，这就局限了其更广泛的应用。为了克服 TFL 的局限性，人们甚至呼唤着地理学第二定律。例如，古德柴尔德（M. Goodchild）甚至提出了"第二定律"可能诞生的方向：空间异质性，或者地理现象的分维性。

2.2.1.2 复杂系统理论

复杂系统理论是系统科学中的一个前沿方向，它是系统科学的延续和发展。复杂性科学被称为 21 世纪的科学，它的主要目的就是揭示复杂系统的一些难以用现有科学方法解释的动力学行为。复杂系统是一个开放的、动态的、不断进化的系统。系统的初始状态和演化规则往往很难通过常规的分析方法及表象来得出系统的演化方向与结果。系统整体不等于系统部分之和，它"来自部分的实体，但与部分的总和不同"。系统的演化过程是由开始的混沌状态最终演化为有规则的状态，并发生生成、涌现等系统现象。复杂系统理论专家穆勒认为，判断系统涌现现象的三个依据：第一，一个整体的涌现特征不是其部分的特征之和；第二，涌现特征的种类与组分特征的种类完全不同；第三，涌现特征不能从独自考察组分的行为中推导或预测出来（欧阳莹之，2002）。

复杂适应系统（complex adaptive system，CAS）是一类很有代表性的复杂系统，复杂适应系统理论是霍兰德教授在多年研究复杂系统的基础上提出来的。复杂适应系统理论的基本思想（刘茂省等，2003）：CAS 最重要的特征是适应性，即系统中的个体能够与环境及其他个体进行交流，在这种交流的过程中"学习"或"积累经验"，不断进行着演化学习，并且根据学到的经验改变自身的结果和行为方式。各个底层个体通过相互间的交互、交流，可以再上升一个层次，在整体层次上凸显出新的结构、现象和更复杂的行为，如新层次的产生、分化和多样性的出现，新聚合的形成，更大的个体的出现等。

"探索复杂性"原本是西方一些具有远见卓识的学者为探讨 21 世纪的科学发展方向而于 20 世纪 80 年代打出的一种科研旗帜（Nicolis and Prigogine，1989；Stein，1989；Waldrop，1992），并逐渐形成一股学术思潮。由于研究的角度和方法不同，在复杂性科学旗帜下又分出若干流派，其中影响最大、与当代地理学关系最深的是美国的圣塔菲研究所（Santa Fe Institute，SFI）的学术思想和研究方法。SFI 学派的主要特色之一是重视仿生科学。人类在处理现实问题的时候，几乎每时每刻都涉及各种计算，但人类对于复杂现象的计算问题却每每束手无策，传统数学对于绝大多数非线性方程迄未找到一般的解决方案。另外，人们发现，生命的演化过程在本质上也是一种计算，而生物进化在解决复杂计算问题方面时常比人类的计算方法要高明而且有效得多。于是，从 20 世纪 40 年代以后，一些杰出的科学家如冯·诺依曼（von Neumann）等便开始模拟生命演化、生理变化或生物进化创建新的科学理论。随着计算机技术、后现代数学（分形、混沌等）等相关学科的发展，仿生科学理论积涓成流，于 80 年代后形成气候，终于崛起了一批新兴的科学群体，包括冯·诺依曼（von Neumann）、乌拉姆（Ulam）等开创的元胞自动机（cellular automaton，CA）理论，麦卡洛克（Mcculloch）、皮茨（Pitts）等开创的人工神经网络（artificial neural network）理论，霍兰德（Holland）等发展的基因算法（genetic algorithm，GA）或译"遗传算法"理论，以及朗顿（Longton）等发展的人工生命（artificial life，A-life）理论等，加上人工智能（artificial intelligence，AI）理论，这些构成了丰富的仿生科学体系。CA、GA 和人工神经网络理论在国外先后被引入地理学研究，其中尤以 CA 理论的地理应用为盛，发展前景也最为明朗。目前，国内地理学界也开展了有关研究。人口研究的综合属性符合复杂系统研究的特征，而人口迁移这种典型的人口空间活动也必然包含在复杂系统的研究领域。

2.2.1.3 地理信息科学与 GIS

地理信息科学也称为地球信息科学，是通过对地球系统内部多源信息的获取、传输、处理、响应与反馈的信息机理与信息流过程的深入研究，揭示地球这一复杂的、开放的巨系统各圈层之间的相互作用与影响，阐明人地系统、全球变化、区域可持续发展中的物质流、能量流和信息流的全过程及其时空分布与变化规律，从而为宏观调控、规划决策与工程设计提供全方位的信息服务（刘湘南等，2008）。它是一门从信息流的角度研究地球系统的综合性学科，研究内容包括基础理论、技术系统和应用领域三个层次，基础理论包括地球科学理论、信息科学理论、系统理论、非线性科学理论等，通过对地球圈层间信息传输过程与物理机制的研究来揭示地球信息机理，是形成地球信息科学的重要理论支撑。

GIS 是一个能够获取、存储、查询、模拟和分析地球空间信息的计算机系统，是一种能够处理和分析大量地球空间数据的通用地理信息技术，它综合多方面的数据，按照地理空间框架进行数据管理、查询与检索，通过地球信息模拟和分析软件包进行地球信息的加工、再生，为空间辅助决策的分析打下基础。

地理信息科学是 GIS 技术及其应用发展到一定水平后的必然，它不是只满足于利用计算机技术来对地理信息进行可视化表达及其空间查询，而是强调地理信息系统的空间分析能力。目前，地理信息科学在信息处理、存储、提取以及管理和分析等一系列基本问题上取得了长足的进展，并呈现出网络化、开放性、虚拟现实、集成化和空间多维性等多元化的发展趋势，然而它的发展仍然面临着两大主要难题：一是在规模宏大、复杂多样的数据中如何发现和应用空间模式。在现实生活中，很多与地理相关的数据是一个庞大的数据集合，以人口迁移为例，除使用有关人口的 GIS 统计型数据外，还使用与之密切关联的国内生产总值、工农业生产总值等社会经济统计型数据，以及气温、高程等自然数据。这些数据之间具有多层次结构和逻辑关系，在这样的发展情况下如何发现和应用空间模式？二是缺乏处理复杂空间问题的功能。GIS 的主要功能还处于数据采集、管理与分析阶段，缺乏复杂的空间决策支持能力。例如，空间组合定位问题一直没能得到很好解决。地理信息科学在理解与处理复杂时空变化分析与预测问题上还存在很多不足，需要引进其他学科的理论与技术。它的特长是数据表达、建模与分析。

地理信息科学的目的在于揭示地理信息的产生机理，从而寻找出空间信息处理与分析的机制。因此，开展空间分析、模拟和再现地理现象的研究，进而在众多的空间数据中发现对地理现象起主导作用和有重要影响的空间模式与规律是极为重要的。然而，目前的GIS 普遍缺少自我学习的能力，不能自我纠错校正，不能通过经验改善自身的性能，不能自动获取和发现所需要的知识、模式和规则等。随着 GIS 应用需求的多元化、复杂化、综合化和智能化，传统 GIS 技术的局限性表现得更加明显。因此，开展空间信息的认知及时空过程表达、分析、模拟与决策支持等一些基本地学问题研究，探讨智能化的 GIS 技术的基本理论、技术方法和领域应用迫在眉睫（徐冠华，1994）。地理信息科学是多学科交叉融合的系统科学，它的发展与一系列的现代信息技术的进步密切相关。随着计算技术、人工智能与运筹学等领域的快速发展，这些领域里所取得的一些最新进展给人们带来了新的思考方法。将它们与地理信息科学的基本问题有效结合起来，可能在很大程度上能揭示地理信息的发生机理，极大地提高空间信息认知、时空过程分析与模拟的能力，从而产生新的研究领域——空间智能。

2.2.1.4 空间智能

空间智能强调发现与应用空间模式，以增强 GIS 处理复杂数据和解决复杂问题的能力。空间智能主要的技术体系由空间分析、空间优化和空间模拟三大模块构成，其技术基础包括空间统计索引、智能代理、高级启发式及数学规划等系列智能技术。空间智能由于融合了机器学习、统计分析和人工智能等多个学科理论，面向解决实际工程需求中大量存在的复杂时空问题，因此理论上具有广阔的发展空间，实践上也有重大的应用需求。随着空间智能体系的完善和技术的进一步成熟，它将在实际应用中具有巨大的价值。

空间智能的基本概念来源于心理学,它主要指形象思维的智能,具有在复杂环境下准确感知视觉空间的能力,并且能把感知到的空间表现出来,对色彩、线条、形状、形式和空间关系很敏感,有辨别空间方位的能力。借鉴这个概念,本书提出地理信息科学的空间智能理论与方法,它的突出特点是需要具备空间智能,即一种能够发现与应用空间模式能力,并能够通过外部环境和经验不断进行学习的能力。它有两层含义:其一,空间认知能力;其二,自学能力。所谓空间认知能力是指个体在头脑中对客体或空间图形进行识别、编码、储存、表征、分解组合和抽象概括的能力,主要包括空间观察、空间记忆、空间想象和空间思维等能力因素。自学能力包含以下几种功能:①强化学习功能。它使得系统在下一次完成同样或类似的任务时更为有效。②自适应功能。它要求能够对所经历事物重新构造模式、规则并修改相应的记录。③知识获取功能。它要求能够在复杂环境下挖掘空间模式、发展趋势和规律。空间智能是人们应用 GIS 进行更高层次的分析和应用的必然结果,表现为寻找未知模式、规律或趋势而在复杂时空数据中进行主动搜索和智能化的探索过程。

2.2.1.5 地理学建模思想与步骤

地理学建模思想可以分为"自上而下"和"自下而上",它们是区域空间演化模拟研究中的两种策略,要根据不同的研究对象、目的选择不同的建模方法。

1)"自上而下"的模型策略

非线性和开放动态系统的研究成果为更好地理解人口迁移时空格局提供了一个变动的方法(Allen and Sanglier,1979),非线性微分方程(组)在许多方面体现了城市和区域系统的空间动力学特征(Harris and Wilson,1978),同时大多数这样的模型最初基本上源于类比物理学、化学中的自组织现象(Haag et al.,1984),从而形成社会(经济)物理学模型。20 世纪 60 年代,劳里模型具有跨时代意义,后来的许多模型是该模型的动态扩展。以 Wilson 和 Allen 等为代表的城市空间动力学模型进一步将城市和区域理论的许多研究成果如集聚经济理论、市场供求理论、人口增长理论、空间相互作用理论等整合到同一空间动力学框架中(Allen and Sanglier,1979;Harris and Wilson,1978)。

总之,非线性微分方程模型简洁、直观,可以清晰地表现确定性方程的内在随机性,在一定程度上能够重复检验各种设定的条件,但是这样的模型自身也存在局限。它们将空间距离视为各向同性,忽略了地理差异,在表现空间相互作用的多样性和协作方面勉为其难,而且很难同时考虑两个或两个以上的城市和区域的空间尺度问题,也不大可能利用定性的知识,特别是在表征不断演化过程中产生的新的区域和城市功能方面无能为力(Bura et al.,1996),也就是说,新出现的空间结构和内在属性与已经存在的区域没什么差别(Benenson,1998)。

2)"自下而上"的模型策略

"自下而上"的模型与传统的自上而下的建模思路是不同的,这是一种自下而上的建模思想。这类空间演化模型首先确定空间相互作用的局部规则(local rules),然后观察和研究出现的宏观行为特征。CA 是一种模拟人文地表过程比较有前景的框架(Couclelis,1985;Batty,1995;Batty and Xie,1997),基于 CA 的研究近年来广泛成为利用复杂性科学理论分析人文地表过程的理想切入点（Couclelis，1997；White et al.，1997；周成虎等，1999）。CA模型作为天然的空间离散动力学模型，在模拟过程中能够动态显示人文地表要素的空间演变过程，可视化程度高，灵活性和透明度也比较好，而且可以进行计算。更重要的是，CA模型的特点体现了复杂性科学的重要观点，局部规则导致系统全局变化，也就是有序行为和自组织的出现。CA模型不同的局部规则能够"导演"出丰富的空间图景，有的甚至可以逼真地模拟区域和要素的空间结构演化。这些模型可以扩展到模拟真实的人口迁移过程，不过并非致力于预测人口迁移发展的精确形式，而是在探究人口迁移时空格局过程中不同形式的可能性方面更有价值。然后，整个宏观层面上复杂的空间结构仅仅取决于简单的局部规则未免令人怀疑，况且这些规则多半是经验型的。事实上，总体的、宏观的管制与规划及各项决策对区域空间结构的形成的作用也不能忽视，因此，宏观规划与微观决策如何整合到同一个模型进行汇总成了对CA模型的一个挑战。

地理学建模的步骤一般分为建立概念模型，建立定量模型，模型检验（模型验证、模型确认），模型应用（图2-1）。它们相互联系、相互制约，循环往复、不断修正，完成整个模型的构建。

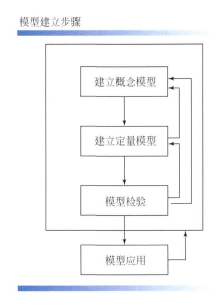

图2-1　地理学建模步骤

1）建立概念模型

明确定义所研究的问题，确定建模目的和系统边界，建立要素关系图。

2）建立定量模型

概念模型的数量化。主要内容是选用适当的物理或数学方法，确定变量间的函数关系，估计参数值，确定模拟的时间步长、运行模型，获得最初结果。

3）模型检验

模型检验包括模型验证（model verification）和模型确认（model validation）。模型验

证时仔细检查数学公式和计算机程序以保证概念模型的数量化是直接的和正确的，保证计算程序中可能影响模型结果的错误已被排除。模型确认是指确定模型在其既定应用范围内运行的结果与其相对应的现实世界的吻合程度，其衡量标准与预定的研究目的有密切关系。模型确认常常涉及对模型结构和变量间关系合理性的检验、模型输出结果与实际值的直接比较、模型的敏感性分析（sensitivity analysis）及模型的不确定性分析（uncertainty analysis）。

4）模型应用

模型应用是指设计和执行模拟实验，分析、综合和解译模型结果，与同行或应用领域的专家交流模型结果并征求改进意见的过程。

目前，由于地理问题的复杂性和不确定性，地理学的量化水平还比较低，其建模主要是借鉴物理学、数学、地质学、生态学和水文学等相关学科的模型与建模方法来研究有关地理环境问题。地理学建模一般具有复杂性、空间性、时间性和模糊性的特点。在地理学中，建模的对象是地理系统，它具有明确的时间和空间特征。地理学建模有两种含义：空间实体对象建模和地理问题建模。空间实体对象是地理特征的抽象与几何表示，它的建模是地理信息系统所关注的主要内容。地理问题建模则涉及地理学的所有领域。人口地理学家提出了很多理论和经验创新，并建立了各式各样的迁移模型，如空间相互作用模型、马尔可夫链模型、会计方程模型、线性规划模拟模型和非线性多区域人口迁移模型等，对人口迁移的动态变化进行分析、预测和规划。

2.2.2　地理过程模拟模型

地理模拟系统（geographical simulation system，GSS）是指在计算机软件、硬件支持下，通过自下而上的虚拟模拟实验，对复杂系统（如各种地理现象）进行模拟、预测、优化和显示的技术。它是探索和分析地理现象的格局形成与演化过程及进行知识发现的有效工具。地理模拟系统试图从微观角度入手，探索地理微观空间实体之间的相互作用形成宏观地理格局的动态过程。地理模拟系统的核心是建立地理模型，通过模拟实验的手段来对复杂地理现象进行模拟和预测。可用来研究人口迁移时空格局模拟的模型大致分为四类（图 2-2）：①格局刻画型模型，可用于描述刻画迁移人口的空间分布格局，属于相对静态的模拟模型；②解释剖析型模型，可用于分析人口迁移过程的特征、机理，多数是基于回归分析来解释剖析的；③动态模拟型模型，对人口迁移时空格局进行动态模拟，让模型真正动起来；④趋势预测型模型，在第一和第二种模型的基础上，用已有数据对人口迁移流动的规模、方向等方面进行预测。这也是人文地理过程建模的大致步骤。

2.2.2.1　空间自相关模型

空间自相关（spatial autocorrelation）模型是研究空间中，某空间单元与周围单元就某种特征值通过统计方法进行空间自相关性程度计算的模型方法，其理论依据是空间邻近位置属性的相似性，即相近者相似，目的是认识与地理位置有关的数据间的空间依赖和空间关联，是认识某种地表现象空间分布特征的一种常用模型方法。

人口迁移时空格局模拟模型分类

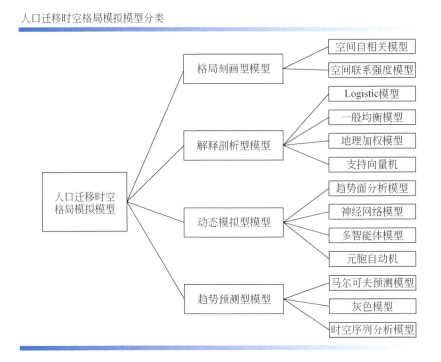

图 2-2　人口迁移时空格局模拟模型分类

空间自相关模型有许多种，最为知名也最为常用的有 Moran's I、Geary's C、Getis、Join count 模型等。但这些模型各有其功用，同时有其适用范围与限制，当然也自有其优缺点。一般来说，在功用上大致分为两类：一类为全域自相关（global spatial autocorrelation），另一类为局域自相关（local spatial autocorrelation）。

（1）全域 Moran's I 空间自相关模型：

$$I = \frac{n \sum_{i=1}^{n} \sum_{j=1}^{n} w_{ij}(x_{i,t} - \bar{x})(x_{j,t} - \bar{x})}{(\sum_{i=1}^{n} \sum_{j=1}^{n} w_{ij}) \sum_{i=1}^{n} (x_{i,t} - \bar{x})^2}, \quad i = 1,2,\cdots,n; j = 1,2,\cdots,n \quad (2\text{-}16)$$

其期望值为 $E(I) = -\dfrac{1}{n-1}$，随着样本数 n 的增大，期望值将逐渐趋于 0。

在实际应用中，n 为研究区域内空间单元个数，根据研究尺度的不同，可以代表省、市、县；x_i 和 x_j 分别为某现象或属性特征 x 在空间地域单元 i 和 j 上的观测值，在人文地理过程研究应用中可以指人口（杜国明等，2007）、收入（Sergio and Brett，1999）、地价（Liu et al.，2006）、土地利用类型（高凯等，2010）、综合经济指标（黄飞飞等，2009）等；$\bar{x}$ 为研究对象 x 的平均值；w_{ij} 为空间权重矩阵。

I 的值介于 $(-1,1)$，当 I 大于期望值时，表示空间正相关；当 I 小于期望值时，表示空间负相关。I 的绝对值越大，表示空间自相关的程度越激烈。对于 Moran'I，可以用标准化统计量 Z 来检验 n 个区域是否存在空间自相关关系，Z 的计算公式为

$$Z = \frac{I - E(I)}{\sqrt{\text{VAR}(I)}}$$

当 Z 值为正时，表面存在正的空间自相关，也就是说相似的观测值（高值或低值）趋于空间集聚；当 Z 值为负时，表明存在负的空间自相关，相似的观测值趋于分散分布；当 Z 为 0 时，观测值呈现独立的随机分布。

（2）局域空间自相关模型：

$$I_i = \frac{n(x_i - \bar{x})}{\sum\limits_{i=1}^{n}(x_i - \bar{x})^2} \sum\limits_{j=1}^{n} w_{ij}(x_i - \bar{x}) \tag{2-17}$$

其期望值为 $E(I_i) = -\dfrac{w_i}{n-1}$。

局域空间自相关分析方法包括 3 种：空间联系的局部指标（LISA）、G 统计量和 Moran 散点图。

2.2.2.2 趋势面分析模型

趋势面分析模型（trend surface analysis model）是一种利用构建数学曲面模拟地理系统要素在空间上的分布规律，展示地理要素在地域空间上变化趋势的方法，它常常被用来模拟资源（刘宝银和王岩峰，1999）、环境（李树文等，2007）、疾病（何进伟等，2009）、土地利用（樊敏等，2008）、经济（杨先卫和阎理，2005）等要素在空间上的分布规律，在空间分析方面具有重要的应用价值。在具体操作中，通常把实际的地理曲面 $[z_i(x_i, y_i)]$ 分解为趋势面 $[\hat{z}_i(x_i, y_i)]$ 和剩余（ε_i）两部分，如式（2-18）所示。前者反映地理要素的宏观分布规律，属于确定性因素作用的结果；而后者则对应于微观局域，是随机因素影响的结果。空间趋势面分析，正是从地理要素分布的实际数据中分解出趋势值和剩余值，从而揭示地理要素空间分布的趋势与规律。

$$z_i(x_i, y_i) = \hat{z}_i(x_i, y_i) + \varepsilon_i \tag{2-18}$$

趋势面构建的过程其实是一种整体内插算法过程，它的插值函数由研究区域内所有采样点的属性值来确定，进而利用插值函数进行整个区域的特征拟合。常用的整体插值算法有多项式趋势面拟合、傅里叶分析、小波变换、加权距离导数、克里金法等。

2.2.2.3 人工神经网络模型

趋势面构建的过程其实是一种整体内插算法过程（图 2-3）。人工神经网络模型（artificial neural network model）也称为神经网络（NNs）模型或连接模型（connectionist model），是人脑的一种仿生模型，由大量的简单处理单元（或称神经元）广泛连接而形成的复杂网络系统，按照某种拓扑结构连接而成。它具有学习能力、记忆能力、计算能力及各种智能处理功能，它在不同程度和层次上模仿人脑神经系统的信息处理、存储及检索功能，给所研究的系统以具体的数学表达，从而使系统的定量、预测及优化成为可能。

人工神经网络起源于神经生物学，特别是对脑神经系统的研究。对于人脑神经系统——自然进化最杰出的产物的研究，人工神经网络模型使人们抓住了它在结构上最重要

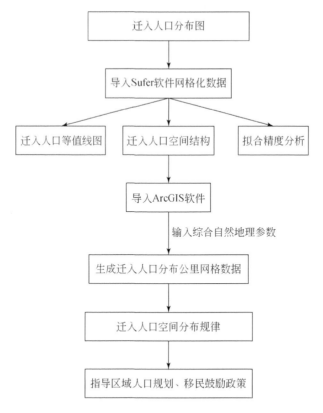

图 2-3　人口迁移趋势面分析流程图

的特殊性质：由低层次的大量简单单元的确定性运算，通过复杂的接触和相互间的竞争协作，产生宏观层次的群体行为的潜运算过程。

人工神经网络模型主要考虑网络连接的拓扑结构、神经元的特征、学习规则等。大量形式相同的神经元连接在一起组成了一个高度非线性动力学系统——神经网络。虽然每个神经元的结构和功能都不复杂，但是人工神经网络的动态行为是十分复杂的。因此，用神经网络可以表达实际物理世界的各种现象。目前，已有近 40 种人工神经网络模型，其中有反传网络（BP 网络）、感知器、自组织映射、Hopfield 网络、玻尔兹曼机、适应谐振理论等。

人工神经网络能从已知数据中自动归纳规则，获得这些数据的规律，具有很强的非线性映射能力，已经广泛应用于模式识别、信号处理及人工智能等各个领域。它的主要优点包括：①并行分布处理；②高度鲁棒性和容错能力；③分布存储及学习能力；④能充分逼近复杂的非线性关系。神经元是一个多输入、单输出的非线性元件，抽象为一个简单的数学模型，如图 2-4 所示。

图 2-4 中，X_1，X_2，$\cdots$，X_n 为从前 n 个神经元传来的输入信号；w_{i1}，w_{i2}，$\cdots$，w_{in} 分别为其他神经元 X_1，X_2，$\cdots$，X_n 到 i 神经元的连接权值，即传递效率；Y_i 为 i 神经元的输出；$f\,[\,\cdot\,]$ 为激发函数（又称变换函数），它决定 i 神经元受到 X_1，X_2，$\cdots$，X_n 的共同刺

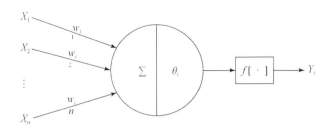

图 2-4　人工神经网络神经单元

资料来源：张青贵，2004

激达到阈值（θ_i）时以何种方式输出。

2.2.2.4　元胞自动机

CA 是一种时间、空间、状态都离散，空间相互作用和时间因果关系都为局部的网格动力学模型，具有强大的空间建模能力和运算能力，能模拟具有时空特征的复杂动态系统。最原始的 CA 模型原理：散布在规则格网（lattice grid）中的每一个元胞（cell）取有限的离散状态，遵循同样的作用规则，依据确定的局部规则进行同步更新。大量元胞通过简单的相互作用而构成动态系统的演化。它这种"自下而上"的建模思想充分体现了复杂系统局部的个体行为产生全局、有秩序模式的理念，其强大的复杂计算功能、固有的并行计算能力、高度动态特征以及具有空间概念等特征，使得它在模拟空间复杂系统的时空演变方面具有很强的能力，在地理学研究中具有天然优势（周成虎等，1999）。

CA 的四个基本要素为元胞、状态、邻域和转换规则（图 2-5）。其中最核心的部分就是定义转换规则。CA 的整个模拟过程完全是受转换规则控制的，每一个元胞从 t 时刻到（$t+1$）时刻的状态转变，是根据转换规则来决定的。当 CA 被应用到地理学等领域时，传统严格定义的转换规则往往不太适应复杂的自然系统，需要根据应用的不同来调整转换规则。

CA 模型的研究和应用提供了一种从地理系统的微观出发，将自然与人文统一的地理模拟系统的新视角与新途径。许多学者利用 CA 来模拟人文地表过程系统，尤其在城市扩展（Tobler，1970）、土地利用变化（Engelen et al.，1995；牟磊，2007）、城市交通流（吴慧欣等，2009）、疾病扩散、火灾蔓延等具有空间自组织性的地理现象仿真模拟方面取得了十分有意义的研究成果。CA 具有适应性、交互性、主动性，将在人口迁移、交通控制、紧急事件的地理疏散、环境资源管理、生态安全、公共设施动态选址、城市规划及可持续发展等涉及决策、政策等方面更具有优势。

2.2.2.5　多智能体模型

在人工智能领域中，智能体（Agent）被定义为具有感知能力、问题求解能力和与外界进行通信能力的实体。从软件实现的角度讲，它是一个计算机程序，通过预定义的协议（公用语言）与外部智能体进行通信。通过这种松散耦合的分布式途径进行过程管理具有

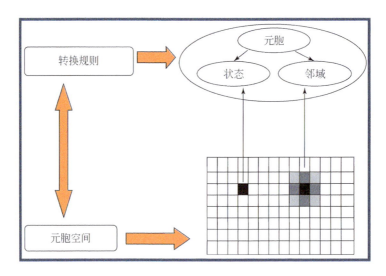

图 2-5　元胞自动机组成
资料来源：周成虎等，1999

响应快、柔性好、适应性强等特点，能够克服产品开发中存在的由时间、空间和软硬件环境相异形成的阻碍，用智能体可以建立一些系统的控制模型，基于智能体的模型是一种拟人化的模型，因而可以将控制系统中人的行为和其他控制单元的行为统一起来，提供一种统一的描述方法。智能体之间通过计算机网络连接，其作为网络上的智能结点，构成分布式多智能体系统。随着多智能体系统（multi-agent system，MAS）理论在各个领域的应用，智能体的含义也得到了扩展和延伸。

智能体的关键属性包括：①自主性。智能体能自行控制其状态和行为，能在没有人或其他程序介入时操作和运行。②通信能力。智能体能用某种通信语言与其他实体交换信息和相互作用。③感知能力或反应性。智能体能及时地感知和响应其所处环境的变化。④能动性。智能体主动表现出目标驱动的行为，能自行选择合适时机采取适应动作。⑤推理和规划能力。智能体具有基于当前知识和经验，以一种理性方式进行推理和预测的能力。⑥协作、合作、协同及协商能力。智能体应能在多智能体环境中协同工作和消解冲突，以执行和完成一些互相受益且自身无法独立求解的复杂任务。⑦适应性或进化性。智能体应能积累或学习经验和知识，并修改自己的行为以适应新形势。

通过以上分析可以看出，多智能体所具有的这些特征正是复杂人口迁移过程所需要的，因此，多智能体应是人口迁移时空格局模拟的最佳选择。

2.3　本章小结

人口迁移空间格局研究模型较多，但不同类型的模型都存在一定的缺陷（表 2-1）。空间物理学模型最早把数量化分析引入了人口迁移的空间格局研究中，是用自然物理规律解释人类社会现象的成功方法之一。引力模型原理简单、数据适用、容易用于计量分析。

通过学者的努力，模型被不断修正、扩展，加入了被认为影响人口迁移的虚拟变量，如经济因素、移民存量等。空间相互作用模型则能更好地解释多区域、动态的人口迁移问题。空间物理学模型在人口迁移的空间格局研究中取得了很大的成功，但是模型的理论基础还比较薄弱，目前为止，人口迁移引力模型仍无法找到一种令人满意的定义距离的方法，导致研究多限于回归分析，而无法对引力大小进行深入分析研究。同时，该类理论模型把产生吸引力的原因大多限定在宏观的经济原因上，因此对人口迁移机制的解释仍显不足。

表 2-1　人口迁移空间格局模拟研究经典模型对比

理论	模型	数学表达式	优点	缺陷
空间物理学	距离模型	$M_{ij} = K \dfrac{1}{D_{ij}^{\alpha}}$	揭示人口迁移量与迁出地和迁入地间距离负相关的本质关系	指标单一，与现实复杂的人口迁移过程相去甚远；缺乏理论基础，无法满意地定义人口和距离概念
	引力模型	$M_{ij} = K \dfrac{P_i P_j}{D_{ij}^{\alpha}}$	引入迁出、迁入地人口规模刻画人口迁移规模，简单明了，适合人口迁移空间格局的实证研究	
	经济引力模型	$M_{i \rightarrow j} = k \left(\dfrac{U_i}{U_j} \cdot \dfrac{W_i}{W_j} \cdot \dfrac{L_i L_j}{D_{ij}} \right)$	引入经济因素来解释人口迁移空间格局，指标灵活多变，更贴近现实人口迁移过程	把产生吸引力的原因局限于宏观的区域经济原因，对人口迁移的机制解释仍显不足
	空间相互作用模型族	$M_{ij} = k V_i^{\alpha} W_j^{\beta} f(d_{ij})$ $M_{ij} = A_i O_i W_j^{\beta} f(d_{ij})$ $M_{ij} = B_j V_i^{\alpha} D_j f(d_{ij})$ $M_{ij} = A_i B_j O_i D_j f(d_{ij})$	借鉴统计力学的思想，把人看成概率人，用统计特征描述其人口迁移的宏观运动	将人类社会系统简单类比封闭物理系统，没有从本质上区分二者的不同
空间社会学	中介机会模型	$\delta P = \dfrac{K}{V}$	迁移过程中的距离因素通过机遇数得到了间接反映	量化较困难，只有在迁移者具有相同地位和动机时，中介机会的假说才真正有效
	"推–拉"模型	$M_{ij} = \dfrac{R_i + E_j}{D_{ij}}, \ i \neq j$	对迁移原因的高度概括，使复杂的迁移过程高度简化	在实证研究中无法单独使用，前提条件不适合发展中国家人口迁移实际
	"成本–效益"模型	$PV_{ij} = \sum_{t=1}^{T} \dfrac{U_j^t - U_i^t - C_{ij}^t}{(1+r)^t}$	把微观经济学理论应用到人口迁移空间格局研究中，加入了微观的个人心理分析	没有和空间很好地联系起来
	"预期收入"模型	$M_{ij} = k \ (W_j - W_i)$		
空间经济学	中心–外围模型	$\dfrac{U_1}{U_2} = \dfrac{w_1 - T \ (b_1)}{w_2 - T \ (b_2)} \dfrac{P_2^{\mu}}{P_1^{\mu}}$	将地理因素与经济因素结合起来分析	对产业转移有很好的解释，但对人口迁移的解释理论依据欠充分

空间社会学模型把人口迁移看作一种个人的自发自愿的行为，从更微观的角度对迁移发生的原因、影响因素和规模等内容进行探讨。移民在迁移过程中经过对所在地和所期望地之间的比较，权衡种种选择之后前往回报最高的去处。该理论模型有助于人们更加深入地了解人口迁移发生的机制机理，但单一经济学的视角以及无法合理地结合距离在迁移过程中的作用，使得其在解释复杂人口迁移现象的发展方面受到了限制。首先，其假设移民本身的理性自由选择在大部分发展中国家都不现实；其次，除经济因素外，制度、文化等目前不容易定量化的因子对迁移空间过程的影响作用的研究力度不足；最后，没有突出人口迁移的空间属性。

空间经济学模型是在经典的经济学理论的基础上引入空间的概念，这种建模思想对于人口迁移空间格局的研究具有里程碑式的意义。将地理空间与经济因素结合起来分析劳动力人口迁移的过程，模型中的个人总是追求自身效用的最大化，地区之间的效用差异导致熟练工人在地区之间的移民行为。

第3章 人口迁移及时空格局机理模拟研究进展

3.1 国外研究进展

3.1.1 人口迁移的非经济学宏观规律研究

3.1.1.1 雷文斯坦的人口迁移规律

英国统计学家雷文斯坦于1885年和1889年以《人口迁移法则》为题，发表了关于迁移定律的长篇论文，被认为是关于人口迁移规律最早的全面性总结，是人口迁移理论的开端，他提出著名的"人口迁移七大定律"，如表3-1所示。

表3-1 雷文斯坦"人口迁移七大定律"

研究领域	具体定律	定律内涵
迁移宏观机制	经济律	为了提高和改善生活质量而进行迁移
	城乡律	乡村居民比城镇居民迁移的可能性要大
迁移人口结构	性别律	女性迁移以短距离为主，且相对于男性迁移倾向更强
	年龄律	各年龄段，人口迁移的倾向是不同的，青年人是人口迁移的主体
迁移空间特征	距离律	移民的数量分布随着距迁入中心距离的增加而减少
	递进律	中心城市吸纳乡镇人口所造成的空缺，将由乡镇周边更远地区的居民填补，直到中心城市的吸引力波及最偏远的角落
	双向律	迁移的流向不是单向的，每一股主流都伴随相应逆流存在

3.1.1.2 李氏迁移规律

美国学者李（E. S. Lee）在雷文斯坦的理论基础上，于1966年在《迁移理论》中对雷文斯坦的迁移规律进行了修正（Lee，1966）。他认为人们的迁移行动有关以及影响迁移的因素不外乎四方面：一是与迁入地相关的正因素和负因素；二是与迁出地有关的正因素和负因素；三是介于迁入地和迁入地之间的介入障碍；四是与迁移者有关的个人因素。以上四方面都存在有利于迁移的正因素（+）和不利于迁移的负因素（–）以及不起作用的中性因素（0），正负因素的较量和综合促成最后的迁移行动，如图3-1所示。

图3-1 李的迁移规律图示

李根据这一基本原理，进一步提出人口迁移主要有以下规律。

（1）人口迁移的规模因两地之间的差别大小而变化，两地在自然、地理和社会经济方面的差别越大，人口迁移的规模也将越大。

（2）迁移规模因人口群体的结构和特征而有所不同。不同的年龄、性别和职业群体的迁移量是不同的。大规模人口向一个方向迁移形成一种迁移流。

（3）中间的障碍与迁移量有直接关系。

（4）当一种大的迁移流形成时，必然会产生一种反向迁移流，也就是某一迁出地在大量人口迁出之后，其他地区的人口又会迁入作为补偿。人口迁移规模随经济因素的变动而变化。经济繁荣时期，人口迁移规模较大，而经济衰退时期，人口的迁移量较小。

（5）除特殊强制外，人口迁移规模和迁移率随着时间的推延而不断增加。

（6）一国的社会经济发展阶段不同，迁移规模和迁移率也在发生变化。

3.1.1.3 泽林斯基的"人口流动转变"五阶段理论

泽林斯基（W. Zelinsky）于1971年发表了《人口流动转变假说》，提出人口流动转变的五个阶段论（Zelinsky，1971）。他认为人类的迁移活动存在5个阶段，即前工业化社会、早期转变社会、转变后期社会、发达社会及高度发达社会，分析了不同阶段人口迁移和流动水平的关系。

（1）前工业化社会阶段，人口出生率和死亡率都很高，人口自然增长缓慢，人口很少流动，整个社会在空间上被限制在惯常活动范围内。

（2）早期转变社会阶段，伴随死亡率下降，人口迅速增多，出现大规模由农村向城市的人口迁移，同时在国内移民拓荒或殖民海外的迁移流动量急剧上升。

（3）转变后期社会阶段，人口出生率持续下降，抑制人口自然增长。人口流动在量上和方式的复杂性上仍呈现上升趋势。迁移量上的这些变化一直持续到第四阶段。

（4）发达社会阶段，这一阶段低死亡率和低生育率使人口自然增长率下降，农村向城市迁移量较以前更低，然而城市内部和城市之间的人口迁移和流动增强，成为突出的特点，而来自发展中国家的净迁入人口和商业、旅游活动导致的周期性人口迁移增加。

（5）高度发达社会阶段，推测未来也许会出现迁移的普遍下降。大多数居民的流动将主要发生在城市内部和城市之间。

泽林斯基对人口流动转变阶段的划分，是基于西方国家发展历史进行概括的，其前提是以经济因素为主要动因的人口流动，当代发达国家都已经历过前三个阶段，现今正处于第四阶段，而一般发展中国家则仅进入第二阶段，即在工业化过程中人口发展状况正经历死亡率下降和人口迅速增多的阶段，因此发展中国家人口迁移特点，虽然与早期转变社会阶段的人口迁移有相似性，但发展中国家在当代又呈现新的特点，即国内拓荒性质的移民大为减少和海外殖民不复存在。

3.1.1.4 唐纳德·博格的推–拉理论

历史上许多学者在探讨人口迁移时都对影响人口迁移的正负因素进行了分析。例如，雷文斯坦在 1889 年就提出人口迁移受到正负因素的影响。因此，雷文斯坦的观点被认为是人口流动推–拉理论的渊源。但从严格意义上讲，人口流动的推–拉理论是唐纳德·博格等在 20 世纪末明确提出的。

唐纳德·博格认为从运动学的观点看人口迁移是两种不同方向的力作用的结果：一种是促使人口迁移的力量，即利于人口迁移的正面积极因素；另一种则是阻碍人口迁移的力量，即不利于人口迁移的负面消极因素。在人口流出地存在着一种起主导作用的推力把原住居民推出居住地。产生推力的因素有自然枯竭、农业生产成本提高、农业劳动力过剩导致的失业和就业不足、较低的经济收入水平等。在流出地也存在拉力的人口流动因素，如家庭团聚的欢乐、熟悉的环境、长期形成的社交网络等，只不过流出地的推力占主导地位。同样在流入地，存在一种起主导作用的拉力把外地人口吸引过来，产生拉力的主要因素有较多的就业机会、较高的工资收入、较好的生活条件、较好的受教育的机会等，与此同时流入地也存在一些不利于人口流动的推力因素，如流动可能带来家庭的分离、陌生的环境、激烈的竞争、生态环境质量的下降等。综合起来，流入地的拉力比推力更大，占主导地位。

推–拉理论是人口迁移领域的经典理论，但该模型仍存在以下几个问题：一是该模型将迁移描述成某一群体被动地被推被拉的过程，无视迁移主体在这一过程中的主动性；二是模型无法回答当原先存在的推拉因素发生变化之后，为什么移民行为并不一定立刻终止，反之，在某些个案中，推拉的因素并未发生明显变化，移民行为却减少或下降；三是该理论不能说明在相似的推拉因素作用下，某些人发生迁移，而另一些人没有发生迁移。

3.1.2 人口迁移的经济学理论与模型

3.1.2.1 西奥多·舒尔兹的成本–效益理论

美国芝加哥经济学派的代表西奥多·舒尔兹把迁移看作一种带来某种经济收益的投资行为，一个潜在的迁移者要综合考虑他在迁移过程中的成本、投资、代价及迁移后可能获得的好处即收益，这种理论的核心也是经济因素。因此从本质上说，人口迁移是一种社会经济现象，是以社会、经济因素为基本动力，使社会经济环境的宏观格局及其动态变化均反映到人口迁移之中，人口迁移客观上充当了社会经济系统运行的显示器。

西奥多·舒尔兹的成本-效益迁移理论把数量经济学的分析模型引入了人口迁移理论，同时把人口迁移和社会经济系统运行统一起来，丰富和发展了人口迁移理论，但该理论也存在一些缺陷：第一，影响人口迁移的因素已经呈现多样化趋势，指标的选取难以概全；第二，众多的社会指标在很多方面无法量化，给成本-效益量化分析的完整性带来很多困难；第三，事实上并没有多少流动人口能够对迁移的付出与回报做出准确的计算，从而做出获得最高收益的决策。

3.1.2.2 刘易斯的两部门理论模型

英国发展经济学家刘易斯（W. A. Lewis）于1954年发表《具有无限劳动供给的经济发展》一文，他在文中提出发展中国家农业劳动力向城镇工业部门流动的两部门人口流动模型，从而建立了第一个人口流动模型。刘易斯把发展中国家经济划分为资本主义部门和非资本主义部门，前者以现代经济为代表，后者以传统的农业经济为代表，刘易斯认为经济发展依赖现代化部门的扩张，而现代工业部门的扩张需要农业部门为其提供丰富、廉价的劳动力，只有现代化的城市工业部门才是经济增长的主导部门，只有工业部门的发展才能吸引农业剩余劳动力，传统农业和现代化工业两个部门经济结构上的差异与经济收入上的差异，导致两部门之间劳动力的转移，从而引起农业人口向城市的转移。

刘易斯两部门理论模型的意义：一是强调了现代部门与传统部门的结构差异及其对人口流动的影响；二是把经济增长过程与劳动力转移过程有机地结合在一起。但刘易斯的理论模型也存在某些缺陷：一是无限劳动力供给；二是假定城市工资不变，直到农村剩余劳动力耗完为止；三是假定现代工业部门的劳动与资本比例始终不变；四是假定农业存在剩余劳动，而城市不存在失业。这些都与发展中国家实际情况不符。

3.1.2.3 托达罗的人口流动预期模型

美国发展经济学家托达罗依据发展中国家的经济运行现实，强调要建立一种符合发展中国家现实的人口流动理论，就必须对农村人口流入城市和城市失业同步增长的矛盾现象做出令人信服的解释，正是从这点出发，托达罗创建了自己的人口流动模型，他还提出解决城市人口失业问题决不能仅仅依靠工业部门的扩张，还要大力发展农业经济，这才是解决城市人口失业问题的根本出路。托达罗的理论可以用一系列公式来表达：

$$\frac{\bar{S}}{S}(t) = F\left[\frac{Y_U(t) - Y_R(t)}{Y_R(t)}\right], F>0 \tag{3-1}$$

式中，$\bar{S}$ 为从农村流入城镇的净劳动力；S 为城镇原有的劳动力；$Y_U(t)$ 为 t 时期一个农村劳动力在城镇可获得收入的现值；$Y_R(t)$ 为 t 时期一个农村劳动力在农村预期收入的现值。式（3-1）的含义为劳动力流动量的大小是预期城乡收入差异比率的函数。如果 $V(0)$ 表示流动者在一定时间内预期城乡收入差异的净贴现值，则劳动力流动量可以表达为

$$M = F\left[V(0)\right], F>0$$

$$V(0) = \int_{t=0}^{n} \left[P(t)\,Y_U(t)\,e^{-rt} - Y_R(e^{-rt})\right]\mathrm{d}t - C(0) \tag{3-2}$$

式中，r 为贴现率；$P(t)$ 为该时间内就业概率；$C(0)$ 为流动的成本。若 $V(0)$ 为正值，人们就做出迁移决定；若 $V(0)$ 为负值，农村劳动力就不会流入城镇。

托达罗模型对人口流动与城市失业两种相互矛盾现象做出了合理的解释，并提出了一切人为地扩大城乡实际收入差异的措施必须消除，同时强调了农业和农业部门发展的重要性。但有的学者认为，托达罗模型关于农村不存在剩余劳动力的假设是十分不合理的。实际上由于农业人口增长快于城市人口增长，在有限的土地上就必然存在一些劳动生产率很低的剩余劳动者。另外，托达罗模型假设流入城市的劳动者一定会在城市里寻找工作，如果找不到工作，他们就宁愿在城里传统部门做些临时工作或完全闲置，这也与实际情况不太相符。此外，某些迁移者虽然暂时性地在城里做工，但是一旦挣到一定数量的钱，他们就会回到农村把这些收入用于农业投资，来提高农业生产率。

3.1.3　人口迁移的社会学理论与模型

3.1.3.1　罗杰斯的年龄–迁移率模型

为了把握年龄与迁移率的一般关系，计量人口学家罗杰斯（Rogers）等在 20 世纪 70 年代后期就利用欧美国家的人口普查资料，对迁移率与年龄变化的关系进行了大量的实证分析（Rogers et al.，1978；Rogers，1984）。根据实证分析的结果，他们提出了年龄–迁移率模型。该理论认为，各年龄层的人口中流动人口所占比例即迁移率具有一定的变化规则。表示年龄与迁移率关系的曲线可以分解成相对独立的组成部分，即 0～14 岁的前劳力成分、15～64 岁的劳力成分、65 岁以上的后劳力成分和不受年龄影响的常数成分。其关系可以用图 3-2 表示。

前劳力成分　劳力成分　后劳力成分　　　常数成分　　　　　总迁移

图 3-2　年龄–迁移率曲线的构成示意图

如果把迁移率作为因变量，把年龄作为自变量，两者之间的关系可以用图 3-3 的双指数函数图形表示。其中，$M(x)$ 为 x 岁人口的迁移率，b_1、b_2、b_3 分别为迁移率曲线的下滑斜率，d_2、d_3 分别为劳力成分曲线、后劳力成分曲线的上扬斜率。

3.1.3.2　人口压力理论

早在 18 世纪，马尔萨斯（T. R. Malthus）就通过分析游牧民族的迁徙历史试图说明，由人口增殖力大于生活资料的增长力而产生的人口压力是人口迁移的原因（Malthus，1978）。现代人口压力理论则主要是由索维（A. Sauvy）在其《人口通论》的适度人口理论框架中发展和创立的。索维认为，从静态来看经济适度人口（最优人口规模）就是使人

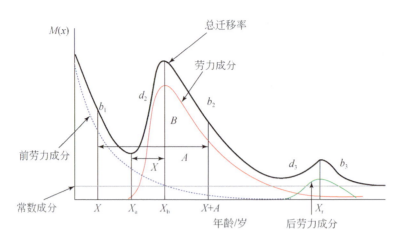

图 3-3　年龄-迁移率理论模型图

均产出最大的人口规模，从动态来看经济适度人口就是在一定时间里一国的人口增长率使其人均产出增长率最大的人口规模（Sauvy，1969）。当一国人口超过其适度规模导致人均产出下降，从而导致生活水平下降时，该国就已经处于人口过剩状态。如果处于人口过剩状态的国家找不到提高适度人均产出的办法，人口压力会导致潜在迁移者为了追求更高的生活水平而向未超过适度人口的国家移民。

历史上，人口国际迁移曾经在一定程度上推动了人口向城市的聚集。19 世纪，高出生率和较低的死亡率导致当时欧洲人口迅速膨胀，同时农业技术进一步形成大量农业剩余劳动力。由于人口压力，欧洲人口大规模向新殖民地国家（人口规模低于适度人口）迁移。在这一过程中，有相当一部分移民迁移到城市，同时完成了由农民到市民的转变。20 世纪以后，新大陆国家已开发完毕，由于种族矛盾等因素，人口过剩的国家已不可能通过大规模向外移民来缓解其人口压力。这时，通过国内迁移向城市制造业转移就成为解决农村失业人口的唯一手段。

3.1.3.3　迁移生态学理论

与人口压力说不同，迁移生态学派认为人口迁移的动力来自人口自身的主动反应。霍利（A. H. Hawley）在其 1968 年发表的《人类生态学》中指出，"人类生态学的一个基本教义就是：一个特定规模的人群会通过生命过程（变动出生率和死亡率）以及通过迁移再分布自身以求得人口规模和生存机会之间的平衡"。迁移被看作人口对其生存环境及生活条件变化的一种反应（Hawley，1968）。

迁移生态学理论认为，在人口规模、社会组织、技术和环境之间存在着一种平衡。如果后三种因素发生变化导致原有平衡被破坏，人口会通过调整自身规模和分布来适应这些变化，以便重新达到新的平衡，其中迁移是最直接有效的一种方式。具体到乡村—城市迁移这一过程中，人口通过迁移从生存机会萎缩的地区流向生存机会膨胀的地区，从而产生一种不断增进城市化的趋向。例如，在农村地区当农业和采矿业越来越机械化（技术变化），就业机会就会下降（社会组织变化）。与此同时，对机械的需要量增加，城市制造业和服务业的就业机会在扩展，社会系统平衡被打破。人口为了追求最大生存机会，通过迁移改变人口在城市和乡村的分布，使城市和乡村地区的人口规模与生存机会之间形成新的平衡。

迁移生态学理论将人口作为一个整体予以人格化，认为这样一个人口整体能够像其他生物一样对生态（包括社会和自然环境）变化做出相应反应，而这种反应就是导致人口迁移和城市化的根本动力。因此，生态学理论研究的是社会整体，这一研究由于缺少对迁移者和潜在迁移者个人动机的考察不能应用到个体。

3.2 国内研究进展

国内学者在研究中国的人口流动问题时，主要从人口流动的规模、方向、流动人口的结构（年龄、性别、教育、民族等）、人口流动的影响因素等角度来探讨。

3.2.1 人口迁移规模研究

段成荣等通过对 20 世纪 80 年代至 2020 年近 40 年的人口迁移数据的研究发现我国的人口流动正在经历着深刻的转变过程，从很少迁移的"乡土中国"向大规模、高频率迁移的"迁移中国"转变的过程，迅速实现了向大规模、全方位、多层次、多元化的全员迁移流动的转变，并总结出我国人口流动转变的十大趋势（段成荣等，2019，2020）。蔡昉等（2004）将中国改革开放以来的人口流动进行阶段性划分，共分为 4 个阶段。关于人口流动和迁移的具体规模，不同学者持有不同的看法。阎蓓（1997）在《新时期中国人口迁移》一书中根据有关调查资料推算统计，在人口迁移高峰的 1979 年，省际迁移量达到2263 万人，比改革开放前的 1978 年净增 482 万人，若将同期省内迁移包括在内，迁移量将更可观。1979 年成为改革开放以来我国人口迁移总量增加的起始点。张善余（1992）、杨云彦（1994，2004）等学者总结了不同时期东部、中部和西部三大地带省际人口迁移的迁出、迁入人口比例及净迁移状况，指出在 1982～1987 年和 1990～1995 年，东部地带迁出人口占三大地带迁移人口的比例逐步下降，中部地带同一比例上升，西部大致稳定。而相同时期，东部地带迁入人口占三大地带迁移人口的比例上升，中部地带同一比例下降，西部地带也有小部分下降。吴江（2005）利用第五次全国人口普查的统计数据对广东省流动人口的主体、规模、流动原因及从事职业进行探讨，提出了促使人口有序迁移流动的政策建议。李永浮等（2006）采用 Logistic 曲线拟合和等维递补灰色预测理论，预测"十一五"期间北京流动人口的增长情况，提出高、中、低三个增长方案，并提出灰色等维递补预测是一种可行的人口流动预测方法。朱富言和李东（2008）对北京人口流动的简要历程给予回顾，并选取 Logistic 曲线对北京外来人口进行预测。

部分学者从更微观的角度对省内或市县内的人口迁移区域模式进行研究，如屈琼斐和钟逢干（1997）、章定富等（2000）分别就广东及江西省内人口迁移态势在空间上的表现进行了分析，周一星等（2000）、伍理（2001）探讨了北京及上海人口的迁移状况。王桂新（1996）利用引力模型得出了经济收入对人口迁移的影响及吸引作用。

尽管不同学者对中国流动人口具体数量有不同看法，但学者一致认为中国人口流动在近30年的增长速度非常快，尤其是改革开放到2010年前。大部分学者认为中国人口迁移规模将继续增长，迁移的主流方向为由农村流向城市，由中西部欠发达地区流向东部沿海发达地区。但也有部分学者认为自进入2010年后，流动人口增速步入一个相对的调整期，在增速下降的同时规模开始减少，而在迁移方向上城—城流动的趋势不断增加。

3.2.2 人口迁移空间格局研究

3.2.2.1 区域层面空间格局研究

王桂新（2019）回顾了中华人民共和国成立以来人口迁移的70年发展历程，以1978年改革开放为界分为改革开放前30年和改革开放后40年两个阶段，人口迁移表现为不同的发展阶段，但频繁的人口迁移未能改变中国人口分布的基本格局及胡焕庸线。段成荣等（2019）指出流动人口在东、中、西的区域分布经历了先集中后扩散的过程和转变。朱传耿等（2001）利用1996年公安部提供的流动人口资料对中国三大城市流动人口圈的流动人口特征进行了分析。Shen（1996）对中国各省区人口密度、人口增长率、高中以上教育水平人口所占比例等15个人口统计指标进行了分析，通过变异系数的数值，揭示了人口分布形态的空间分异特征。Fan（2005）通过中国各省区迁移流强度的计算，认为中国的迁移流大多从经济落后地区指向发达地区，并且邻近省区的短距离迁移流比例较大。丁金宏等（2005）利用第五次全国人口普查迁移流数据，认为中国人口迁移进入高活性、高能力的新阶段，东、中、西部人口迁移的不平衡性不断加剧，并形成了珠江三角洲（简称珠三角）[①]、长三角、环渤海[②]和西部边缘区四大辐合流场以及湖南、安徽、江西、河南等辐散流场。俞路（2006）认为在全国人口自然增长率相对平均的情况下，人口重心的轨迹可以反映出人口迁移的进程。他通过对我国1953~1995年的人口重心计算，发现我国人口重心变化较为稳定，伴有小幅向西南方向移动的趋势。

3.2.2.2 城市层面空间格局研究

从城市内部空间来探讨流动人口空间分异规律的成果也较丰富。顾朝林等（1999）通过对北京、天津、南京、廊坊等城市流动人口的研究，发现流动人口的迁移动机以经济型为主导，职业倾向具有低附加值、非熟练工作岗位指向，链式迁移是迁移主导形式，地域上具有明显的移民集团和自然区间的社会劳动分工特色。王桂新和沈续雷（2008）对上海的研究表明，上海流动人口在空间上呈现中心城区密度最高、向外密度下降的郊区化态势。李玲和Fan（2000）对广州也进行了类似分析。李若建（2003）利用1982年、1990年和2000年的人口普查数据从职业、人口数、家庭构成、文化程度等方面分析了广州流

---

① 珠江三角洲包括广州、佛山、肇庆、深圳、东莞、惠州、珠海、中山、江门9个城市。
② 环渤海包括北京、天津两大直辖市及河北、辽宁、山东、山西和内蒙古中部地区，共七省（自治区、直辖市）。

动人口空间分布状况。鲁奇等（2005）以问卷为基础分析了北京中心城区、近郊区和远郊区的流动人口在人口属性特征、职业、收入、住房、消费、未来期待等方面的空间差异。

3.2.3 人口迁移影响因素研究

3.2.3.1 经济发展水平对人口迁移的影响

李树苗（1994）利用20世纪80年代人口迁移数据进行计量经济分析，指出经济水平与经济结构的差异越大，纯迁移率也越大，距离与纯迁移率之间呈负相关关系。严善平（1998）利用模型说明了省际人口迁移量主要受迁移人口存量影响，经济发展水平或收入水平只是迁移的前提，而非决定性因素。朱农（2001）利用 Logistic 模型结合 1990 年和 1995 年中国省际人口迁移数据讨论了城市正规部门、非正规部门和农村非农业部门对中国农村劳动力迁移的作用。王桂新和刘建波（2003）利用第五次全国人口普查资料研究了我国省际人口迁移的主要吸引区域及其吸引范围，并认为人均 6000 元和 8000 元是人口迁出地和迁入地的两个收入门槛。王桂新等（2005）运用空间无制约引力模型分析了区域经济收入与经济规模对省际人口迁入和迁出所产生的吸引及推排作用，结果表明经济规模对人口迁移的影响主要表现为迁出地对人口迁出的推排作用和迁入地对人口迁入的容量吸纳作用。龙奋杰和刘明（2006）运用对数线性需求函数模型对人口迁入的影响因素进行分析，认为城市人口的当前收入与收入增长预期是最大的人口迁入影响因素。

3.2.3.2 距离及交通可达性对人口迁移的影响

尽管以往文献中没有明确指明距离及区域通达性对人口迁移的影响，但学者从交通距离、干线布局等方面间接对通达性的影响作用展开了研究。例如，Fan（1999）认为对于因"婚姻嫁娶"迁入广东的女性，其原住地大多沿着从广西、四川至广东的铁路线分布。李亚丽（2004）认为河南交通线路和交通枢纽的布局对人口空间分布具有很大的吸引力。李国平等（2004）以深圳为例，利用重力模型进行了回归分析，认为人口迁移规模与深圳距各省市的交通距离成反比。其他学者也通过各种模型验证了距离因子对人口迁移的负面影响（王桂新，1993；杨云彦等，1999）。俞路和张善余（2005）运用空间统计学中有关方向和距离的研究方法及第五次全国人口普查数据对三大都市圈人口流动规律进行了探讨，发现影响地区间人口迁移量的主要因素有经济差距、人口规模、地理距离和气候差别等。

3.2.3.3 制度对人口迁移的影响

与国外学者研究内容和重点不同的是，国内学者在研究中国的人口流动时都十分注重分析制度因素（户籍制度、农村土地安排制度、社会保障制度、城乡分割的劳动力市场等）对人口流动的阻碍作用，这与我国特殊的政策制度和历史背景有关。王春光（2011）认为户籍制度的存在使得流动人口的城乡迁移行为在一定程度上是从一个边缘社会（农村实际上是我国的边缘社会）进入另一个边缘社会（城市边缘），认为取消户籍制度和劳动力歧视政策有利于加速人口流动。李玲和 Fan（2000）以在广州所做的 1516 份问卷调查为基础，通过我国城镇就业人员结构的变化，分析了我国社会经济结构转型期劳动市场的变化，初步揭示了不同类型就业者的行为特征和差异。Zhu（2007）通过对福建沿海城市的问卷调查，指出了省内迁入人口多从事批发零售和服务业，而省际迁入人口主要从事制造业，户籍制度改革不应仅仅关注流动人口的居民身份，而应对他们的工作收入及稳定性加以保障。

3.2.3.4　其他影响因素研究

李立宏（2000）总结了影响人口迁移的 10 类因素，分别是迁出地和迁入地间的距离、迁出地和迁入地的经济发展水平、融资状况、产业结构情况、失业率、经济体制与国家宏观经济政策、迁出地和迁入地的总人口、人口迁移量、人地比，以及资源、气候、环境和社会科技文化发展水平，同时指出了在上述众多影响因素中，距离、经济因素和人口变量起主要作用。梁明等（2007）以托达罗模型为理论基础，利用现有的官方统计数据对影响中国城乡迁移的因素进行了实证分析，认为经济增长对城乡迁移有比较明显的促进作用，同时人均耕地面积减少成为城乡迁移比较重要的推动力量，并且城镇新增就业岗位对城乡迁移具有显著正向影响，城镇失业率对城乡迁移的影响不显著，中国的城乡收入差距对城乡迁移的作用不显著。冯林杰和陈建东（2008）利用托达罗人口流动模型分析了我国城乡人口流动因素，认为我国城乡人口流动不仅取决于城乡劳动力收入的差异，还受生活成本、心理成本、交通成本等因素的影响。与托达罗城乡人口流动会引起城市失业率上升的观点不同，他们认为我国城乡人口流动即使对城市失业率有影响，其程度也很有限。

3.2.4　迁移人口的结构特征研究

段成荣等（2019）发现流动人口高龄化趋势日益明显、老年流动人口规模快速增加，少数民族人口的流动性在其规模和增速上越来越高。张善余（1992）通过 1990 年第四次全国人口普查资料所做的描述性分析发现，男性比女性更容易发生省际迁移，接受过较好文化教育的未婚男性人口最容易发生省际迁移。但 Liang 和 White（1996）对 1988 年全国生育节育抽样调查资料的分析表明，婚姻状况和性别对个人是否发生省际迁移没有显著影响。段成荣（2000）利用 Logistic 回归模型对迁移人口的人口学结构进行了分析，认为年龄、性别、受教育程度和婚姻状况等个人因素对人口是否进行省际迁移有显著影响，证实了人口迁移的"人力资本"理论。周皓（2001）运用卡方检验从迁出地、家庭户角度研究了家庭户的各种特征对人口迁移的影响作用。刘金塘等（2004）根据第五次全国人口普查数据中的出生地资料，对中国各省份人口的终身迁移水平、流向以及不同年龄人口的终身迁移状况进行了分析，并对中华人民共和国成立以来我国对迁移有重大影响的迁移政策等进行回顾。许鹏和王晓波（2004）利用第五次全国人口普查数据得出了五条人口迁移规律：省外迁移人口比省内迁移人口要多，省际迁移以就近迁移为主，外来人口的迁移区域趋向扩大化，省际迁移以男性为主，每年的迁移人口数量受政策的影响。吴森富和谌新民（2004）在对广东流动人口的地区分布结构、劳动力来源结构、人口等现状分析的基础上，对影响流动人口结构特征的因素进行分析。赵渺希（2006）对上海流动人口的社会空间进行了较为深入的研究，把上海流动人口的社会空间归结为长期定居上海群体人口聚居区、来上海务工群体人口聚居区、高社会经济地位人口聚居区、社会特殊群体人口聚居区四类。尹德挺（2007）利用2006年北京流动人口家庭户调查数据，对来京流动人口的人口结构、来京意愿、来京时间、从事职业、空间分布等进行了综合分析，结果发现流动人口空间流动和职业流动的速度趋缓，居所和职业的稳定性在提高。

3.2.5 人口迁移的其他研究

除上述主流的人口流动研究外，部分学者也从其他角度对人口迁移进行研究（表3-2）。例如，沈建法（2019）提出中国要实现很高的城市化水平，必须关注常规的城乡人口迁移、城市对流动人口的融合和包容以及城市边缘区的城乡一体化三个重要的方面。张善余等（2005）对我国女性人口迁移现状包括年龄、民族、婚姻、受教育程度和迁移动因、在迁移地适应状况、对城市化影响、自身生存及生活价值观念转变等方面的研究成果进行了综述。贾小玫和李峰（2007）借用管理学的和谐理论，从宏观、中观、微观三个层面分析，构建了流动人口和谐度的测量模型，以期为政府制定政策提供指导。赵慧英（2007）分析了拉美和非洲地区工业化过程中的人口与劳动力由农村向城市的迁移"过度城市化"的现象，为我国农村剩余劳动力流动的顺利进行提供借鉴。

表3-2 国内相关研究进展

研究方向	研究内容	研究方法	主要研究者
迁移人口属性研究	年龄结构；性别结构；文化程度；就业结构	实地调查与统计分析	顾朝林、杨云彦、张善余、范力达、沈建法、段成荣
人口迁移空间格局	人口迁移的流向；来源地、目的地状况；空间结构	描述法、空间分析方法	张善余、朱传耿、王桂新、屈琼斐
人口迁移的影响因素	区域经济差异；距离（交通、时间）；资本投入；就业因素	引力模型、因子分析、回归分析	朱传耿、段成荣、翟锦云、王桂新、樊杰、田明
人口迁移对社会经济的影响	对迁入、迁出地正面、负面影响	基尼系数、模型回归	段成荣、王德、王桂新
人口迁移的政策研究	户籍改革；完善劳动力市场；健全外来人口管理制度	地区个案研究	李玲、朱镜德、杨云彦

资料来源：朱杰，2008。

3.3 本章小结

国内外有关人口迁移空间格局的理论与模型大多结合其他学科如物理学、经济学、社会学等学科理论，但由于各个学科在研究时视角不同，因此还没建立起统一的理论模型。

然而，在丰富的实证应用中，各模型各有特点，针对同一问题从不同角度不断得到修正，研究方法也逐渐得到充实和完善。

国外的人口迁移空间格局研究理论体系相对较系统、完善，而我国自20世纪80年代才开始探索与尝试该领域研究，多停留在国外人口迁移空间格局的理论模式框架之内。然而，西方多数经典模型的假设条件与中国人口迁移的实际条件相去甚远，难以直接用于中国的人口迁移过程模拟。空间社会学模型假设迁移者是理性的个体，其可以自由选择迁移目的地。当使用该类理论模型研究户籍管理制度下的中国人口迁移问题时，要加入中国特色政策等影响因素。用空间物理学模型来研究中国的人口迁移过程，必须要考虑中西方文化的差异对迁移流量、流向的影响。此外，我国严重的二元经济结构，使得空间经济学模型应用于中国人口迁移过程研究时受到限制。因此，将西方成熟理论模型引入中国实际问题的研究时，必须要考虑我国特有的国情和社会经济结构。

已有的人口迁移空间格局模拟研究，多注重数量表达，在空间过程的模拟表达方面明显不足。目前人口迁移空间格局研究方法和研究手段日趋多样化，从单纯的定性分析逐渐转入定性、定量相结合，但对人口迁移的流量、流向、形成机制等空间过程的模拟表达还存在缺陷。正如乔莱在1978年所指出的，只有在地理过程研究的基础上，地理学才可能继续做出其特殊的贡献。因此，定量化、模拟化的过程研究应成为人口迁移空间格局模拟研究的重点。

现有的人文地理过程建模理论还不成体系，建模方法尚处在初期的探索阶段。建模基础理论上的薄弱使得建模方法还在不断吸收其他学科的理论方法。因此，亟须系统地梳理人文地理过程建模的理论与方法，以便于以后的研究工作。包括人口迁移时空格局模型在内的人文地理过程模型在可视化表达方面还非常欠缺，还无法真正做到对包括人口迁移等要素过程进行动态模拟，缺乏系统的软件对人文地理过程单一要素及综合要素时空格局进行刻画、模拟及预测。已建立的人口迁移过程模型等多种广为应用的人文地理过程模型在模型的检验上依旧面临困境。这主要是人文地理过程建模自身特点决定的，随着科技的不断进步发展，人文地理过程模拟模型的验证值得地理学者深思。

1) 对研究理论的评述

通过对西方人口迁移理论的回顾可以发现，当代西方人口迁移理论假说的共性：首先，都把工业化进程同迁移现象互相联系起来，并且认为二者之间存在着一定的有机联系；其次，都认为经济发展的不平衡以及分化的经济发展模式的空间分布造成了各种形式的人口迁移；再次，在现代生产方式集中的城市或其他地区，人口也相应集中。然而，上述理论、模式或假说的区别和缺陷也比较明显，主要在于：或是表面现象的经验归纳，或是宏观趋势的勾勒，或是忽视或者无视真正的自由迁移权的存在，或假设现代工业部门充分就业，或假设传统的农业部门充分就业，或假设相对经济地位变化参照系的普遍性。很显然，这些理论、模式或假说主要是解释完全市场经济条件下自发性迁移和经济发展的关系，所以它们均不完全适用于解释中国历史条件下的人口迁移问题，但其对研究人口迁移规律是有启发的。

2) 对研究方法的评述

国内外学者在已有研究中运用了大量经济学和统计学的方法，最为常见的为 Logistic

模型和线性回归模型。也有很多社会学者利用问卷调查得出了翔实可靠的结果。但是人口迁移同时具有数量属性和空间方向性的特点，所以利用经济学和统计学方法均不能有效地、全面地表达和分析人口的空间迁移。以 GIS 为代表的地理信息技术具有空间现象表达和分析的功能，因而适用于人口迁移的分析研究。但由于该技术刚刚兴起，因此利用 GIS 工具进行人口迁移分析的研究比较少见。

3）对研究切入角度的评述

经济学家主要从二元经济的角度来考察人口迁移，地理学家则从空间的角度来研究人口迁移在区域之间的变动，社会学家从人口的社会属性、迁移人口的社会整合性等角度进行研究，人口学家则从人口学特征及其与社会经济之间的关系进行讨论。从单个角度、运用单一的方法研究人口迁移是完全不够的，只有跨学科、运用多种方法、从不同的时间与空间范围进行研究，才能真正地了解这种社会现象，将其进行归纳与总结，从而上升为一种具有普遍性的迁移理论，最终用这种理论来指导实践，制定切实可行的人口迁移政策。

第4章 中国当代人口迁移的轨迹与基本特征

4.1 中国当代人口迁移的轨迹

人口迁移流动不仅与一个国家的人口政策密不可分，而且有其深刻的政治、经济和历史背景。一般情况下，一个国家人口迁移流动的曲线是平滑的，然而，从中华人民共和国成立70多年来我国进行的七次人口普查可以看出，中国70余年来人口迁移的历程却有着大起大落的波动性。以改革开放为界，大致可以分为两个阶段。

4.1.1 中华人民共和国成立后到改革开放前（1949~1978年）的人口迁移

中华人民共和国成立后，根据我国经济落后、人口众多、社会情况比较复杂等多方面的具体国情，政府实行了相对比较严格的户籍管理制度，极为有效地控制了农村人口向城镇自发性的流动。受社会主义计划经济及户籍制度等二元社会体制的制约，当时的人口迁移以计划型人口迁移为主。但在中国这样一个地域广阔和人口基数庞大的国家里，存在着各地区之间自然资源和经济发展对劳动力需求的差异，人民生活水平的不平衡等各方面的显著区别，所以中华人民共和国成立后的三十余年里，自发性的人口迁移始终是存在的，并且其规模远远超过了政府所组织的人口迁移。

4.1.1.1 中华人民共和国成立初期（1949~1953年）

在中华人民共和国成立初期，我国整个国民经济处于恢复时期，为了医治战争创伤，完成民主革命的任务，恢复和发展工农业生产，并为开拓大规模的经济建设进行各种准备，政府实行自由迁移的人口流动政策，1949年《中华人民政治协商会议共同纲领》中规定，中华人民共和国公民有迁徙自由；1951年中央政府出台了《城市户口管理暂行条例》，提出"保障人们之安全及居住、迁徙自由"。这些为适应经济恢复的需要而制定的人口迁移政策，使得当时的人口迁移十分活跃，不仅有政府组织的计划型人口迁移，还有自发性的人口迁移。农民进城或沿传统路线"闯关东""走西口"进行自发性的人口迁移成为当时人口迁移的主流，但这个时期人口迁移量并不大。

这一时期的人口迁移主要有两种类型：①政权更替形成的人口迁移。其包括自北向南、由农村迁入城市以接管政权、建设城市为目的的干部南下和旧政权人员的安置及居民返迁所形成的主要由城镇迁向农村的两股流向相反的人口迁移。②经济恢复发展形成的人口迁移。中华人民共和国成立后，恢复经济发展成为诱发人口迁移的动因。既有农村人口向城市迁移的乡城迁移,又有东部沿海地区农民向东北、内蒙古和西北边疆地区开垦拓荒的乡—乡迁移,而前者是自发性的人口迁移的主流。例如,上海这一阶段有大批人口重返或迁入,仅 1951 年就迁入人口 100.4 万人,净迁入 43.78 万人,净迁入率高达 8.38%,形成上海自中华人民共和国成立以来的第一个人口迁入高峰(张开敏,1989)。与此同时,政府制定了一些相关政策法规,也促进了由农村迁向农村、以开垦拓荒为主要目的计划型人口迁移。例如,1949 ~ 1952 年新疆共迁入 63.9 万人,其中农民最多,为 25.56 万人(周崇经,1990)。

4.1.1.2　1953 年第一次全国人口普查(1953 ~ 1965 年)

1954 ~ 1964 年短短的十年中,中国社会发生了翻天覆地的变化,中国人口流动呈现出抛物线一样耐人寻味的波动。这个时期经历了中华人民共和国成立以来人口流动变化的猛增期(1954 ~ 1959 年)和降落期(1960 ~ 1964 年)。

1)"一五"计划时期(1953 ~ 1957 年)

1953 年我国进行了第一次人口普查,人口登记与选民登记设在一起,旨在选举 1954 年第一届全国人民代表大会代表,并为 1953 年开始实行的第一个五年计划及制定全国粮食统销计划提供数字。第一次全国人口普查数据显示,当时全国共有 6 亿人口。从 1954 年至今的历部宪法中,"迁徙自由"在"公民的基本权利"中消失了,这是因为我国实行严格的户籍管理制度,从根本上限制了人口的自由迁移流动,但这并不意味着人口迁移是非法的。

在"一五"期间(1953 ~ 1957 年),国家为了有计划地改变当时中国不合理的工业布局,把沿海工业密集工厂迁至东北、西北、华北等内地和西南边疆地区,同时也加快了这些地区新建、扩建工业企业的步伐,使东部地区人口向黑龙江、新疆等东北、西北边疆地区迁移流动。1954 年发生迁移的人口总计约 2200 万人,1955 年增长至 2500 万人左右,1956 年进一步增长为 3000 万人左右。这一时期的人口总迁移率普遍较高,一般在 8% 以上,其中 1956 年高达 9.42%(表 4-1)。

表 4-1　1954 ~ 1984 年中国人口迁移总体状况

年份	平均人口/万人	迁入人数/万人	迁出人数/万人	总迁移率/%
1954	59 046	2 231	2 092	7.32
1955	60 589	2 530	2 421	8.17
1956	61 863	3 004	2 821	9.42
1957	63 720	2 743	2 592	8.37
1958	64 828	3 188	3 069	9.65
1959	66 025	3 138	2 817	9.02
1960	66 190	3 313	3 202	9.84
1961	65 623	1 931	2 102	6.15
1962	66 099	2 151	2 285	6.71

年份	平均人口/万人	迁入人数/万人	迁出人数/万人	总迁移率/%
1963	67 752	1 309	1 386	3.98
1964	69 364	1 401	1 402	4.04
1965	71 049	1 608	1 610	4.53
1966	69 721	1 405	1 326	3.92
1967	32 842	601	599	3.65
1968	26 126	573	587	4.44
1969	26 528	610	628	4.67
1970	61 941	1 304	1 316	4.23
1971	67 108	1 314	1 150	3.67
1972	85 749	1 593	1 565	3.68
1973	87 729	1 433	1 288	3.10
1974	89 574	1 351	1 301	2.96
1975	91 178	1 645	1 534	3.49
1976	92 607	1 624	1 521	3.40
1977	93 883	1 555	1 455	3.21
1978	95 153	1 831	1 730	3.74
1979	96 451	2 331	2 194	4.69
1980	97 674	1 964	1 869	3.92
1981	98 939	2 098	1 986	4.13
1982	100 370	1 730	1 607	3.32
1983	101 594	1 522	1 435	2.91
1984	102 561	1 788	1 650	3.35

资料来源：国家统计局人口统计司和公安部三局，1988。

这一时期的人口迁移主要有两种类型。

（1）向新建工业区迁移。包括政府计划迁移和自发性迁移。"一五"时期，国家计划实施以苏联帮助我国援建的 156 个重点项目及我国自行建设的 694[①] 个项目，以期改变我国工业结构层次不全、地域分布差异的状况。其中，苏联援建的 156 个项目，有近一半在东北，我国自行设计的 694 个工业项目中，也有 222 个项目设在东北和沿海地区。为了配合这种大规模经济建设的全面铺开，国家需要对劳动力进行重新配置，为此组织了多次规模较大的人口迁移活动。例如，"一五"时期净迁入人口规模超过 100 万人的有黑龙江、

---

① 在 1956 年举行的全国基建会议上，将 694 个项目追加到 745 个，同年又增加到 800 个项目。

辽宁和内蒙古3个省区。仅黑龙江1954~1957年就净迁入112.8万人；1955年陕西净迁入32.34万人；甘肃兰州从1953年的39.73万人增加到1959年的123.36万人。上海作为当时全国最大的工业基地，承担了支援外地工业化和经济建设的重要任务，1950~1957年，支援外地建设共迁出43.52万人，其中"一五"时期迁出33.65万人。另外，地方政府为了响应国家新建、扩建工矿企业的需要，从农村以临时工、合同工、正式工的形式招收一批农民进城，并吸收大量自发进入城镇的农民就业，形成农村人口向城市的乡—城迁移。

（2）向地广人稀省区的垦荒型迁移。这种类型垦荒移民大多来自人口稠密的山东、河南、河北、安徽、四川、北京、天津等省市，迁入包括黑龙江、内蒙古、新疆、青海、云南等在内的边疆地区，目的是通过移民来减轻内地的人口压力并加快边疆地区的土地开发。其形式包括由政府组织的较大规模的计划型和自愿自发型的两种垦荒移民，其中计划迁移的农业移民中，有很大一部分迁回原籍，而自发迁移人口的返迁率则不高。据不完全统计，新疆1953~1957年共迁入130.75万人；而山东政府统一组织的大规模计划垦荒移民1955~1960年共迁出100多万人。

2）"大跃进"时期（1958~1965年）

这一时期以推进重工业化为主的"大跃进"运动掀起了农村人口涌向城市的乡—城迁移，成为当时人口迁移的主流。1958~1960年，每年从农村向城镇的迁移人口总数都在1000万人以上，1958年甚至达到3200万人（杨云彦，1994），三年人口总迁移率都超过了9%，形成中华人民共和国成立以来人口迁移强度的最高峰（表4-1）。其中，净迁入人口较多的省区有内蒙古（192.7万人）、黑龙江（224.7万人）、湖南（103.9万人）、新疆（96.0万人）；净迁出人口较多的省市有山东（244万人）、河南（69万人）上海（34.7万人）、江苏（30万人）。另外，国家组织的农业移民仍在继续且有加强趋势。例如，1958年开始的向青海的第二次垦荒移民，"支边"青年12万余人，但这批人返迁率很高，至1960年底已有将近一半的移民离开青海。1958年农垦部组织近10万名专业官兵奔赴北大荒，加入黑龙江国营农场的发展工作中。

这一时期，由"大跃进"掀起的人口迁移主要是由农村迁入城市，而人口迁移的流向主要为由东向西、向北迁移。

3）"二五"后半段调整期（1961~1965年）

这一阶段属于我国人口迁移的低潮期，而且人口迁移流向与之前相比发生了显著的变化。进入20世纪60年代，受自然灾害和当时国际政治关系紧张局面的影响，中国经济形势急转直下，庞大的职工队伍和城镇人口与连续大幅度下降的粮食产量形成极大反差，国家不得不大幅压缩基本建设、大规模精简职工队伍、减少城镇人口，导致当时国内人口迁移规模显著减小。全国人口总迁移率从1960年的9.84%急剧地降为1961年的6.15%，1963年又进一步降为3.98%，1965年全国人口总迁移率也仅为4.53%，表明此阶段人口迁移量的萎缩。其主要原因在于户籍制度对农村向城市的迁移做了严格的限制，但是统计资料主要是反映户籍迁移的情况，并不表示整个迁移活动有如此大幅度的降低。

1962年政府开始有组织、有计划地动员城镇知识青年下乡，1962~1966年上半年，全国城镇知识青年"上山下乡"人数累计达129万人。与此同时，政府还要求1957年以前来自农村的职工,凡是能够回乡的动员回乡,1963 年 6 月全国城镇人口减少约 2600 万人。城市人口的骤减,直接导致城市化水平迅速跌至"大跃进"之前的 18% 左右,并由此开始了漫长的停滞时期(王桂新,1997)。另外,国家在这一时期部署推进"三线"建设,不少东部大城市地区的工厂企业搬迁到"三线"地区,造成了全国人口城镇之间由东向西的大迁移。例如,1958~1965 年上海迁出 23.86 万名职工和家属,支援"三线"建设,迁入地主要有陕西、甘肃、青海、江西、贵州和四川等地区。

这一阶段的人口迁移主要表现出以下特点:一是工业布局调整时期的人口迁移、"大跃进"时期的人口迁移和"三线"建设产生的人口迁移,均为政府主导,是当时人口迁移的主流。二是"一五"时期人口迁移主要特征是由东部沿海人口稠密地区向东北、西北和华北新建工业区或垦荒区迁移;"大跃进"诱发的人口迁移,主要表现为政府主导的大起大落、由乡—城迁移逆转为城—乡迁移;"三线"建设所带来的计划人口迁移则是政府组织的多以"建制"进行的迁移。三是政府主导的向新工业区迁移、"三线"及"支边"建设的计划型人口迁移与自发性人口迁移,表现为相似的由东向西、向北的迁移模式。四是以 1958 年政府出台的户籍政策(制度)为结点全国人口迁移由猛增期转入低潮期,特别是强有力地控制了农村人口向城市的迁移流动。

4.1.1.3 1964 年第二次全国人口普查(1966~1978 年)

适应我国经济形势的发展,中央决定 1966 年开始实施"三五"计划,为制定国民经济发展计划,1964 年进行了第二次全国人口普查,普查结果显示人口已超过 7 亿人,比第一次全国人口普查增加了 1 亿~2 亿人。总体来看,这一时期的人口迁移受户籍制度和以此为基础建立的二元社会体制的制约,仍处于低潮期。根据户籍统计,1966 年全国迁移人口为 1400 万人,1967~1969 年减少到 500 万~600 万人,成为中华人民共和国成立以来迁移人口最少的年份;1970~1976 年大致稳定在 1500 万~1600 万人(孙兢新,1994)。从人口迁移率来看,10 余年间,只有 1968~1970 年全国人口总迁移率略高于 4.0%,其他年份均低于 4.0%,1974 年甚至降低到 2.96%(表 4-1)。在这一阶段,以国家组织的两种类型人口迁移为主,具体如下。

1)"三线"建设引起的人口迁移

这次迁移始于 1964~1965 年,于 1970 年前后达到高潮,并几乎延续到改革开放之初,总的迁移流向是全国范围内城镇之间人口由东向西的大迁移。在我国内地形成了以武汉、包头为主的钢铁基地,以山西、内蒙古、河南为主的煤炭基地,甘肃兰州的化工基地,四川成都、重庆的钢铁机械基地等新的工业中心,组织了数以百万计的工人、干部、科技人员迁往内地和边疆。初步统计,涉及迁移的人口达 151.27 万人之多,人口迁出省区包括了除新疆、宁夏、青海和西藏以外的 24 个省区,可见其影响范围之广。

2)知识青年"上山下乡"和干部下放引起的全国性人口大迁移

知识青年"上山下乡"的大迁移始于 20 世纪 50 年代,1962 年成大规模,1967 年进入高潮,最高的年份是 1969 年,达 267.38 万人,其次是 1975 年,达 236.86 万人。1962~1979 年,"上山下乡"的知识青年总计 1776.48 万人,其中 1967~1976 年"上山下乡"的知识青年为 1500 万人左右。到 70 年代中后期,由于政策松动,部分下放的干部和"上山下乡"的知识青年陆续返迁。返城的高潮是 1975～1979 年，特别是 1977 年开始恢复高考，大批"上山下乡"的知识青年和下放干部通过病退、顶职、招工和高考等方式离乡返城，最高的年份是 1979 年，当年返城 395.4 万人（李德滨，1995）。

中华人民共和国成立 30 年以来的国内人口迁移具有几个显著的特点：①人口迁移受到国家经济发展计划和相关政策的深刻影响与制约，国家有计划有组织的人口迁移在迁移总量中占了大部分；②民间的自发性移民始终存在着，并且基本上在农业人口中进行，其规模有时甚至超出国家有计划有组织的人口迁移；③在空间上保持由东向西、由南向北的总体迁移趋势，净迁入人口较多的省区是北方和西部的地区，而净迁出人口的省区都是东南沿海地区；④城乡间的人口迁移经历着大的起伏，表现为"两进两出"的大波动①。

4.1.2 改革开放以来（1979～2019 年）的人口迁移

改革开放以来（1979～2019 年），中国人口迁移从之前的低潮期逐渐进入回升期，随着 1984 年户籍制度的松动以及经济的快速增长，中国人口迁移开始进入空前活跃期，并形成由西向东、由农村向城市为主的人口迁移主流向，大致经历了以下五个阶段。

4.1.2.1 1982 年第三次全国人口普查（1978～1983 年）

1977～1984 年是中国人口迁移流动的回升期，其间年人口迁移量保持在 1400 万～2300 万人（孙兢新，1994）。从 1978 年党的十一届三中全会开始，我国政府工作的重点逐步转移到以经济建设为中心的轨道上来，改革开放拉开了序幕。这场改革首先从农村地区开始，农村联产承包责任制的实施使大批农民"农忙种田""农闲做工"，解放了规模巨大、可无限供给的农村剩余劳动力，据估计绝对规模在 1 亿人以上（刘铮，1990）。然而由于粮食定量供应制度和户口登记制度限制了农村劳动力向城市的迁移，农村剩余劳动力"离土不离乡""进厂不进城"，只能向当地发展起来的乡镇企业转移。这一阶段的改革开放和经济发展并未带动人口迁移数量的同步增长，人口迁移仍主要延续改革开放前的趋势，主要是大批下放干部和知青返城。在 1982 年国家耗资 10 亿元进行了第三次全国人口普查，并首次增设了"人口迁移流动"②项目，结果显示 1982 年中国人口数达到 10 亿人，其中流动人口的数量仅为 657 万人，占当时全国总人口的 0.657%（表4-2）。

表4-2 改革开放以来中国人口迁移状况

年份	迁移人口规模/万人	占总人口比例/%
1982	657	0.64
1987	1 910	1.78

① "一进"是"大跃进"时期城镇人口的迅速增长；"二进"是原下放干部和知识青年返城；"一出"是"二五"后期城镇增加的大部分人口回迁到农村；"二出"是干部下放和知识青年下乡。
② 第三次全国人口普查数据有"户口在外地"的人口数为 657.5 万人口，可以看作早期的"人口迁移流动"。

续表

年份	迁移人口规模/万人	占总人口比例/%
1990	3 412	3.02
1995	4 758	3.95
2000	14 439	11.62
2005	14 735	11.28
2010	26 138	16.48
2015	29 247	19.07
2020	37 582	26.56

数据来源: 1982 年、1990 年、2000 年、2010 年、2020 年全国人口普查数据和 1987 年、1995 年、2005 年、2015 年 1% 人口抽样调查数据。

4.1.2.2　1990 年第四次全国人口普查 (1984~1995 年)

20 世纪 80 年代中期以后, 我国的流动人口经历了一个迅速增长的过程。1984 年 10 月国务院出台了《关于农民进入集镇落户问题的通知》, 国家在一定程度上放松了对农村人口进入中小城镇的控制, 并随之放松了对整个人口流动的管控。此后, 流动人口在规模上迅速增长, 迁移的目的地也逐渐突破小城镇而大量进入大中城市。1987 年, 全国的流动人口就猛增到 1910 万人。

在 1990 年的全国人口普查中, 对流动人口的具体规定: 普查登记时已离开户口登记地的县、市 1 年以上的人。1995 年全国 1% 人口抽样调查是为了更准确地反映流动人口日益增加的形势, 也为 2000 年人口普查做准备, 国家统计局将调查对象空间标准的县、市改成了乡、镇、街道; 将调查对象的时间标准由 1 年改为半年。第四次全国人口普查数据 (国务院人口普查办公室和国家统计局人口统计司, 1993) 显示, 中国人口迁移总数为 34 127 607 人, 占总人口的 3.02%。其中, 省内迁移人数为 23 025 734 人, 占总迁移量的 67.47%, 省际迁移人口为 11 065 361 人, 占总迁移量的 32.43%, 说明当时中国的人口迁移以近距离的省内迁移为主。1995 年全国 1% 人口抽样调查数据 (国家统计局人口与就业统计司, 1996) 显示, 截至 1995 年 10 月 1 日常住本地但户口在外地的迁移人口为 4758 万人, 占总人口的 3.95%。

4.1.2.3　2000 年第五次全国人口普查 (1996~2005 年)

第五次全国人口普查将迁移项目设置于长表, 进行了 10% 的抽样调查。数据显示, 全国流动人口超过 1 亿人, 居住地与户口登记地所在的乡镇街道不一致且离开户口登记地半年以上的人口为 144 390 748 人, 占全国总人口的 11.62%。其中, 省内迁移人数为 101 972 186 人, 占总迁移量的 70.62%, 省际迁移人数为 42 418 562 人, 占总迁移量的 29.38%。2005 年全国 1% 人口抽样调查数据 (国家统计局, 2006) 显示, 流动人口为 14 735 万人, 比第五次全国人口普查增加了 296 万人, 占全国总人口的 11.28%。其中,跨省流动人口为 4779 万人,比第五次全国人口普查增加了 537 万人,占总迁移人口的比例为 32.43%。

在短短的 20 多年内,全国流动人口规模从仅仅 660 万人增加到近 1.5 亿人,增长了 21.7 倍。今天我国面临的形形色色的流动人口问题,都直接源于流动人口的巨大规模及其快速增长。

4.1.2.4　2010 年第六次全国人口普查(2006~2015 年)

2010 年第六次全国人口普查数据(国家统计局,2011)显示,居住地与户口登记地所在的乡镇街道不一致且离开户口登记地半年以上的人口为 261 386 075 人,其中市辖区内人户分离的人口[①]为 39 959 423 人,不包括市辖区内人户分离的人口为 221 426 652 人。与 2000 年第五次全国人口普查相比,居住地与户口登记地所在的乡镇街道不一致且离开户口登记地半年以上的人口增加 116 995 327 人,增长 81.03%。

2015 年全国 1% 人口抽样调查数据(国家统计局,2016)显示,居住地与户口登记地所在的乡镇街道不一致且离开户口登记地半年以上人口为 29 247 万人,比第六次全国人口普查增加 3108 万人,增长 11.89%。其中市辖区人户分离人口为 4650 万人,不包括市辖区内人户分离的人口为 24 597 万人。

4.1.2.5　2020 年第七次全国人口普查(2016~2020 年)

2020 年第七次全国人口普查数据(国家统计局,2021)显示,在全国人口中,人户分离人口[②]为 492 762 506 人,其中,市辖区内人户分离人口为 116 945 747 人,流动人口为 375 816 759 人。流动人口中,跨省流动人口为 124 837 153 人,占总流动人口的 33.22%,省内流动人口为 250 979 606 人,占总流动人口的 66.78%。与 2010 年第六次全国人口普查相比,人户分离人口增加 231 376 431 人,增长 88.52%;市辖区内人户分离人口增加 76 986 324 人,增长 192.66%;流动人口增加 154 390 107 人,增长 69.73%。

4.2　中国当代人口迁移的基本特征

从中华人民共和国成立到 20 世纪 80 年代中期,由于受到计划经济和严格的户籍制度约束,人口迁移流动表现为规模小、频率低、受国家政策影响深的特点。但是随着 20 世纪 50 年代末户籍制度的松动、70 年代末的改革开放以及快速的城镇化进程推进,大规模跨区域的人口迁移流动已呈现不可阻挡之势,人口迁移时空格局亦发生着剧烈的变化,主要表现在迁移规模、强度的扩大和流向的多样化,空间格局呈现出强烈的差异性,迁移人口分布存在着突出的城乡"二元结构"。归纳起来,该时期中国国内的人口迁移流动时空格局具有如下特征。

---

① 市辖区内人户分离的人口是指一个直辖市或地级市所辖的区内和区与区之间,居住地和户口登记地不在同一乡镇街道的人口。

② 人户分离人口是指居住地与户口等级低所在的乡镇街道不一致且离开户口登记地半年以上的人口。

4.2.1 人口迁移的规模呈现持续增加的趋势，但人口迁移整体强度不高

纵观 20 世纪 80 年代以来的中国人口迁移流动（图 4-1），在 1982～2020 年近 40 年时间内，全国流动人口规模从仅仅 660 万人增加到 3.75 亿人，增长了 55.2 倍。从相对数上看，流动人口占全国人口的比例也从 1982 年的 0.64% 增长到 2020 年的 26.56%。其中，跨省流动人口从 1985～1990 年的 221.3 万人增长到 2015～2020 年的 12 484 万人。

图 4-1　中国流动人口规模变动趋势

资料来源：1982 年第三次全国人口普查、1987 年全国 1% 人口抽样调查、1990 年第四次全国人口普查、1995 年 1% 人口抽样调查、2000 年第五次全国人口普查、2005 年全国 1% 人口抽样调查、2010 年第六次全国人口普查、2015 年 1% 人口抽样调查、2020 年第七次全国人口普查。以下表格如果无特殊说明，来源均同图 4-1

从全球可比的各国人口迁移的整体强度看，中国处于中下游水平（Bell et al., 2015）。近期的一项研究成果[①]通过对比总体迁移强度（aggregate crude migration intensity，ACMI）指标来判定各国国内人口迁移强度的高低（Bell et al., 2014）。研究结果表明（图 4-2），与中国作为当今世界上规模最大的人口迁移流动大国所给予人们的印象相反，2000 年我国的 ACMI 值在可比的 61 个国家中仅处于中下位置，排第 41 位。排名在中国之前的国家不仅有美国、加拿大、法国、瑞士、澳大利亚等发达国家，还包括亚洲的马来西亚、蒙古国，非洲的加纳、南非，以及南美洲的巴西、秘鲁等发展中国家。说明尽管近期中国人口迁移的数量规模史无前例，但其整体强度在世界上并不高，甚至低于许多发展中国家。

---

　　① 澳大利亚研究理事会（ARC）资助项目"世界各国国内迁移的比较：度量、理论和政策"（简称 IMAGE 项目）。

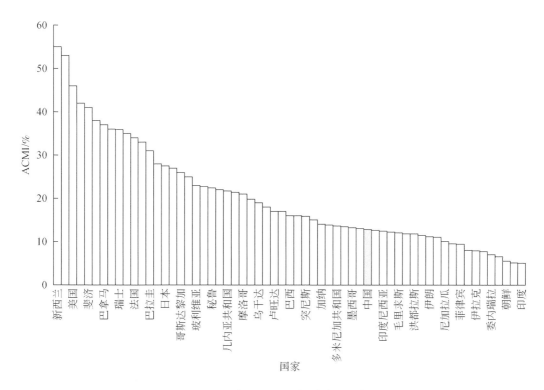

图 4-2　世界 61 个国家基于人口普查[1]前 5 年常住地 ACMI
注 1：相关各国在 2000 年及其前后进行的人口普查
资料来源：Bell et al., 2015

4.2.2　人口迁移流动以省内迁移为主，省际迁移人口比例增长后略有回调

由表 4-3 可以看出，1990～2020 年，流动人口的迁移方式仍以省内流动为主，但占比有所下降。跨省流动自 1990 年以来总体呈增长趋势，在 2005 年达到顶峰后开始略有回调。具体来说，1990 年流动人口中超过 2/3 进行的是省内流动，跨省流动的占比为32.47%，占总流动人口的不到 1/3。2000～2005 年，跨省流动人口的比例达到了相对的高值（34.01%），此后跨省人口流动比例略有下降呈现波动趋势。

表 4-3　1990～2020 年中国省际省内人口迁移状况

年份	总迁移人口/人	省际迁移		省内迁移	
		迁移人口/人	比例/%	迁移人口/万人	比例/%
1990	34 091 095	11 065 361	32.46	23 025 734	67.54
2000	144 390 748	42 418 562	29.38	101 972 186	70.62
2005	148 541 527	50 519 847	34.01	98 021 680	65.99

年份	总迁移人口/人	省际迁移		省内迁移	
		迁移人口/人	比例/%	迁移人口/万人	比例/%
2010	260 937 942	85 876 337	32.91	175 061 605	67.09
2015	293 281 613	97 227 742	33.15	196 053 871	66.85
2020	375 816 759	124 837 153	33.22	250 979 606	66.78

资料来源：1990 年第四次全国人口普查、1995 年 1% 人口抽样调查、2000 年第五次全国人口普查、2005 年全国 1% 人口抽样调查、2010 年第六次全国人口普查、2015 年 1% 人口抽样调查、2020 年第七次全国人口普查。

4.2.3 区域上，东南部沿海为主要的人口目的地，中西部地区为主要的人口来源地

张善余（1990）、杨云彦（1992，1994）等通过对 1987 年人口抽样调查数据和 1990 年第四次全国人口普查数据的考察发现，随着政策、体制及社会经济的巨大变化，中国省际人口迁移的宏观流向已快速逆转为由西向东、由内陆向沿海等人口稠密地区集聚。丁金宏（1994）利用 1990 年第四次全国人口普查数据，考察了中国人口迁移的流场分布，发现西部地区的四川为全国最大的人口流出辐散流场，东部地区的广东及上海、北京、天津 3 个直辖市则为人口流入复合型流场。之后，丁金宏等（2005）又用 2000 年人口普查数据分析发现，人口省际迁移的复合型流场与辐散流场进一步发展，并以秦岭—淮河线东段和黑河—腾冲线南段为界，分裂为东南和西北两大"流域"。王桂新（2004）则利用人口迁移选择指数，考察了中国省际人口迁移的吸引中心和吸引区域，指出自 20 世纪 70 年代实行经济体制改革以来，中国省际人口迁移形成的人口由西向东、从经济较落后地区向经济较发达地区迁移的宏观区域模式基本稳定。王桂新等（2012）研究发现，自 20 世纪 90 年代以来，中国省际人口迁移的主要迁入地分布在东部经济较发达地区特别是京津冀、长三角和珠三角三大城市群，显示近 20 年中西部地区人口向东部沿海地区迁移仍然是中国省际人口迁移的主流。自改革开放以来，中国省际人口迁移形成的人口主要从西向东迁移的基本区域模式仍未改变。张善余、杨云彦、丁金宏等学者在上述各自的研究文献中，也都认为中国未来省际人口迁移由西向东的宏观区域模式不会发生大的变化。

但近年也有部分学者认为流动人口在东、中、西区域分布经历了先集中后扩散的过程和转变，流动人口在东部的占比经历了先爆发式增长后开始稳步下降的过程（段成荣等，2019）。如表 4-4 所示，2005 年，流动人口在东部地区的占比为 64.5%，2015 年东部地区流动人口占比下降到 54.8%，下降了近 10 个百分点。随着时间的推移，流动人口也由东部地区集聚转变为逐渐向中西部地区分散。2015 年，中部和西部地区流动人口的占比大体相似，都达到了 20% 以上。流动人口迁移区域的变化不仅反映了流动人口的集中程度，更显著反映了区域吸引力的变化。东部地区对跨省流动人口的吸引力始终占据主流，自 1990 年以来快速上升，从 58.5% 增加至 2005 年的 84.6%，随后缓慢回调下降至 2015 年的 78.2%。中西部地区对跨省流动人口的吸引力在 2005 ~ 2015 年逐步上升，并且在 2010 ~

2015 年上升较快。

表 4-4　1990～2020 年东、中、西三大区域吸引的流动人口占比　　（单位：%）

年份	总迁移人口占比				跨省迁移人口占比			
	东部	中部	西部	合计	东部	中部	西部	合计
1990	49.2	29.0	21.8	100	58.5	22.0	19.5	100
2000	56.9	20.4	22.7	100	77.8	7.3	14.9	100
2005	64.5	17.2	18.3	100	84.6	5.4	10.0	100
2010	59.2	19.3	21.5	100	82.5	5.9	11.6	100
2015	54.8	21.7	23.5	100	78.2	8.7	13.1	100

4.2.4　迁移流动人口的空间分布存在突出的城乡二元结构，但差距在减小

20 世纪 80 年代中后期，以国务院颁布的《关于农民进入集镇落户问题的通知》为标志，国家在一定程度上放松了对农村人口进入中小城镇的控制，为农村劳动力迁移流动创造了有利的制度环境，之后我国人口迁移进入了以乡—城迁移为主的阶段。丁金宏等（2005）指出，中国人口迁移的主流方向是由农村指向城市，由于国内各省的城市化水平差异巨大，这种"乡—城迁移"往往表现为跨省区的大尺度迁移。《中国流动人口发展报告 2011》指出，我国外出迁移人口主要向沿海、沿江地区集中，其中 13 个规模较大的城市集聚了全国约 65% 的流动人口。刘晏伶和冯健（2014）利用 2010 年第六次全国人口普查数据，分析了迁移人口的城乡分布特征：在省际迁移人口的城乡分布中，迁入城市的占 67.6%，迁入镇的占 15.8%，而省内迁移迁入城市的占 64.2%，迁入镇的占 24.0%，可见无论是省际迁移还是省内迁移，迁入地都以城市为主。

2000 年以来，乡—城流动人口呈现出先增加后减少的趋势，而城—城流动人口则持续增加，尤其是在 2010 年前后加速增长（段成荣等，2019）。具体来说，乡—城流动人口占比从 2000 年的 52.2% 增加到 2005 年的 61.4%，进一步增加到 2010 年的 63.2%，而后下降到 2015 年的 48.9%。城—城流动人口的占比则从 2000 年的 20.8% 持续增加到 2015 年的 37.9%（表 4-5）。随着高等教育的普及，越来越多的来自小城镇和中小城市的高学历人口为寻求就业及发展机会参与到城—城流动的进程中。除此之外，国家层面的相关政策法规也会进一步助推城—城流动人口的迅速增加。

表 4-5　2000～2005 年四类流动人口构成　　（单位：%）

年份	乡—城流动	城—城流动	乡—乡流动	城—乡流动
2000	52.2	20.8	18.6	8.4
2005	61.4	21.2	13.7	3.7
2010	63.2	21.2	12.7	2.9
2015	48.9	37.9	7.1	6.1

4.2.5 人口迁移行为的发生具有明显的年龄选择性

对一个开放的区域而言，人口的出生、死亡、迁移三大变动都会改变人口年龄结构。一般情况下，人口迁移的发生并非均衡地分布于人的整个生命周期，而是具有高度的年龄选择性，通常青壮年时期的迁移率较高，有助于缓解迁入地的人口老龄化压力，而加剧迁出地的人口老龄化态势。我国的国内人口迁移亦遵循这一规律性，劳动年龄人口（尤其是青壮年）是迁移流动人口的主体，儿童和老年迁移流动人口占比相对较少。

2010 年第六次全国人口普查时，全国 20~29 岁流动人口占流动人口总量的 27.7%，30~39 岁的流动人口占比为 21.3%，40~49 岁的流动人口占比为 16.0%。20~49 岁青壮年流动人口占全部流动人口的 65%（陈蓉和王美凤，2018）。国家卫生和计划生育委员会发布的《中国流动人口发展报告 2017》中提到，2016 年流动人口的平均年龄为 29.8 岁。段成荣等（2019）也指出，1982 年以来，流动人口中劳动年龄人口不断增加，16~59 岁人口比例从 1982 年的 53.3% 增加至 2015 年的 84.1%；但同时整个流动人口的平均年龄和年龄中位数都不断增加，而且流动人口中儿童（0~15 岁）的比例逐步下降（表 4-6）。

表 4-6 1982~2015 年流动人口年龄构成

年份	年龄分布/%				平均年龄/岁	年龄中位数/岁
	0~15 岁	16~44 岁	45~59 岁	60 岁及以上		
1982	35.4	45.7	7.6	11.3	28.2	23.0
1990	17.3	69.8	7.6	5.3	27.2	24.0
2000	14.9	70.2	9.6	5.3	29.0	27.0
2005	13.5	71.1	10.0	5.4	30.4	29.0
2010	11.6	71.1	12.5	4.8	30.8	29.0
2015	10.6	68.5	15.6	5.3	31.0	31.0

4.2.6 人口迁移流动原因由开始的经济因素主导向多元化、宜居型流动过渡

我国人口流动迁移的主导因素主要是务工经商，占流动原因的一半以上（表 4-7），不过 2000 后比例有所下降。同时，社会型流动（以随迁家属为代表）的占比一直在上升，2000~2015 年上升了 2.5 个百分点；发展型流动（以学习培训为代表）的占比增长尤为迅速，2000~2015 年从 6.9% 上升至 14.8%。2015 年全国 1% 人口抽样调查在流动原因中增加了"改善住房"选项，该类流动原因占流动人口的 4.5%，与"婚姻嫁娶"原因占比接近，并超过"为子女就学""拆迁搬家"等原因的占比，这意味着以追求宜居环境为原因的流动也越来越不可忽视。

表4-7 2000~2015年人口迁移流动原因构成 （单位:%）

流动原因	2000 年	2005 年	2010 年	2015 年
务工经商	55.1	53.1	51.1	51.9
工作调动	3.2	2.6	3.5	—
分配录用	1.2	0.6	—	—
学习培训	6.9	3.7	11.2	14.8
拆迁搬家	4.0	3.3	4.6	0.6
婚姻嫁娶	5.4	7.8	5.2	4.6
随迁家属	13.1	14.3	15.4	15.6
投亲靠友	6.3	8.3	4.6	
为子女就学	—	—	—	1.9
改善住房	—	—	—	4.5
寄挂户口	—	1.4	0.4	0.3
其他	4.8	4.9	4.0	5.8
合计	100	100	100	100

注:"—"表示当年的调查没有该选项。

中国正经历着人类历史上规模最大的人口迁移,其成为我国改革开放以来最重要的社会现象之一,人口迁移的时空格局变化对中国的区域社会经济格局的发展演变产生了重要的影响,吸引着越来越多决策者和不同领域学者的关注。

4.3 本章小结

中华人民共和国成立后,受社会主义计划经济和1958年出台的户籍制度等二元社会体制的影响与制约,人口迁移以政府主导的计划型人口迁移为主,同时存在以改变生活困境为目的的农村自发性人口迁移,但规模都不大。人口迁移主要表现为东部经济较发达地区的人口向经济落后的中西部与东北地区及边远、边疆地区的迁移,总体水平较低,不活跃,呈现出大起大落的波动性。

随着改革开放的深入和社会主义市场经济的建设,我国人口分布的相对凝固状态受到较大冲击,人口迁移空前活跃,并呈快速稳定增长趋势,自发性人口迁移逐渐占据主导地位。人口迁移流向及区域模式也发生了重大转变,形成由农村迁往城市,由中西部经济较落后地区迁往东部发达地区的人口迁移大潮。

第5章 | 中国人口迁移量测算及其空间分异特征

人口迁移量通常是指在两个特定时间点间，改变自己居住地或者跨越确定行政边界的人口总数。本章的人口迁移量数据主要来于1990年第四次全国人口普查、1995年全国1%人口抽样调查、2000年第五次全国人口普查、2005年全国1%人口抽样调查、2010年第六次全国人口普查和2015年全国1%人口抽样调查。其中，第一组数据包含中国1985~1990年29个省级行政单元（包括4个自治区和3个直辖市）的人口迁入、迁出数据；第二组数据包含中国1990~1995年30个省级行政单元（包括5个自治区和3个直辖市）的人口迁入、迁出数据；后四组数据包含中国1995~2015年31个省级行政单元（包括5个自治区和4个直辖市，因为重庆在1997年从一个四川的地级市升为直辖市）的人口迁入、迁出数据。1990年第四次全国人口普查资料中没有迁入西藏的数据。因此，本章使用的人口迁移数据是31个省（自治区、直辖市）之间在六个时期（1985~1990年、1990~1995年、1995~2000年、2000~2005年、2005~2010年和2010~2015年）内的迁移流量数据。表5-1显示31个省（自治区、直辖市）在六个时期的人口迁入、迁出量。这里的人口迁移数据属于过渡数据而不是事件数据。以下表格数据如果无另外说明，数据来源均同表5-1。

表5-1　1985~2015年中国省际人口迁移量　　　　　　（单位：人）

省(自治区、直辖市)	1985~1990年		1990~1995年		1995~2000年		2000~2005年		2005~2010年		2010~2015年	
	迁入	迁出	迁入	迁出	迁入	迁出	迁入	迁出	迁入	迁出	迁入	迁出
北京	671 671	132 148	676 368	114 059	1 989 158	183 537	2 245 358	329 811	3 827 760	405 950	3 990 452	743 677
天津	244 065	72 194	217 404	60 293	517 874	109 768	908 453	106 717	1 497 120	213 360	2 728 258	332 194
河北	519 147	645 704	490 036	405 684	810 432	918 116	611 849	989 509	924 090	2 017 390	1 159 226	2 513 226
山西	306 578	218 472	154 287	136 559	402 874	351 126	210 189	345 208	498 210	793 680	428 774	1 294 516
内蒙古	254 264	303 129	268 054	242 047	342 621	464 274	394 038	417 057	827 680	647 590	677 097	632 452
辽宁	540 735	294 996	423 704	191 397	794 547	399 863	673 811	416 453	1 171 870	685 420	781 484	808 065
吉林	237 232	355 532	145 910	287 145	267 326	557 168	217 811	532 453	338 420	853 890	314 774	816 452
黑龙江	367 394	607 485	218 475	597 666	317 053	989 284	195 245	1 019 849	321 850	1 463 210	471 742	1 312 774
上海	664 756	132 562	707 147	118 929	2 281 926	171 516	3 025 057	375 094	4 900 490	401 010	3 530 323	823 097
江苏	789 555	620 478	943 642	437 828	2 008 789	1 306 295	3 290 717	1 327 774	4 887 290	1 893 540	5 100 000	2 129 226
浙江	335 311	632 323	453 509	500 847	2 857 611	1 020 842	5 062 189	1 041 132	8 372 910	1 339 400	5 654 258	1 775 097
安徽	336 665	533 388	151 267	724 972	329 958	3 045 221	670 642	3 835 774	822 140	5 525 590	1 120 516	4 242 839
福建	250 962	238 387	335 359	213 897	1 417 095	657 400	1 933 962	802 038	2 449 910	1 113 660	2 263 290	1 158 645

续表

省(自治区、直辖市)	1985~1990 年		1990~1995 年		1995~2000 年		2000~2005 年		2005~2010 年		2010~2015 年	
	迁入	迁出	迁入	迁出	迁入	迁出	迁入	迁出	迁入	迁出	迁入	迁出
江西	224 412	293 772	121 851	499 289	248 347	2 821 684	499 170	2 475 849	698 350	3 483 280	896 452	2 676 323
山东	607 446	534 842	513 218	371 691	951 663	924 421	923 472	1 123 019	1 335 580	2 014 990	1 305 548	2 219 871
河南	474 867	589 626	262 794	720 881	494 632	2 430 484	279 547	3 433 358	429 660	5 430 370	856 129	4 914 645
湖北	429 914	346 274	263 476	371 691	638 137	2 326 526	501 132	2 714 868	843 470	3 804 200	1 543 871	3 041 032
湖南	271 036	528 614	209 417	685 621	381 726	3 432 863	501 057	3 327 849	688 420	4 591 910	1 276 452	3 754 129
广东	1 257 218	250 494	1 896 636	215 164	12 106 389	461 053	11 996 377	1 715 170	13 874 400	1 612 900	10 691 613	2 585 290
广西	142 436	588 889	116 494	539 419	302 589	1 934 884	397 208	2 123 094	597 790	2 820 530	859 548	2 622 258
海南	150 059	105 977	101 105	99 351	229 126	136 411	190 792	157 962	337 710	235 900	338 065	291 355
重庆	—	—	—	—	471 326	1 161 189	427 170	1 437 434	735 590	1 844 060	990 194	1 477 548
四川	439 130[a]	1 316 049	384 938	1 419 262	620 632	4 626 874	763 245	3 940 755	1 052 830	4 988 090	1 623 355	3 672 065
贵州	190 056	312 786	148 053	391 074	275 211	1 296 758	531 094	1 765 660	591 930	2 680 750	999 419	2 496 194
云南	249 462	277 432	201 332	235 326	771 305	419 095	469 132	600 906	620 880	1 089 070	793 161	1 461 677
西藏	—	—	34 968	27 273	74 411	37 211	25 434	31 396	91 970	62 490	99 742	62 710
陕西	310 690	362 349	158 865	257 632	445 253	757 179	254 868	826 943	734 020	1 347 490	1 126 839	1 371 742
甘肃	197 175	280 715	135 878	244 580	214 358	590 337	117 736	494 340	260 200	1 046 860	387 419	1 241 226
青海	115 087	102 141	50 065	74 513	80 958	129 632	73 585	85 358	182 540	149 980	204 581	170 194
宁夏	91 883	56 609	47 533	52 987	135 600	92 021	74 566	67 774	239 030	150 660	188 516	209 097
新疆	341 573	277 412	551 205	145 910	1 202 295	228 189	577 434	181 736	839 800	286 690	875 226	426 710
省际人口迁移总量	11 010 779		10 382 987		33 981 221		38 042 340		54 993 910		53 276 326	

资料来源：《中国 1990 年人口普查资料》（1993 年）、《1995 年全国 1% 人口抽样调查资料》（1996 年）、《中国 2000 年人口普查资料》（2002 年）、《2005 年全国 1% 人口抽样调查资料》（2006 年）、《中国 2010 年人口普查资料》（2012 年）、《2015 年全国 1% 人口抽样调查资料》（2017 年）。

— 当年无此数据。

a 前两期重庆的数据包括在四川之内。

5.1 省际人口迁移强度测算及期际变化特征

在本章中，迁移人口量数据是基于调查表中问题"普查当天现居住地不同于 5 年前常住地"而得出的，而且要求现居住地的移民离开他们的户口登记地满半年以上（1990 年第四次全国人口普查按照满 1 年统计）。根据从六期全国人口普查和 1% 人口抽样调查中获取省际人口迁移量的方法，本章研究对象为六期（1985~1990 年、1990~1995 年、1995~2000 年、2000~2005 年、2005~2010 年、2010~2015 年）五年人口省际迁移流，人口迁移量为省域层面上现住地不同于 5 年前常住地的人口数量，省际移民标出了迁出、迁入省（自治区、直辖市）。去除对角线得到 31×30 的矩阵迁移流数据，每期 930 个流。

van Imhoff and Keilman（1991）指出，从人口普查过渡数据得出的人口迁移强度代表的更是一种概率而不是比率，而原始迁移率（crude migration probably，CMP）是人口迁移强度最简单的测度，所以本章选用 CMP 来分析中国省际人口迁移强度，它是通过用 5 年内从 a 地迁移到 b 地的移民总量除以 5 年开始时 a 地的总人口数计算得来的，计算公式如下：

$$CMP = \left(\frac{M}{PAR}\right) \times 100 \qquad (5-1)$$

式中，M 为一定时期某一地区的人口迁移量；PAR（population at risk）为该时期初本地区潜在人口迁移数。此外，本书使用了三个指标来刻画人口迁移强度，分别是人口迁入率（crude in-migration probability，CM_iP）、人口迁出率（crude out-migration probability，CM_oP）和人口净迁移率（crude net-migration probability，CM_nP），其计算公式分别如下：

$$CM_nP_a = \frac{M_i - M_o}{P_a} \qquad (5-2)$$

$$CM_iP_a = \frac{M_i}{P_a} \qquad (5-3)$$

$$CM_oP_a = \frac{M_o}{P_a} \qquad (5-4)$$

式中，M_i 为人口迁入量；M_o 为人口迁出量；P_a 为 a 省（自治区、直辖市）总人口。通过对每个省（自治区、直辖市）的人口迁入率、人口迁出率、人口净迁移率的分析可以得到重要的人口迁移来源地和目的地，这有助于进一步了解近三十年来省际人口迁移强度随时间空间的变化情况。附表 2 显示了各省（自治区、直辖市）六个时期原始人口迁入率、人口迁出率和人口净迁移率。

自从 20 世纪 80 年代早期，我国户籍制度的改革放宽了对移民的管制，国内移民日趋活跃，不仅表现在迁移量的不断增加，迁移方向也更加多元化。比较国家间 5 年国内人口迁移强度，从表 5-2 可以看出，中国（3%）和墨西哥（2.7%）的国内人口迁移强度接近，两者都属于发展中国家。尽管各个国家的分区系统和区域个数不同，同发达国家如美国、澳大利亚相比，我国的国内人口迁移强度水平仍较低。

表 5-2　四国 5 年国内人口迁移强度表

国家	分区系统	区域个数	普查年份	人口迁移强度/%
中国	省（province）	31	2005	3.00
墨西哥	州（state）	32	2005	2.70
美国	州（state）	51	2005	8.94
澳大利亚	区域（SD）	61	2006	10.39

资料来源：Bell and Muhidin，2009。

5.1.1　双组分趋势制图法

人口迁移的时空格局反映的是跨越许多地域和时间、不同规模（量）的迁移流。然而，规模（量）、空间和时间之间的关系很复杂，使得时空格局的识别较为困难。常规使用的可视化时空模式的传统方法是用一系列地图，分别单一地展示如下一方面：①空间分布随时间变化的方式；②时间行为随空间的变化方式（Andrienko and Andrienko，2006）。因此，本研究引入双组分趋势制图法（bicomponent trend mapping，BTM）来更加有效地刻画中国省际人口迁移空间格局随时间的动态变化。双组分趋势制图法通过对主成分分析（principal component analysis，PCA）和二元地区分布制图法的技术结合，使得在一张地图上可同时展示多种趋势变化的形式（Schroeder，2009）。

从图5-1可以看出，双组分趋势地图包含三部分：地图、双组分矩阵和组分负载图（Sander，2010）。用主成分分析法选出前两个主成分PC1和PC2，如图5-1左下部组分负载图所示。由于人口迁移数据自身的性质，这前两个组分可捕捉两个主要信息：PC1是人口净迁移强度，而PC2是它的变化趋势。每个省（自治区、直辖市）的PC1和PC2得分被分别分为3类，于是得到3×3的双组分矩阵，并把所有省（自治区、直辖市）（31个）分为9组，每一组内的省（自治区、直辖市）代表特定PC1值和PC2值的得分结合，并用一个特定的颜色表示［如由橘黄色覆盖的省（自治区、直辖市）是PC1高值和PC2高值的结合，即橘黄色的省（自治区、直辖市）人口迁移强度强，它在研究时间内呈现上升趋势］（图5-1）。

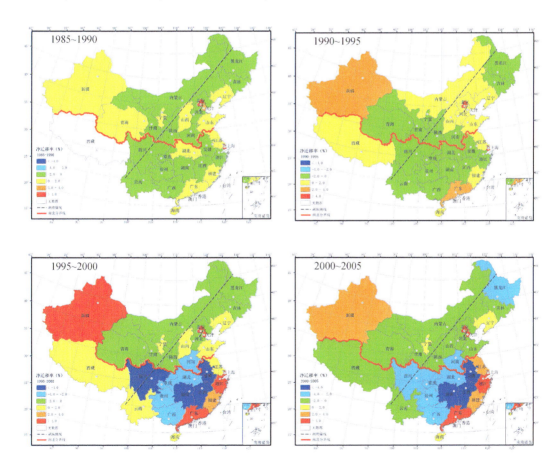

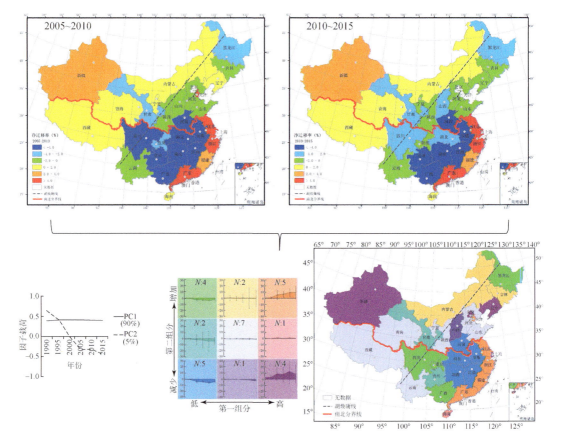

图 5-1 双组分趋势地图使用方法示意图

为了全面展示 1985~1990 年、1990~1995 年、1995~2000 年、2000~2005 年、2005~2010 年、2010~2015 年中国人口迁移的时空格局，作者引入双组分趋势制图法对中国省际人口迁入、迁出、净迁移率进行了研究，把包含空间、时间、空间指标的三维图像转化为二维地图。因此，中国省际人口迁移过程分析结果由一系列三个双组分地图组成，每个地图总结了一个空间指标的类型及其随时间的变化趋势。

5.1.2　省际人口迁移强度指标分析

5.1.2.1　省际人口净迁移指标分析

1）省际人口净迁移率与主要迁入、迁出地

图 5-2 展示了 2010~2015 年全国省际人口净迁移率空间类型的全面纵览，可以看出，全国省际人口净迁移率大致可分为三个阶梯，第一阶梯为东南沿海四省（江苏、浙江、福建、广东），再加上北京、天津、上海三个直辖市，处于第一阶梯的省市除福建外人口净迁移率均大于 4%（福建人口净迁移率为 3.3%），表现为明显的人口净流入；第二阶梯为

中部六省（山西、河南、安徽、湖北、江西、湖南），东北三省（黑龙江、吉林、辽宁），东部的河北、山东，以及西部的陕西、重庆、四川、甘肃、宁夏、贵州、云南、广西19个省（自治区、直辖市），处于第二阶梯的省（自治区、直辖市）人口净迁移率均小于0，其中河南、安徽、江西、湖南、广西和贵州的人口净迁移率小于−4%，表现为人口的净流出；第三阶梯为西北部的新疆、内蒙古、青海、西藏4个省（自治区），人口净迁移率大于0，除新疆外其余省（自治区）人口净迁移率小于2%（新疆人口净迁移率为2.16%），表现为人口的净增加，但增加的强度低于第一阶梯。2010～2015年人口净迁移的空间格局呈现出沿"胡焕庸线"向西北、东南两极化迁移的局面，第一和第三阶梯地区呈现人口集聚流入，第二阶梯地区人口扩散流出，全国的人口空间分布格局实现重塑。

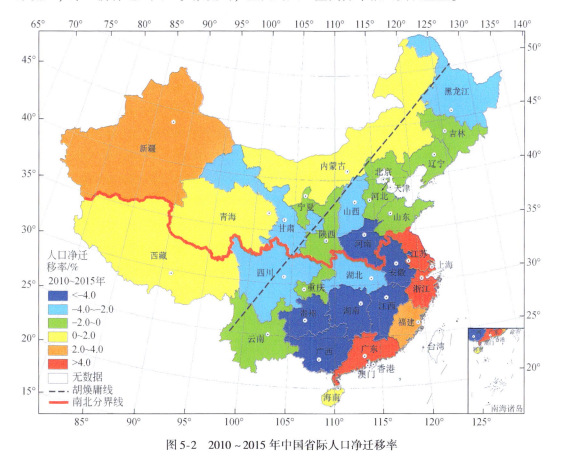

图 5-2　2010～2015 年中国省际人口净迁移率

重要的人口迁入目的地的筛选是基于 2010～2015 年各省（自治区、直辖市）人口净迁移率的排名（图5-2），选取排名前8位、人口净迁移率大于2%的省（自治区、直辖市），分别为天津、北京、上海、广东、浙江、江苏、福建和新疆（红色和橘色区域）。重要的人口迁出来源地是选取 2010～2015 年人口净迁移率小于−2.5%的10个省（自治区），分别为安徽、河南、贵州、江西、广西、湖南、甘肃、湖北、四川和山西。

2）省际人口净迁移强度期际变化

图 5-3 显示了 1985～2015 年人口净迁移率的变化情况。1985～2010 年，各省（自治

区、直辖市）人口净迁移率绝对值表现为明显的增大，其中有两次增长的高峰，第一个增长点为第三期（1995～2000年），其比前一期（1990～1995年）增幅明显，第二个增长点为第五期（2005～2010年），其与前一期（2000～2005年）相比也有非常明显的增长。而到第六期（2010～2015年），大部分省（自治区、直辖市）的人口原始净迁移率绝对值与前一期相比都表现为下降的趋势，说明大部分省（自治区、直辖市）人口的机械变动对本省（自治区、直辖市）人口数的影响呈减小趋势，省（自治区、直辖市）间的人口集聚和流失差异在缩小。

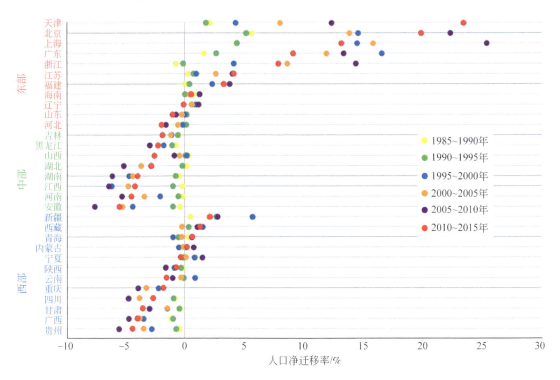

图5-3　1985～2015年分省（自治区、直辖市）人口净迁移率期际变化

按2010～2015年人口净迁移率排序

3）省际人口净迁移率的双组分趋势地图

1985～2015年全国省际人口净迁移率时空变化利用双组分趋势地图（图5-4）表示。第一组分（PC1）表示的是净迁移强度的水平；第二组分（PC2）表示的是净迁移强度分区域随时间的变化情况。组分载荷图的括号中为由PC1和PC2解释的百分比方差，对于净迁移率，第一组分解释各省市区间方差的90%以上（91%）。图5-4展示了人口净迁移率随时间的系统变化：东南沿海的江苏、浙江、福建、广东加上天津5个省（自治区、直辖市）属于PC1和PC2均高的"高高"省（自治区、直辖市）类型（橘黄色），这些省（自治区、直辖市）的人口净迁移率值高且增加趋势明显。中部的河南、安徽、湖北、湖南和江西5个省份属于PC1和PC2均低的"低低"省（自治区、直辖市）类型（蓝色），这些省（自治区、直辖市）的人口净迁移损失，而且随时间推移损失规模急剧增大，也就是说人口流失不断加剧。山西属于人口净迁移率水平中等但持续减少的类型，人口净迁移

率从前三期的正值变为后三期的负值，2010～2015 年人口净迁移率低于–2%，继一些老牌的人口输出大省后，山西跻身成为新兴的人口输出地。另外一个有趣的发现是，大部分的中国北方省（自治区、直辖市）都属于稳定的列（青绿色、灰色），而大部分的南方省（自治区、直辖市）则属于或增加或减少的组，说明我国南方省（自治区、直辖市）的人口迁移要明显活跃于北方省（自治区、直辖市）。这里的南北方划分系统，考虑到研究层面锁定在省级，故南北方分界线以省界为基础进行划分（图 5-4）。南北方不仅在自然环境上有很大差异，包括气候、地形、土壤、食物等，社会文化底蕴也存在明显不同。在语言上表现为南繁北齐：北方广大地区都属于北方方言，方言之间虽有差别，但通话、交流并没有太大障碍；而南方即使在同一方言区内，彼此差异极大，互相交流困难。一般来讲，北方人更直率和保守，南方人更委婉并具有冒险精神，这些都可能直接影响迁移前的决策行为，进而作用于中国省际人口迁移的空间格局。

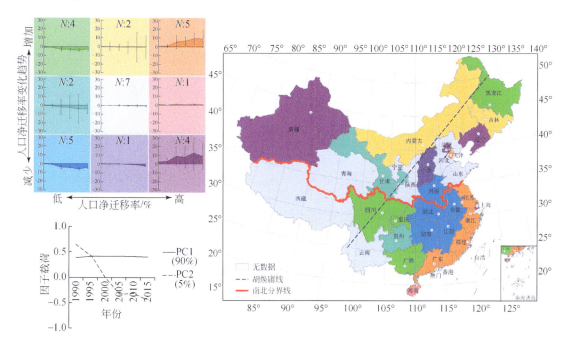

图 5-4 1985～2015 年中国省域人口净迁移率双组分趋势地图

5.1.2.2 省际人口迁入指标分析

1）省际人口迁入率期际变化

由人口净迁移率的分析可以看出，在过去的 30 年间中国移民对目的地的选择发生着变化，尤其表现在中国东部省（自治区、直辖市）人口迁入率的巨大变化（图 5-5）。中国东部的大部分省（自治区、直辖市）（除辽宁、山东和河北外）人口迁入率都有很大的增长，而大部分中西部省（自治区、直辖市）的人口迁入率从 1985 年开始保持相对较低的和稳定（或增加）的水平，除了个别西部地区（新疆和宁夏）表现出人口迁入率略微下降的趋势。

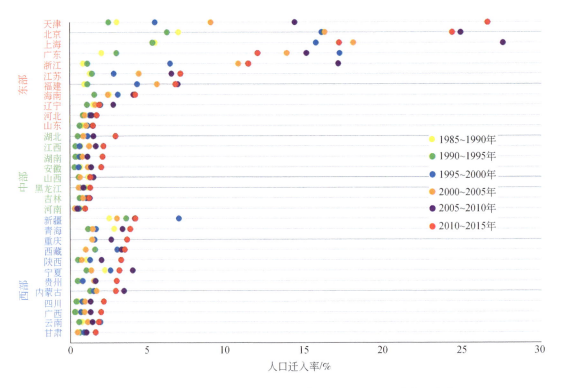

图 5-5　1985～2015 年分省（自治区、直辖市）人口迁入率期际变化

按 2010～2015 年人口迁入率排序

基于以上对人口迁入率水平随时间的变化分析，将主要迁入地省（自治区、直辖市）分为以下三类(表 5-3)。

表 5-3　主要迁入地人口迁入率及类型

省（自治区、直辖市）	人口迁入率/%						成熟	波动	新兴
	1985～1990 年	1990～1995 年	1995～2000 年	2000～2005 年	2005～2010 年	2010～2015 年			
天津	3.0273	2.4593	5.4341	9.0755	14.3540	26.5855			√
北京	7.0069	6.2281	16.0416	16.2472	24.8879	24.3473	√		
上海	5.4686	5.2891	15.6618	18.0708	27.5618	17.1430	√		
广东	2.0110	2.9887	17.1697	13.8815	15.0907	12.0158		√	
浙江	0.8335	1.0881	6.4433	10.8236	17.0945	11.4400			√
江苏	1.2733	1.3945	2.8103	4.4242	6.5382	7.1144			√
福建	0.9253	1.1042	4.3178	5.5718	6.9304	6.7768			√
新疆	2.5108	3.6050	6.9982	2.9997	4.1781	4.2074		√	

"成熟型"迁入地：有很高而且总体呈增加趋势的人口迁入率，包括北京和上海，在1985~2015年人口迁入率的排名均在前三位。北京和上海分别为我国的政治文化和金融交流中心，由于其丰富的文化底蕴和飞速发展的经济而吸引着全国各地的移民。但随着北京的非首都功能疏解及两地的积分落户等政策的实施，上海和北京的人口迁入态势在第六个时期都表现为下降趋势，上海的人口迁入率比前一时期大约下降了10个百分点。

"波动型"迁入地：在开始有增加的人口迁入率，但随着时间的推移表现出显著下降及波动的趋势，包括广东和新疆。两个省（自治区）的人口迁入率在前三个时期都有所增加，在第四个时期都至少下降了3个百分点，在后两个时期又都有所回升和波动。广东是我国对外开放的门户，更容易受到外界金融环境的影响。而新疆有着特殊的地缘政治地位，由于国家支援新疆建设和在西部大发展的大背景下，新疆的移民主要来自于四川、河南、甘肃等省（自治区、直辖市）。广东和新疆更易受到外界金融环境和政策变化的影响，故表现为波动的人口迁入率。

"新兴型"迁入地：有着巨大的人口迁入率增长，包括天津、浙江、福建和江苏。浙江在1985~1990年人口迁入率位于8个省（自治区、直辖市）中的最后一位，在全国范围内排第20位，低于甘肃、湖北等省（自治区、直辖市），而在2000~2005年一跃成为继广东之后人口迁入率第四的省（自治区、直辖市），在2005~2010年更是超越广东排名第三，是研究期间人口迁入率增长最快的省（自治区、直辖市）。天津在2010~2015年人口迁入率超过北京、上海、广东等人口迁入的传统目的地，一跃成为排名第一的省（自治区、直辖市），是研究期间人口迁入率增长第二快的省（自治区、直辖市）。

2）省际人口迁入率的双组分趋势地图

从人口迁入率双组分趋势地图（图5-6）可以看出，人口净迁移的变化在很大程度上取决于省（自治区、直辖市）间的人口迁入率的时间空间变化而非人口迁出率的变化。从双组分趋势矩阵图中的9个象限图可以看出，所有省（自治区、直辖市）的人口迁入率整体上表现出增长的态势，故所谓下降和稳定水平都是相对而言的。在高人口迁入率的省（自治区、直辖市）中（矩阵图的第三列），5个省（直辖市）表现出人口迁入率的增加（N=5：天津、江苏、浙江、福建、广东），显现出明显的"向海型"特征，4个省（自治区、直辖市）（N=4：北京、海南、青海、新疆）人口迁入率在研究期间表现为相对的下降趋势，而1个直辖市（N=1：上海）的人口迁入率相对稳定。具有较低人口迁入率水平的省（自治区、直辖市）有5个（N=5：江西、湖南、广西、四川、贵州），其人口迁入率表现为增长的趋势，2个省（自治区、直辖市）（N=2：吉林、黑龙江）呈现相对下降趋势，属于"低低"类型。黑龙江、吉林是我国最东北部的两个省，受其气候、温度等自然因素的影响，移民选择迁入的意愿较弱。9个省（自治区、直辖市）的人口迁入率保持在相对较低和稳定的水平上（青绿色N=4：安徽、山东、河南、甘肃；灰色N=5：西藏、云南、陕西、湖北、河北），在空间上大部分都集中在我国中西部地区。橘黄色区域覆盖的省（自治区、直辖市）都具有较高水平和增长趋势的人口迁入率，包括沿海五省（自治区、直辖市）——天津、江苏、浙江、福建和广东，其中前四位属于"新兴型"迁入地。而作为"成熟型"目的地的上海和北京，在研究期间具有较高的人口迁入率，并且分别保持相对稳定（粉色区域）和略有下降（紫红色区域）的发展趋势。具有高人口迁入率的区域（橘黄色、粉色、紫红色）在空间上全部集中在我国东南沿海地区，基本上勾勒出我国东南部分海岸线（山东部分除外）。

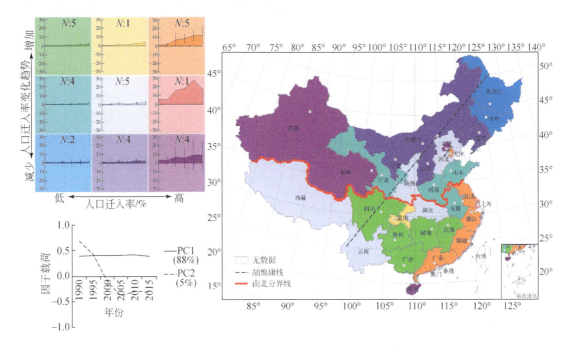

图 5-6　1985～2015 年中国省际人口迁入率双组分趋势地图

南北方地区分界线对中国人口迁移空间格局也产生了影响，所有人口迁入率上升的省市［被橘黄色、黄色和绿色覆盖的 11 个省（自治区、直辖市）］除天津外都位于南方地区，而所有人口迁入率呈下降趋势的省（自治区、直辖市）［被蓝色、紫色、紫红色覆盖的 10 个省（自治区、直辖市）］除海南外都位于我国的北方地区，说明作为人口迁移目的地的南方省（自治区、直辖市）吸引移民的增长态势是要超过北方省（自治区、直辖市）的。

5.1.2.3　省际人口迁出指标分析

1）省际人口迁出率期际变化

从图 5-7 可以看出，各省（自治区、直辖市）人口迁出的显著特点是空间变化比人口迁入率的空间变化要少，总体上，所有省（自治区、直辖市）的人口迁出率在前五个时期都表现出随时间的持续增长，而在第六个时期也就是在 2010～2015 年出现分化。所有的东部省（自治区、直辖市）保持增长的人口迁出率态势，尤其是北京和上海最后一个时期的增速甚至超过了前五个时期增速之和；几乎全部的中部省（自治区、直辖市）（除山西外）第六个时期的人口迁入率比前一个时期都有较大幅度的下降，包括重要的人口来源地如安徽、江西等省（自治区、直辖市），山西则依然保持着人口迁出率的持续增长；除重庆、四川、广西和西藏外，其余的西北省（自治区、直辖市）都表现为人口迁出率的继续增长，而重庆和四川则在最后一个时期显现出明显的人口迁出率下降态势。

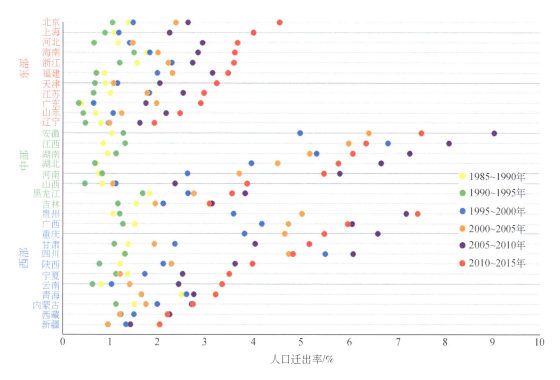

图 5-7 1985～2015 年分省（自治区、直辖市）人口迁出率期际变化

按 2010～2015 年人口迁出率排序

2）省际人口迁出率的双组分趋势地图

从人口迁出率双组分趋势地图（图 5-8）可以看出，被橘黄色（$N=3$：河南、湖北、湖南）和粉色（$N=4$：安徽、江西、贵州、重庆）覆盖的 7 个省（自治区、直辖市），其人口迁出率水平较高，而且在研究期间保持增长或相对稳定的变化趋势，表现为明显的"中部抱团凹陷"，它们是我国的人口输出大省（自治区、直辖市）、重要的移民来源地。四川、广西和黑龙江落在了紫红色区域，也是主要的输出地。被蓝色（$N=2$）、紫色（$N=5$）、紫红色（$N=3$）覆盖的 10 个省（自治区、直辖市），在 6 个研究期表现为人口迁出率下降或增速减慢的趋势，大部分省（自治区、直辖市）都位于我国北方地区，说明相对于南方的居民，北方居民迁出自己原居住地的意愿更弱一些。在人口迁入率和人口迁出率的双组分趋势地图中，都只有两个省区落在蓝色区域内，也就是低值下降的类型，这也表明了中国国内人口迁移的总体规模巨大和上升的趋势。人口迁出率为"低低"类型的为新疆和宁夏，它们都是位于我国西北部的自治区，由于其地理位置和深厚的少数民族（维吾尔族、回族）聚居文化的影响，以及一定的国家政策的干预，当地人们迁出原居住地的意愿较弱。

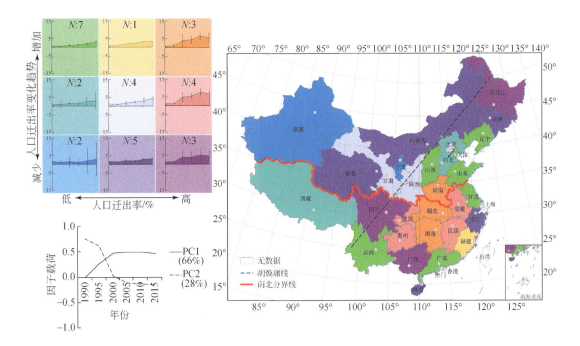

图 5-8　1985～2015 年人口迁出率双组分趋势地图

5.2　省际人口迁移连通度测算及期际变化特征

　　本章通过对人口迁移强度的分析已经能得出移民的重要输出地是我国中西部地区的一些省（自治区、直辖市），而重要的人口迁入地则是东南沿海省（自治区、直辖市），还包括北京、天津和上海。在过去三十年间移民对目的地的选择发生了变化，"新兴型"迁入地形成和发展起来，而"成熟型"目的地人口迁出有所增加。然而，流入每个重要目的地的省际移民是来自哪些重要的人口来源地？这些移民是否集中在少数几个迁移流中？这些问题尚未确定，但是区域间迁移流的集中或分散程度对于理解日益复杂的人口迁移空间格局至关重要。

　　一般来讲，如果一个人口迁移系统中的移民量主要集中在少数几个迁移流中，就意味着在整个系统中地区间的连通度低，这种类型通常被称为"空间集中"（spatially focused）（Plane and Gordon，1997）。人口迁移连通度通常的测度指标为基尼系数（Gini index）或者变异系数（coefficient of variation，CV）（Bell et al.，2002；Plane and Gordon，1997；Rogers and Raymer，1998）。这些测度方法通过检测地区间人口迁移流在规模上的均一性来揭示整个人口迁移系统中区域间联系的强度。如果区域间的连通性很好，而且所有的迁移流的流量在系统中都是均匀分布的，即移民在所有可能的来源地和目的地间保持相对相等的移动量，指标的值就低。高的空间集聚意味着移民集中在少数几个迁移流中，导致区域间的连通度低，意味着大多数迁入者选择性地迁入少有的几个目的地，同时大多数迁出者从仅有的几个来源地迁出。某一区域的人口迁入、迁出空间集中度会影响该区域未来的人口增长过程。例如，比起那些拥有广阔移民地的区域，一个有着高集中迁入人口来源地或者高集中迁出人口目的地的区域会更容易受到其他特定地区经济和社会事件的影响。

全系统的迁移连通度测算方法几乎不能揭示单个省（自治区、直辖市）在移民重新分布中所起的作用。有结论表明，"成熟型"目的地已经变为人口的重新分布器，而不仅仅是人口的接受地。差异指标（如基尼系数或者 CV）可以指出重要目的地吸引移民来或者输送移民去的省（自治区、直辖市）数量，却不能给出任何关于这些移民从哪里来、去哪里的信息。然而，通过人口迁移的人口重新分布意味着移民被输送到的目的地不同于他们的来源地。如果移民返回原来他们出来的省（自治区、直辖市），回路就会形成，此时迁入地就起到人口交换作用而不是重新分配。因此，差异指标无法给出人口迁移连通性的整体情况。除指标 CV 外，本节还在重要流分析中对比了迁入人口的重要来源地和迁出人口的重要目的地。

5.2.1 人口迁移权重基尼系数

本节选择基尼系数来检测 31 个省（自治区、直辖市）间人口迁移流在规模上的均一性，进而揭示整个人口迁移系统中省（自治区、直辖市）间联系的强度。

人口迁移权重基尼系数（migration-weighted Gini，MWG）是通过每个省际人口迁移量（M_{ij}）和迁移矩阵中其他每个迁移流（M_{kl}）的比值计算得到的。每个省（自治区、直辖市）的人口迁入基尼系数（Gini_i^I）、迁出基尼系数（Gini_i^O）计算公式分别如下：

$$\text{Gini}_i^I = \frac{\sum\limits_{i \neq j} \sum\limits_{k \neq j, i} |M_{ij} - M_{kj}|}{2(n-2)\sum\limits_{i \neq j} M_{ij}} \tag{5-5}$$

$$\text{Gini}_i^O = \frac{\sum\limits_{j \neq i} \sum\limits_{l \neq i, j} |M_{ij} - M_{il}|}{2(n-2)\sum\limits_{j \neq i} M_{ij}} \tag{5-6}$$

全局基尼系数通过人口迁入、迁出基尼系数加权各省（自治区、直辖市）占总迁移系统的比例得到，人口迁移权重迁入基尼系数（MWG^I）计算公式如下：

$$\text{MWG}^I = \sum_j G_j^I \frac{\sum\limits_i M_{ij}}{\sum\limits_{ij} M_{ij}} \tag{5-7}$$

人口迁移权重迁出基尼系数（MWG^O）计算公式如下：

$$\text{MWG}^O = \sum_i G_i^O \frac{\sum\limits_j M_{ij}}{\sum\limits_{ij} M_{ij}} \tag{5-8}$$

全局基尼系数（MGW^A）通过人口迁移权重迁入基尼系数（MGW_i^O）和人口迁移权重迁出基尼系数（MGW_j^I）加和平均得到：

$$\text{MGW}^A = \frac{\text{MGW}_i^O + \text{MGW}_j^I}{2} \tag{5-9}$$

5.2.2　省际人口迁移全系统迁移流的聚散程度

本书通过选择基尼系数测算省（自治区、直辖市）间人口迁移流在规模上的均一性来揭示整个人口迁移系统中省（自治区、直辖市）间联系的强度。由式（5-4）~式（5-9）计算出整个移民系统的全局基尼系数（表5-4），可以看出，全局基尼系数从第一期的0.59逐步增加到第四期的0.71，而在第五期开始下降，第六期进一步下降到0.62。说明在1985~2005年，中国省际人口迁移流的连通性在不断降低，也就是表现为更加明显的空间集中，而在2005~2015年，省际人口迁移流的连通性有所回升，表现为开始有空间分散的趋势。

表5-4　分时期全系统移民加权基尼系数

研究时期	全局基尼系数
1985~1990 年	0.59
1990~1995 年	0.66
1995~2000 年	0.70
2000~2005 年	0.71
2005~2010 年	0.66
2010~2015 年	0.62

5.2.3　省际人口迁移连通度的集散特征

由式（5-5）和式（5-6）计算出六期各个省（自治区、直辖市）的人口迁入、迁出基尼系数（表5-5），可以看出省际人口迁移系统的连通度即省际迁移流的空间集中分散程度成体系地随着迁出地和目的地的不同而改变。

由于迁入和迁出流是相关并相互影响的，因此本书采用每个省（自治区、直辖市）正态标准化（Z-score normalization）后的人口迁入、迁出基尼系数的比较来分析类型（表5-6），并绘制出场图（图5-9）。在这张图里，每个省（自治区、直辖市）的正态标准化迁入基尼系数被绘制到 y 轴上，每个省（自治区、直辖市）的正态标准化迁出基尼系数被绘制到 x 轴上。利用坐标系的四个象限，依据使用正态标准化的零值作为起点的迁入、迁出流的空间集中来划分各个省（自治区、直辖市）。那些正态标准化的基尼系数在一个标准差内的省（自治区、直辖市），基于它们流入、流出的空间集中，被分为一类，然后选择与空间集中程度的可视化表示相匹配的类别名称。在场图（图5-9）中，那些人口迁入基尼系数大于人口迁出基尼系数的省（自治区、直辖市）（位于45°对角线以上）称为人口向外再分配地区，8个主要的移民迁入地都属于此类；而那些人口迁出基尼系数大的省（自治区、直辖市）（位于45°对角线以下）是人口向内再分配地区，10个移民主要来源地除山

表5-5 各省（自治区、直辖市）人口迁入、迁出基尼系数

省（自治区、直辖市）	人口迁入基尼系数						人口迁出基尼系数					
	1985~1990年	1990~1995年	1995~2000年	2000~2005年	2005~2010年	2010~2015年	1985~1990年	1990~1995年	1995~2000年	2000~2005年	2005~2010年	2010~2015年
北京	0.57	0.58	0.56	0.55	0.56	0.53	0.44	0.57	0.49	0.51	0.50	0.47
天津	0.61	0.59	0.61	0.65	0.61	0.61	0.60	0.60	0.60	0.60	0.55	0.50
河北	0.47	0.53	0.50	0.52	0.50	0.55	0.67	0.71	0.70	0.72	0.71	0.68
山西	0.62	0.64	0.61	0.58	0.57	0.52	0.56	0.64	0.58	0.61	0.56	0.56
内蒙古	0.66	0.71	0.62	0.63	0.55	0.55	0.66	0.71	0.67	0.68	0.61	0.52
辽宁	0.69	0.74	0.71	0.74	0.68	0.64	0.57	0.63	0.57	0.59	0.55	0.52
吉林	0.72	0.79	0.67	0.71	0.61	0.54	0.72	0.77	0.71	0.70	0.64	0.56
黑龙江	0.72	0.78	0.68	0.69	0.57	0.48	0.71	0.74	0.72	0.72	0.68	0.61
上海	0.68	0.68	0.73	0.69	0.65	0.62	0.67	0.76	0.70	0.75	0.68	0.65
江苏	0.49	0.57	0.66	0.68	0.66	0.61	0.59	0.64	0.68	0.75	0.69	0.62
浙江	0.48	0.63	0.71	0.67	0.67	0.61	0.41	0.50	0.53	0.57	0.53	0.53
安徽	0.53	0.57	0.53	0.63	0.56	0.58	0.65	0.73	0.76	0.82	0.80	0.74
福建	0.66	0.71	0.74	0.69	0.66	0.58	0.58	0.62	0.62	0.67	0.60	0.53
江西	0.63	0.67	0.59	0.74	0.57	0.53	0.65	0.80	0.85	0.84	0.81	0.77
山东	0.49	0.55	0.56	0.57	0.53	0.42	0.52	0.59	0.55	0.65	0.61	0.58
河南	0.43	0.44	0.46	0.47	0.42	0.44	0.47	0.61	0.68	0.73	0.66	0.61
湖北	0.59	0.67	0.52	0.55	0.49	0.46	0.49	0.54	0.73	0.78	0.73	0.67
湖南	0.50	0.66	0.55	0.72	0.60	0.56	0.66	0.77	0.86	0.86	0.82	0.77
广东	0.71	0.75	0.74	0.71	0.71	0.69	0.60	0.61	0.48	0.63	0.57	0.60
广西	0.63	0.68	0.66	0.73	0.61	0.61	0.81	0.89	0.91	0.92	0.89	0.86
海南	0.78	0.68	0.63	0.61	0.50	0.45	0.84	0.86	0.74	0.77	0.65	0.60
重庆	—	—	0.68	0.62	0.65	0.67	—	—	0.72	0.76	0.71	0.65
四川	0.43	0.48	0.52	0.56	0.47	0.45	0.45	0.58	0.72	0.75	0.68	0.61
贵州	0.79	0.78	0.72	0.72	0.63	0.64	0.58	0.67	0.76	0.82	0.80	0.73
云南	0.77	0.80	0.73	0.67	0.62	0.55	0.65	0.69	0.61	0.70	0.70	0.68
西藏	—	0.81	0.78	0.80	0.75	0.71	—	0.76	0.58	0.68	0.55	0.66
陕西	0.52	0.58	0.49	0.52	0.47	0.41	0.45	0.51	0.57	0.66	0.59	0.54
甘肃	0.60	0.64	0.54	0.51	0.45	0.41	0.54	0.68	0.67	0.63	0.57	0.54
青海	0.69	0.74	0.66	0.62	0.59	0.56	0.56	0.64	0.56	0.53	0.40	0.50
宁夏	0.67	0.73	0.72	0.67	0.64	0.57	0.56	0.69	0.59	0.61	0.55	0.61
新疆	0.74	0.79	0.75	0.73	0.68	0.65	0.57	0.64	0.54	0.55	0.47	0.52

表5-6 各省（自治区、直辖市）正态标准化后的人口迁入、迁出基尼系数

省（自治区、直辖市）	正态标准化迁入基尼系数						正态标准化迁出基尼系数					
	1985~1990年	1990~1995年	1995~2000年	2000~2005年	2005~2010年	2010~2015年	1985~1990年	1990~1995年	1995~2000年	2000~2005年	2005~2010年	2010~2015年
北京	-0.40	-0.89	-0.78	-1.15	-0.31	-0.29	-1.43	-1.13	-1.61	-1.86	-1.30	-1.47
天津	-0.06	-0.78	-0.26	0.12	0.32	0.62	0.05	0.39	-0.57	-0.97	-0.81	-1.16
河北	-1.38	-1.36	-1.44	-1.51	-1.05	-0.06	0.70	0.33	0.33	0.28	0.59	0.74
山西	0.02	-0.24	-0.31	-0.72	-0.22	-0.47	-0.30	-0.32	-0.75	-0.88	-0.69	-0.55
内蒙古	0.37	0.47	-0.11	-0.13	-0.44	-0.07	0.65	0.34	0.07	-0.17	-0.27	-0.99
辽宁	0.68	0.78	0.84	1.13	1.17	0.99	-0.28	-0.48	-0.80	-1.02	-0.80	-1.02
吉林	0.95	1.29	0.45	0.81	0.22	-0.18	1.21	0.98	0.46	0.06	0.02	-0.60
黑龙江	0.95	1.17	0.47	0.56	-0.18	-0.95	1.12	0.74	0.55	0.29	0.37	-0.04
上海	0.63	0.12	1.10	0.55	0.72	0.74	0.75	0.87	0.36	0.50	0.34	0.41
江苏	-1.21	-1.01	0.34	0.46	0.85	0.62	-0.06	-0.38	0.18	0.51	0.44	0.07
浙江	-1.27	-0.35	0.87	0.26	0.96	0.67	-1.77	-1.82	-1.18	-1.23	-0.96	-0.84
安徽	-0.81	-0.98	-1.10	-0.12	-0.32	0.28	0.50	0.55	0.97	1.23	1.39	1.41
福建	0.42	0.45	1.20	0.60	0.91	0.30	-0.11	-0.59	-0.38	-0.28	-0.38	-0.90
江西	0.15	0.07	-0.50	1.21	-0.21	-0.24	0.51	1.30	1.77	1.44	1.50	1.65
山东	-1.15	-1.17	-0.86	-0.85	-0.69	-1.59	-0.75	-0.86	-1.04	-0.43	-0.31	-0.38
河南	-1.76	-2.32	-1.94	-2.11	-2.12	-1.35	-1.20	-0.73	0.18	0.33	0.17	0.03
湖北	-0.26	0.05	-1.22	-1.13	-1.22	-1.14	-1.00	-1.44	0.69	0.89	0.76	0.64
湖南	-1.08	-0.05	-0.94	0.89	0.09	0.07	0.60	1.04	1.90	1.68	1.62	1.73
广东	0.85	0.90	1.13	0.81	1.53	1.64	0.03	-0.69	-1.68	-0.64	-0.60	-0.10
广西	0.17	0.15	0.26	1.03	0.23	0.64	2.10	2.24	2.32	2.19	2.23	2.66
海南	1.52	0.12	-0.01	-0.43	-1.14	-1.23	2.38	1.95	0.75	0.75	0.06	-0.12
重庆	—	-1.85	0.47	-0.32	0.78	1.40	—	-7.17	0.54	0.62	0.63	0.37
四川	-1.72	1.13	0.91	-0.96	-1.43	-1.25	-1.36	-1.05	0.55	0.50	0.35	-0.05
贵州	1.60	1.13	0.91	0.92	0.48	1.05	-0.09	-0.06	0.97	1.22	1.44	1.22
云南	1.45	1.30	1.09	0.29	0.40	-0.01	0.49	0.17	-0.44	0.08	0.57	0.68
西藏	—	1.45	1.64	1.92	2.00	1.91	—	0.92	-0.78	-0.17	-0.78	0.51
陕西	-0.87	-0.84	-1.54	-1.52	-1.44	-1.70	-1.39	-1.71	-0.85	-0.35	-0.46	-0.83
甘肃	-0.20	-0.30	-1.04	-1.67	-1.70	-1.75	-0.48	0.02	0.13	-0.62	-0.67	-0.81
青海	0.73	0.75	0.33	-0.32	0.01	0.24	-0.29	-0.39	-0.92	-1.63	-2.15	-1.21
宁夏	0.54	0.65	0.94	0.33	0.62	0.24	-0.33	0.20	-0.62	-0.86	-0.82	-0.02
新疆	1.13	1.28	1.31	1.03	1.15	1.12	-0.27	-0.39	-1.10	-1.48	-1.52	-1.03

西外都属于此类。所有省（自治区、直辖市）被分为四类（图 5-9）：①集中型（右上象限：高于流入、流出集中的平均值，即迁入该地的移民来自少数的迁出地，而从该地迁出的移民迁往少数目的地）；②集聚型（右下象限：低于流入平均集中，高于流出平均集中，即迁入该地的移民来自多数来源地，而迁出该地的移民迁往少数目的地）；③散布型（左下象限：低于流入、流出平均集中，即迁入该地的移民来自多数来源地，而迁出该地的移民迁往多数目的地）；④扩散型（左上象限：高于流入平均集中，低于流出平均集中，即迁入该地的移民来自少数来源地，而迁出该地的移民迁往多数目的地）。例如，被归为"集聚型"的省（自治区、直辖市）的移民流入就比这个省（自治区、直辖市）的移民流出有高的空间集聚，而"扩散型"省（自治区、直辖市）的移民流入的空间集聚就比移民流出低。

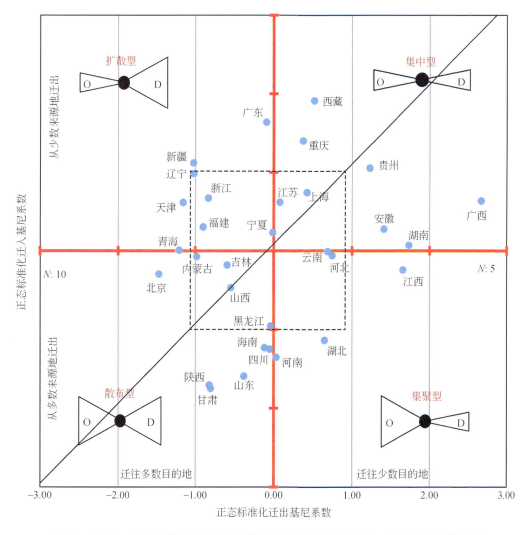

图 5-9 2010～2015 年各省（自治区、直辖市）正态标准化迁入、迁出基尼系数场图

图 5-9 中正态标准化基尼系数的坐标图显示出 31 个省（自治区、直辖市）基本均匀地分布在四个象限中，由图 5-9 中虚线方框画在外面的 20 省（自治区、直辖市）有至少一个或者两个其正态标准化基尼系数都大于 1.0 或者小于-1.0。对于重要的 8 个人口迁移目的地，除北京外，其余 7 个都落在 x 轴上方，被分为集中型（上海、江苏）和扩散型（广东、新疆、浙江、天津、福建）两种。在受欢迎的 8 个人口目的地中，上海、江苏被分到集中型，主要是长三角地区省（自治区、直辖市）间强烈的社会经济联系，导致长三角周边省（自治区、直辖市）人口高度空间集中地迁入上海、江苏，并且形成很明显的集中回流；广东、福建、浙江、天津和新疆被分到扩散型，意味着迁入这些省（自治区、直辖市）的移民集中在特有的几个人口来源地，而迁出这些省（自治区、直辖市）的移民分布相对分散；北京则被分到散布型，说明迁入、迁出北京的移民相对均匀地分布在整个迁移系统中。广东和新疆的正态标准化迁入基尼系数均大于 1，说明其省际移民迁入者强烈集中地来自几个少数来源地。对于 10 个重要的人口迁出地，除甘肃、山西、四川外，其余 7 个都落在 y 轴右方，被分为集中型（安徽、贵州、广西、湖南）和集聚型（江西、湖北、海南）。说明大部分的主要移民来源地的移民都有较集中特定的迁入目的地，其中，广西、湖南、江西、安徽、贵州的正态标准化迁出基尼系数都大于 1，说明其迁出者都有强烈的集中目的地。这种格局主要是由于迁出这些省（自治区、直辖市）的迁移流相对集中地流入经济相对发达的相邻主要人口目的地，如广西、湖南紧邻广东，安徽、江西紧邻江苏、浙江、福建。相对而言，甘肃、山西、四川的迁出人口较分散地迁入全国各地的多数目的地。

人口迁移系统连通度分省（自治区、直辖市）随时间的变化由人口迁入、迁出基尼系数的双组分趋势地图来显示（图 5-10 和图 5-11）。从图 5-10 可以看出，各省（自治区、直辖市）迁入人口来源地的空间集散程度及其随时间的变化趋势。迁入人口基尼系数水平较高的省（自治区、直辖市）包括橘黄色（广东、西藏）、粉色（上海、福建、新疆、宁夏、辽宁）和紫红色（贵州、云南、吉林），也就是说迁入这些省（自治区、直辖市）的人口相对集中地来自少数的人口来源地，其中作为主要人口目的地之一的广东属于"高高"类型，即迁入广东的人口高度集中在特定的省（自治区、直辖市），而且随时间推移集中度增加。迁入人口基尼系数水平较低的省（自治区、直辖市）包括蓝色（北京、湖北、陕西、甘肃、海南）、青绿色（山西、山东）和绿色（安徽、河南、四川、河北），意味着迁入这些省（自治区、直辖市）的人口相对分散地来自各个来源地。其中，作为主要人口目的地之一的北京属于蓝色的"低低"类型，说明迁入北京的移民广泛地分布在全国各地，而且随着时间的推移其迁入移民的来源地分散程度增加。其余的 6 个主要人口目的地，上海、福建、新疆属于粉色的"高中"类型，意味着迁入这三个省（自治区、直辖市）的人口较高地集中于个别特定的省（自治区、直辖市），并随着时间的推移保持着相对稳定的集中程度；天津、江苏、浙江属于黄色的"中高"类型，意味着迁入这三个省（自治区、直辖市）的人口的来源地在研究期内集中程度处于平均水平，但集中程度增加。

人口迁出基尼系数双组分趋势地图（图 5-11），总体上表现为有波动的变化。10 个主要的人口来源地中除了甘肃和山西，其余 8 个全部落在了橘黄色（安徽、湖南、贵州）、黄色（河南、湖北、四川）和粉色区域（江西、广西）。其中，安徽、湖南、贵州属于橘

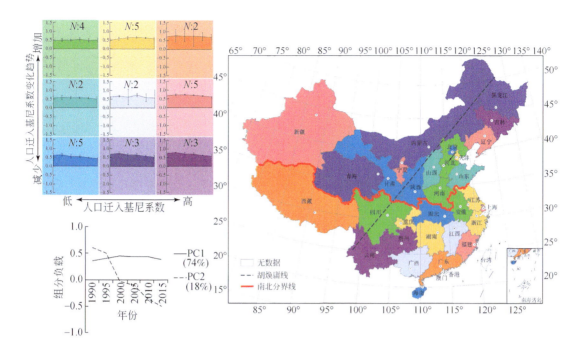

图 5-10　1985～2015 年人口迁入基尼系数双组分趋势地图

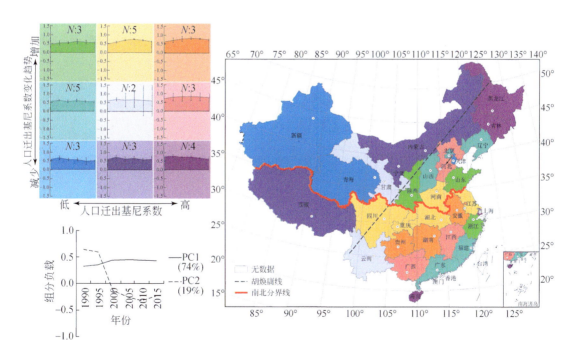

图 5-11　1985～2015 年人口迁出基尼系数双组分趋势地图

黄色"高高"类型，说明从这些省（自治区、直辖市）迁出的人口较高地集中于流入个别特定的目的地，并随着时间推移集中程度增加；河南、湖北、四川、重庆属于黄色的

"中高"类型，意味着迁出这些省（自治区、直辖市）的人口集中程度也是不断增加的；江西、广西、河北属于粉色的"高中"类型，意味着迁出这些省（自治区、直辖市）的人口集中程度较高，而且随着时间推移保持稳定的高集中水平。在8个主要的人口目的地省（自治区、直辖市）中，新疆和天津属于蓝色的"低低"类型，即迁出两省（自治区、直辖市）的人口广泛地分布在其余省（自治区、直辖市），而且随着时间推移扩散程度增加。北京、广东、福建属于青绿色的"低中"类型，说明迁出这三个省（自治区、直辖市）的人口相对分散地迁入其目的地，而且随着时间推移保持相对稳定的分散水平；浙江属于绿色的"低高"类型，意味着迁往浙江的人口集中程度相对较低，但随着时间推移集中程度增加；江苏属于黄色的"中高"类型，说明迁出江苏的人口集中程度处于中游的水平，但随时间推移集中程度增加；上海属于紫红色的"高低"类型，意味着迁出上海的人口相对集中在几个特定的目的地，但随时间推移集中程度降低。

从对各人口迁移主要来源地和目的地的迁入、迁出基尼系数双组分趋势地图的分析可以看出，北京作为中国的首都，吸引着来自全国各个省（自治区、直辖市）的人口，同时迁出北京的人口也相对均匀地分散在全国的其他省（自治区、直辖市）。而迁入上海、广东、新疆、福建、江苏、浙江、天津的人口相对北京而言都更为集中地来自个别特定的省（自治区、直辖市），迁出新疆、天津、广东、福建、浙江的人口相对较均匀地分布在全国的其他省（自治区、直辖市）。说明迁出、迁入这些省（自治区、直辖市）的人口回路暂时还没有形成。上海、江苏的迁出人口都有较高的集中程度，表明迁出、迁入这些省（自治区、直辖市）的人口回路也许正在形成。主要人口来源地的10个省（自治区、直辖市）（除山西、甘肃外）人口迁出连通度都相对较差，而且大多数随时间推移集中程度增加，说明从这8个主要人口来源地迁出的人口都较为集中地迁入特定的省（自治区、直辖市），而且集中程度有增加的趋势，迁出这些省（自治区、直辖市）的人口来源没有统一的规律。迁入和迁出山西的基尼系数都属于青绿色的"低中"类型，意味着山西和全国其他省（自治区、直辖市）的人口迁移连通度较好，而且保持稳定的水平。

5.3 省际人口迁移影响测算及期际变化特征

人口迁移对地区的人口规模会产生影响，通常会引起人口的重新分布，当流入特定区域的人口流入量不同于流出该区域的人口流出量时就会发生人口的重新分布。某一区域人口迁入量和迁出量的差称为移民净余额，移民净余额越大，这个净余额占总迁移量的比例越高，人口迁移的效率就越高。这也就意味着通过人口迁移进行人口重新分布的效率越高，对整个人口系统的影响也就越大。

5.3.1 人口迁移影响的测量

本节运用总净迁移概率（aggregate net-migration probability，ANMP）和人口迁移效率指数（migration effectiveness index，MEI）来衡量中国省际人口迁移的影响（Shryock，1959）。其中，ANMP是一个全系统的人口净迁移率，它可以从潜在迁移人口（PAR）反映出通过人口迁移的人口重新分布的程度，它的计算方法如式（5-10）所示，是每个区域人口净迁移余额绝对值之和占总潜在迁移人口的比例，用来测量区域间人口重新分布的空间影响。

$$\text{ANMP} = \frac{0.5 \times \sum_i |D_i - O_i|}{\sum_i \text{PAR}_i} \times 100 \qquad (5\text{-}10)$$

式中，D_i 为迁入区域 i 的总人口迁移量；O_i 为从区域 i 迁出的总人口迁移量。

MEI 是一个可以反映出迁移流之间不平衡性程度的全局测量指标，它的计算如式（5-11）所示，即每个省（自治区、直辖市）人口净迁移余额的绝对值之和占系统中所有区域间整个迁移总和的比例。

$$\text{MEI} = \frac{\sum_i |D_i - O_i|}{\sum_i |D_i + O_i|} \times 100 \qquad (5\text{-}11)$$

式中，MEI 为基于单个区域的人口迁移效率比（migration effectiveness ratio，MER），而 MER 为区域 i 的人口净迁移余额绝对值占迁入、迁出这个区域的总迁移量的比值。因此，它给出的是导致人口变化的总人口迁移的比例，而没有考虑区域的人口规模。MEI 的值在 0~100，而 MER 的值则在 -100~100 变动。MEI 或者 MER 的值越高，意味着人口净迁移对人口重新分布的作用效率越大。也就是说，净影响在很大程度上和总迁移量有关，低值意味着迁入、迁出的均衡，几乎没有人口的重新分布。

5.3.2 全系统的总人口净迁移率及人口迁移效率指数

本节使用人口迁移效率指数来检验人口迁移在我国省际移民从中西部省（自治区、直辖市）重新分配到东部发达省（自治区、直辖市）的效率。上一节人口迁移强度的分析显示，中国中部和部分西部地区省（自治区、直辖市）是省际移民的重要来源地，而东部沿海地区以及北京和天津是主要的人口迁入地。前面的分析几乎没有给出有关从东部省（自治区、直辖市）向中西部省（自治区、直辖市）反向迁移流存在的任何迹象，这暗示着一个相对较高的迁移流效率。

由式（5-10）计算出 ANMP，由式（5-11）计算出 MEI（表5-7）。前两期数据人口迁移的 ANMP 大概是 MEI 的 1%，第三、第四期数据人口迁移的 MEI 分别是同期 ANMP 的 35.32 倍、33.15 倍，第五、第六期数据人口迁移的 MEI 分别是同期 ANMP 的 23.36 倍、23.25 倍。ANMP 在六期数据中的范围为 0.29~2.67，而 MEI 的范围为 27.96~62.51。ANMP 在前 5 个时期稳步增长（最后一个时期略有回落）说明省际人口迁移对全系统内人口重新分布［省（自治区、直辖市）的人口增长和减少］的影响程度是不断增大的。而 MEI 在第一~第三期呈现出明显的上升态势，第四期有轻微的下降，第五期又有所回升，第六期表现出明显的下降趋势，同 ANMP 的变化趋势基本保持一致。MEI 的水平比 ANMP 要高，主要是由于分母大小的不同（潜在迁移人口数通常比总迁移量要大）。指标显示62.4% 的总迁移导致了 2005~2010 年的人口变化，意味着省际移民的高效率和对区域人口增长的潜在影响。

表 5-7　ANMP 及 MEI

研究时期	ANMP	MEI
1985~1990 年	0.29	27.96
1990~1995 年	0.40	43.66
1995~2000 年	1.77	62.51
2000~2005 年	1.86	61.66
2005~2010 年	2.67	62.37
2010~2015 年	2.02	46.97

5.3.3　省际人口迁移影响的空间特征及时间分异规律

5.3.3.1　省际人口迁移影响的空间特征

由式（5-11）计算出六期各个省（自治区、直辖市）的 MEI（表 5-8），可以看出各省（自治区、直辖市）的人口迁移流对全系统人口重新分布的影响程度随着来源地和目的地的不同而改变。

表 5-8　分时期各省（自治区、直辖市）的 MEI

省（自治区、 直辖市）	1985~1990 年	1990~1995 年	1995~2000 年	2000~2005 年	2005~2010 年	2010~2015 年
北京	67.12	71.14	83.11	74.39	80.82	68.58
天津	54.35	56.58	65.02	78.98	75.05	78.29
河北	10.86	9.42	6.23	23.58	37.17	36.87
山西	16.78	6.10	6.86	24.31	22.87	50.24
内蒙古	8.77	5.10	15.08	2.84	12.21	3.41
辽宁	29.40	37.77	33.04	23.61	26.19	1.67
吉林	19.96	32.61	35.15	41.94	43.23	44.35
黑龙江	24.63	46.46	51.46	67.86	63.94	47.13
上海	66.75	71.21	86.02	77.94	84.87	62.19
江苏	11.99	36.61	21.19	42.50	44.15	41.09
浙江	30.69	4.96	47.36	65.88	72.42	52.21
安徽	22.61	65.47	80.45	70.24	74.10	58.22
福建	2.57	22.11	36.62	41.37	37.50	32.28
江西	13.39	60.77	83.82	66.44	66.60	49.82
山东	6.36	15.99	1.45	9.75	20.28	25.94

续表

省（自治区、直辖市）	1985~1990年	1990~1995年	1995~2000年	2000~2005年	2005~2010年	2010~2015年
河南	10.78	46.57	66.18	84.94	85.34	70.33
湖北	10.78	17.04	56.95	68.84	63.70	32.65
湖南	32.21	53.20	79.99	73.83	73.93	49.25
广东	66.77	79.62	92.66	74.98	79.17	61.06
广西	61.05	64.48	72.95	68.48	65.02	50.63
海南	17.22	0.87	25.36	9.41	17.75	7.42
重庆	—	—	42.26	54.18	42.97	19.75
四川	49.96	57.33	76.35	67.55	65.14	38.69
贵州	24.41	45.08	64.99	53.75	63.83	42.82
云南	5.31	7.78	29.59	12.31	27.38	29.65
西藏	—	12.36	33.33	10.49	19.09	22.80
陕西	7.68	23.71	25.94	52.88	29.47	9.80
甘肃	17.48	28.57	46.72	61.53	60.19	52.42
青海	5.96	19.62	23.11	7.41	9.79	9.18
宁夏	23.75	5.43	19.15	4.77	22.68	5.18
新疆	10.37	58.14	68.10	52.12	49.10	34.45
全国	27.96	43.66	62.51	61.66	62.37	46.97

表 5-9 是分时期 MEI 前 10 位的省（自治区、直辖市）排名。可以看出，对人口重新分布影响较大的省（自治区、直辖市）基本上都是主要的人口目的地或者来源地，每期排名前 10 位的省（自治区、直辖市）中主要的人口目的地和来源地基本各占一半，但属于人口目的地的省（自治区、直辖市）排名相对更靠前，说明迁入这些省（自治区、直辖市）的人口对当地人口的增长及全国人口的重新分布具有更明显的作用，当然迁出那些人口来源地的人对当地人口的减少也起着非常重要的作用。在研究期间，MEI 排名前 5 位的省（自治区、直辖市）中有 3~4 个都是热门的人口目的地，包括北京、广东、上海连续六期都排名前 5 位，还有天津在第六期排到了第一位，说明其在研究期间通过对外来人口的吸引而起到了重要的对全国人口空间分布的重新塑造作用。还有 1~2 个省（自治区、直辖市）为主要的人口来源地，包括广西、安徽、江西及河南，其中河南在第四、第五期排到了第一位，说明河南当时的人口损失对其人口数量机械减少和全国人口的重新分布起到了非常大的作用。

表 5-9 分时期 MEI 排名

排序	1985~1990年	1990~1995年	1995~2000年	2000~2005年	2005~2010年	2010~2015年
1	北京	广东	广东	河南	河南	天津
2	广东	上海	上海	天津	上海	河南

排序	1985~1990 年	1990~1995 年	1995~2000 年	2000~2005 年	2005~2010 年	2010~2015 年
3	上海	北京	江西	上海	北京	北京
4	广西	安徽	北京	广东	广东	上海
5	天津	广西	安徽	北京	天津	广东
6	四川	江西	湖南	湖南	安徽	安徽
7	湖南	新疆	四川	安徽	湖南	甘肃
8	浙江	四川	广西	湖北	浙江	浙江
9	辽宁	天津	新疆	广西	江西	广西
10	重庆	湖南	河南	黑龙江	四川	山西

5.3.3.2 省际人口迁移影响的时空分异规律

如 MEI 的时空分异格局（图 5-12）所示，MEI 的双组分趋势地图显示出强烈的空间和时间分异规律。被蓝色（$N=5$：青海、内蒙古、辽宁、宁夏、海南）、青绿色（$N=4$：西藏、陕西、山东、云南）、绿色（$N=2$：河北、山西）覆盖的 11 个省（自治区、直辖市）MEI 较低，说明这些省（自治区、直辖市）的人口流动对全国人口的重新分布影响作用相对较小。但其中，山西和河北的 MEI 在研究期间呈现出明显上升趋势，山西在第六期的 MEI 排名进入了前 10 位。被橘黄色（$N=3$：河南、安徽、江西）、粉色（$N=2$：天津、湖南）、紫红色（$N=5$：北京、上海、广东、广西、四川）覆盖的 10 个省（自治区、直辖市）MEI 较高，说明这些省（自治区、直辖市）的人口流动对全国人口的空间重塑

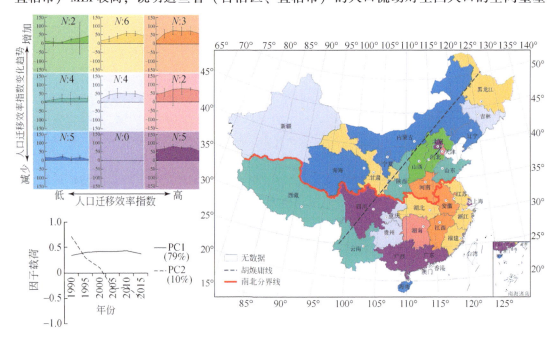

图 5-12　1985~2015 年 MEI 双组分趋势地图

起到了较大的作用。其中，属于"成熟型"目的地的北京、上海再加上广东 MEI 在最后一期出现明显下降，也许意味着这些省（自治区、直辖市）的迁出流增加或者迁入流减少。作为"新兴型"人口目的地的江苏、浙江、福建属于黄色的"中高"类型，MEI 保持相对的增长趋势。这些结果可能暗示着属于"成熟型"目的地的北京、上海、广东已经开始向"新兴型"的目的地天津、江苏、浙江、福建输送迁移人口。

5.4 本章小结

本章展示的是我国省域人口迁移时空分异规律的综合研究。人口迁移性的分析是沿着迁移强度、连通度和影响三个维度来进行的，其结果都是用一种制图方法——双组分趋势制图法来进行可视化的。

总体来说，双组分趋势制图法适用于中国省际人口迁移，而且它可以突出人口迁移空间格局的时间变化。主要人口目的地被分为三种类型：北京、上海具有较高和总体上呈增加趋势的人口迁入率，属于"成熟型"人口迁入地；天津、浙江、福建和江苏最初人口迁入率较低，然而在研究期间却保持着较高的增长水平，属于"新兴型"人口迁入地；而广东和新疆受外界金融环境和政府政策影响而表现为人口迁入波动，属于"波动型"人口迁入地。

人口净迁移的时空分异呈现出"中间低、周围高"的格局，意味着中部省（自治区、直辖市）表现为明显的人口流失，而四周区域——尤其是东南沿海区域的省（自治区、直辖市）通过人口迁移来获得人口。也就是说，我国的国内人口迁移正随着时间的推移通过增强沿海地区的人口集聚、减少西部和中部地区的人口密度来重塑中国的人口空间分布。人口迁入率和人口迁出率是相互补充的。例如，有着较高人口迁入率的沿海省（自治区、直辖市）人口迁出率就相对较低，而人口迁入率较低的中西部省（自治区、直辖市）人口迁出率就较高。在六个时期中，大部分东部省（自治区、直辖市）的人口迁入率都有着大幅的增加，而大部分的西部省（自治区、直辖市）的人口迁入率都有所下降，中部省（自治区、直辖市）的人口净迁移率相对较低和稳定。与此相反，靠近经济发展中心的中部和西南区域的省（自治区、直辖市）人口迁出率都相对较高而且随时间推移都有大幅的增加。

人口迁移在中国南北方表现出明显的不同，双组分趋势地图帮助人们发现了南方省（自治区、直辖市）的人口迁移比北方省（自治区、直辖市）的人口迁移更加活跃。也许是由于南北方生活方式、思维方式等文化的差异，南方人更加愿意改变自己的现状，而北方人离开自己原居住地做长距离迁移的意愿更弱一些，从双组分趋势地图可以观察到明显的地域差异。

本研究借助双组分趋势地图方法分析人口迁移的净迁移率、迁入率和迁出率，清楚地认识了 1985～2015 年中国省际人口迁移的时空格局。由于沿海和内陆地区间经济发展差距及放宽的移民政策，人口迁移的规模在 1985～2015 年迅速增加。一些快速发展的东部省（自治区、直辖市）已经成为新型的人口迁入地，它们吸引周围省（自治区、直辖市）的人口向这些经济发达地区流入，而经济相对欠发达的中西部地区则表现为明显的人口流失。由此可见，中国的省际人口迁移时空格局和区域经济发展与文化差异有着密切的联系。随着西部大开发人才引进等相关的政策引导，中西部地区仍然表现为明显的人口流失。作者认为，应不遗余力地提高中西部地区城市尤其是中小城市的吸引力，避免城镇化过程中中西部地区人口的过度流失。

从人口迁移基尼系数的分析可知，省际人口迁移的流量规模在研究前期分散程度呈明显的增加趋势，表现为人口迁移流量更加集中在个别流中，后期逐渐趋于集中，表现为人口迁移流量在规模分布上有向平衡发展的趋势。在省际层面上，从人口迁入基尼系数的双组分趋势地图可以看出，在 8 个重要的人口迁入目的地中，北京由于其首都效应，迁入北京的人口均匀地分布在全国各地，而且随着时间的推移变得更加均匀；迁入广东的人口集中来自一些特定的省（自治区、直辖市），而且集中程度随时间推移相对增加。迁入上海、福建、新疆的人口集中来自一些特别的省（自治区、直辖市），但集中程度保持相对稳定并略有下降。迁入天津、江苏、浙江的人口的集中程度和全国平均水平相近，但随着时间的推移集中程度增加。

随着改革开放的深入和大规模城镇化进程的推进，中国的人口迁移规律正在逐渐形成自己的特色，发达地区和欠发达地区之间的人口流动主要受到经济因素和区域发展差异的影响，而自然地理环境及文化差异也影响着南方和北方地区的人口迁移活跃程度。未来一段时期，区域发展差距、放宽的人口迁移政策及科技的进步，人口迁移和社会经济因素的广泛联系，将会获得越来越多学者和政府部门的重视，这种联系已经通过 1985~2015 年人口省际迁移时空格局的研究得到证实。此外，一系列的社会经济变化，包括农村转型、新型城镇化、区域协调发展、劳动力市场变化都将成为影响中国未来人口迁移的新因素。进一步深入了解人口迁移和区域发展之间联系会对探索未来人口迁移非常重要。

第6章 中国人口迁移流向测算及其空间分异特征

理论上，如果不考虑政府的干预，人口迁移的实现乃是人口对迁移行为自由选择的结果。而这种选择又包括两方面：一是选择是否迁移，这是一个选择迁出原居住地的过程；二是选择迁移到哪里去，这是一个选择迁入目的地的过程。随着我国改革开放力度的不断加大，市场型迁移已成为我国人口迁移的主体，我国人口迁移基本上是在市场经济调控下进行的，那么就可以把它看作人口迁移自我选择的结果。根据人口学家的理论，对于已经决定迁移的人群，由于其迁移目的地选择的差异，迁入目的地和迁出来源地之间具有某些特征。例如，一个地区的迁出人口往往会比较集中地迁入某几个特定的目的地。同样，一个地区迁入人口也往往会比较集中地来自某几个特定的来源地。这两方面都反映了人口对迁移到哪里去的流向选择特征。本章通过对我国省际人口主流向、主要流及迁移距离等方面的分析，来研究1985~2015年我国人口迁移的流向问题。

6.1 省际人口迁移主流向及期际变化特征

在上一章中分析到，就人口迁移而言，总体的迁移方向是，中西部地区是主要的人口输出地，东南沿海地区为主要的人口目的地，而不同省（自治区、直辖市）、不同时间的情况下又有所不同。

6.1.1 省际人口迁移流向的整体情况

表6-1显示了1985~2015年各省（自治区、直辖市）之间人口迁移规模排名前10位的迁移流的来源地、目的地省（自治区、直辖市）及其变化情况，图6-1显示了前30位迁移流及其随时间的变化情况。表6-2显示了各省（自治区、直辖市）前30位迁移流中出现8个重要人口目的地和10个重要人口来源地的次数。

表6-1 1985~2015年各省（自治区、直辖市）之间前10位迁移流

排名	1985~1990年		1990~1995年		1995~2000年		2000~2005年		2005~2010年		2010~2015年	
	迁出地	迁入地	迁出地	迁入地	迁出地	迁入地	迁出地	迁入地	迁出地	迁入地	迁出地	迁入地
1	广西	广东	湖南	广东	湖南	广东	湖南	广东	湖南	广东	湖南	广东
2	湖南	广东	广西	广东	四川	广东	四川	广东	广西	广东	广西	广东
3	江苏	上海	四川	广东	广西	广东	广西	广东	湖北	广东	安徽	江苏
4	河北	北京	安徽	江苏	江西	广东	湖北	广东	安徽	江苏	湖北	广东
5	四川	广东	江西	广东	湖北	广东	河南	广东	四川	广东	四川	广东

排名	1985～1990年		1990～1995年		1995～2000年		2000～2005年		2005～2010年		2010～2015年	
	迁出地	迁入地	迁出地	迁入地	迁出地	迁入地	迁出地	迁入地	迁出地	迁入地	迁出地	迁入地
6	安徽	江苏	四川	新疆	河南	广东	安徽	江苏	安徽	浙江	江西	广东
7	黑龙江	辽宁	河北	北京	安徽	江苏	江西	广东	安徽	上海	安徽	浙江
8	黑龙江	山东	江苏	上海	安徽	上海	安徽	浙江	河南	广东	河北	北京
9	四川	云南	河南	新疆	江西	浙江	四川	浙江	江西	广东	河南	江苏
10	四川	新疆	安徽	上海	安徽	浙江	安徽	上海	贵州	浙江	安徽	上海

可以看出，中西部地区为重要的人口迁出来源地，并且随时间推移越来越明显。从前三个时期还可以在前30位迁移流中看到迁往中西部省（自治区、直辖市）的人口迁移流，第四～第六期基本都是中西部地区省（自治区、直辖市）迁往东南部沿海地区省（自治区、直辖市）的人口迁移流。而其中，西南经济区是西部到东部的最大迁出中心，这一区域以四川最为明显。中部地区的安徽、河南、湖南、湖北和江西都对人口输出起到了重要的作用。迁入中心主要分布在沿海的几个三角洲地区，主要包括珠三角、长三角和环渤海地区。从第三期起，福建也成为一个新的迁入中心；2000～2015年迁入天津的三个迁移流跻身全国前30位，可见迁入中心有多极化发展的趋势。

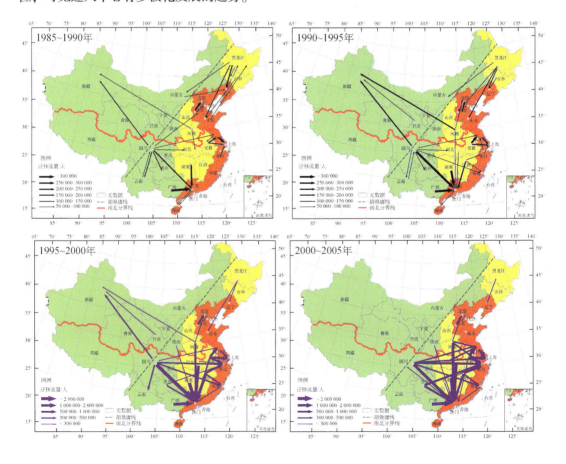

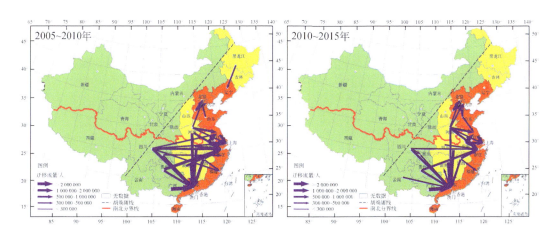

图 6-1　1985～2015 年各省（自治区、直辖市）前 30 位迁移流

表 6-2　1985～2015 年各省（自治区、直辖市）前 30 位迁移流中出现重要人口目的地、来源地的次数

省（自治区、直辖市）		出现总次数	作为迁入地出现次数	作为迁出地出现次数
8 个重要人口目的地	广东	52	48	4
	浙江	31	27	4
	江苏	23	16	7
	上海	19	19	0
	北京	13	13	0
	福建	11	9	2
	新疆	8	8	0
	天津	5	5	0
10 个重要人口来源地	四川	36	3	33
	河南	23	0	23
	安徽	19	1	18
	江西	15	0	15
10 个重要人口来源地	湖北	12	3	9
	贵州	10	2	8
	湖南	10	2	8
	广西	6	0	6
	甘肃	2	0	2
	山西	0	0	0

从表 6-2 可以看出广东在人口迁移系统中的地位，在 1985～2015 年，全国前 30 位迁移流中涉及广东的移民流有 52 个，占比为 28.9%。其中，广东作为迁入地出现了 48 次，作为迁出地出现了 4 次，可见其人口迁移的活跃程度。随着时间的推移，广东相关的迁移

流规模呈现上升趋势，全国省际迁移前 30 位迁移流中，第一期有 5 个涉及广东的迁移流，到第四期增加到 12 个，第六期还有 10 个涉及广东的迁移流。作为重要人口来源地的四川，共出现了 36 次，主要是作为迁出地出现（33 次），其余的 3 次作为迁入地出现，包括第一、第二期从云南迁往四川的迁移流，以及第四期从广东迁往四川的迁移流。但随着时间推移，四川相关的迁移流规模呈现下降的趋势，全国省际迁移前 30 位迁移流中，第一期有 8 个涉及四川的迁移流，而到第六期只有 3 个从四川迁出的迁移流保持在全国前 30 位。

6.1.2　省际人口迁移流向的分区域情况

6.1.2.1　关于京津冀地区的迁移流情况

京津冀地区，北京和天津作为重要的人口目的地在研究期间全国前 30 位移民流中出现的次数分别为 13 次和 5 次，河北作为北京和天津的主要人口迁移来源地，出现的次数为 11 次，其中作为人口迁出地出现了 9 次，迁移目的地仅为北京和天津，2 次作为人口迁入地出现，分别为第一期排名第 21 位的四川→河北的迁移流以及第二期排名第 25 位的黑龙江→河北的迁移流。

河北→北京的迁移流在六期数据中都进入前 30 位，河南→北京的迁移流在后五期进入全国前 30 位，山东→北京的迁移流在后两期都跻身全国前 30 位。河北→天津的迁移流在第一、第五期都进入全国前 30 位，第六期全国前 30 位中出现了河南和山东迁往天津的迁移流。

6.1.2.2　关于长三角地区的迁移流情况

长三角地区，上海、江苏和浙江作为重要的人口目的地在研究期间全国前 30 位迁移流中出现的次数分别为 19 次、23 次和 31 次，其分别有 19 次、16 次和 27 次是作为迁入地出现的。

上海在除第五期的其余研究期出现的次数都是 3 次，第五期出现 4 次，前三期都是江苏→上海、安徽→上海和浙江→上海的迁移流，但浙江→上海的迁移流规模逐期下降，第四期是安徽→上海、江苏→上海和四川→上海的迁移流，第五期在前一期的基础上又加上河南→上海的迁移流，第六期为安徽→上海、江苏→上海和河南→上海的迁移流。

江苏作为人口迁入地出现了 16 次，安徽→江苏的迁移流在研究期间一直保持在前 8 位，在第六期排名为第三位，仅次于湖南→广东和广西→广东的迁移流；四川→江苏的迁移流出现在前五期，但排名呈下降趋势；第二期浙江→江苏的迁移流排名为第 29 位，从第四期开始，河南→江苏的迁移流跻身第 20 位，而且排名持续上升，在第六期排名为第 9 位。江苏作为人口迁出地出现了 7 次，其中 6 次是每期江苏→上海的迁移流，从第一期的排名第 3 位持续下降到第六期的排名第 17 位；还有一次是第一期排名第 25 位的江苏→安徽的迁移流。

浙江作为人口迁入地出现了 27 次，从第一期开始出现的次数依次为 0 次、1 次、

5次、7次、8次和6次,总体呈增加趋势。作为人口迁出地出现了4次,包括前三期浙江→上海的迁移流,再加上第二期浙江→江苏的迁移流。从第二期开始,江西→浙江的迁移流一跃成为排名第20位的迁移流,接着从安徽、贵州、河南、四川、湖北、湖南、重庆到浙江的迁移流都曾跻身全国前30位,其中安徽→浙江的迁移流从第三期开始一直排名前10位。

安徽作为人口迁出地出现了18次,仅有1次作为人口迁入地,就是之前提到的第一期江苏→安徽的迁移流。第一、第二期都是安徽到江苏和上海的迁移流,第三、第四期又加上安徽到浙江和广东的迁移流,第五、第六期稳定在安徽到区域内其余三个省(自治区、直辖市)的移民流。

6.1.2.3 关于泛珠三角地区①的迁移流情况

广东不仅在泛珠三角区域内,在全国范围内,其移民的活跃程度都首屈一指,在第三~第五期,全国前10位的迁移流中迁入广东的迁移流占据了60%,第六期也有一半的迁移流是迁入广东的迁移流(表6-1)。整个研究期间的全国前30位迁移流中(图6-1),广东作为人口迁入地出现了48次,其中湖南、广西和四川到广东的迁移流在六期中都稳定在前5位,从江西、湖北和河南迁往广东的迁移流从第二期开始每期都出现,其中湖北→广东的迁移流从第二期的第23位持续上升至第五期的第3位,第六期也保持在第4位的水平。贵州→广东的迁移流从第三期开始的后四期都有出现,并且一直保持在第15名左右。海南、福建、安徽、陕西和重庆迁入广东的迁移流在研究期间都出现过2次,其中海南→广东的迁移流出现在前两期,安徽、陕西、福建到广东的迁移流出现在第三、第四期,重庆→广东的迁移流出现在最后两期。云南→广东的迁移流出现在最后一期,排名第28位。广东作为迁出地在整个研究期间的前30位迁移流中出现了4次,包括第一期排名第26位的广东→海南,第四期排名第23位的广东→四川、排名第28位的广东→湖南,以及第六期排名第19位的广东→湖南。

作为人口迁出地出现次数最多的为四川,共出现36次,其中作为迁出地出现了33次,3次作为迁入地出现。第一~第六期其作为迁出地出现的次数依次为7次、7次、6次、5次、5次、3次,呈现明显的下降趋势。第一期从四川迁出的移民流北至河北,南下广东、云南、贵州,西至新疆,东到湖北、江苏,都跻身全国前30位,而后逐渐向西南聚集。

6.1.2.4 关于东北三省的迁移流情况

东北三省相关的省际迁移流渐渐退出全国前30位迁移流。在历年的全国前30位迁移流中,第一期有9个和东北三省有关的迁移流(排名第7位的黑龙江→辽宁、第8位的黑龙江→山东、第17位的吉林→辽宁、第18位的山东→黑龙江、第19位的吉林→黑龙江、

---

① 泛珠三角地区,简称"9+2",即广东、福建、江西、广西、海南、湖南、四川、云南、贵州9个省(自治区),再加上香港和澳门形成的超级经济圈。这里,由于数据的可获得性,只讨论其中的9个省(自治区、直辖市)。鉴于广东对移民的吸引力,这里还加上了湖北、河南、陕西、重庆和安徽一起讨论。

第 24 位的黑龙江→吉林、第 27 位的内蒙古→辽宁、第 28 位的吉林→山东、第 30 位的黑龙江→内蒙古），第二期有 5 个（排名第 11 位的黑龙江→山东、第 12 位的黑龙江→辽宁、第 17 位的黑龙江→内蒙古、第 19 位的吉林→辽宁、第 25 位的黑龙江→河北），第三期有 2 个（排名第 23 位的黑龙江→辽宁、第 29 位的黑龙江→山东），第四期和第五期都只有 1 个（分别为排名第 30 位的黑龙江→辽宁和排名第 28 位的黑龙江→辽宁）。其中，黑龙江从刚开始既为活跃的人口迁出地（人口主要迁往辽宁、山东、吉林和内蒙古），又为活跃的人口迁入地（主要吸引来自山东和吉林的人口），到第二期主要是人口输出的贡献（人口主要流入山东、辽宁、内蒙古、河北），再到后期有关黑龙江的迁移流已经退出全国前 30 位迁移流。可以看出，中华人民共和国成立初期重点开发形成的东北老工业基地对我国人口迁移空间格局有着一定的影响，随着改革开放后其在全国经济地位下降，东北三省参与我国人口迁移的活跃度存在明显的下降趋势。

6.1.2.5 关于新疆的迁移流情况

新疆是西部地区中作为重要人口迁入地的自治区，从表 6-1、表 6-2 和图 6-1 可以看出，在 1985～2015 年新疆出现在全国前 30 位迁移流的次数为 8 次，都作为人口迁入地且只出现在前三期。前三期的每期中一直有 2～3 股由中西部省（自治区、直辖市）迁往新疆的迁移流：第一期 2 个，包括排名第 10 位的四川→新疆、第 29 位的河南→新疆；第二期 3 个，包括排名第 6 位的四川→新疆、第 9 位的河南→新疆、第 24 位的甘肃→新疆；第三期 3 个，包括排名第 17 位的四川→新疆、第 20 位的河南→新疆、第 25 位的甘肃→新疆。而且其迁移流一直稳定在所有迁移流的前列，迁出地主要包括四川、甘肃、河南，而从第四期起，迁往新疆的迁移流已退出前 30 位。

6.1.2.6 关于河南的迁移流情况

河南是中部地区重要的人口输出大省，在 1985～2015 年，除四川外全国前 30 位迁移流中出现频率最高的重要人口来源地就是河南，出现的 23 次全部都作为人口迁出地。而且随着时间的推移，迁出河南的人口迁移流规模不断上升：第一期 2 个，包括第 20 位的河南→湖北、第 29 位的河南→新疆；第二期 3 个，包括第 9 位的河南→新疆、第 14 位的河南→广东、第 22 位的河南→北京；第三期 3 个，包括第 6 位的河南→广东、第 20 位的河南→新疆、第 21 位的河南→北京；第四期 4 个，包括第 5 位的河南→广东、第 16 位的河南→浙江、第 20 位的河南→江苏、第 27 位的河南→北京；第五期 5 个，包括第 10 位的河南→广东、第 12 位的河南→浙江、第 16 位的河南→江苏、第 21 位的河南→北京、第 23 位的河南→上海；第六期 6 个，包括第 9 位的河南→江苏、第 12 位的河南→广东、第 16 位的河南→浙江、第 18 位的河南→北京、第 21 位的河南→上海、第 23 位的河南→天津。

6.1.2.7 关于相邻省（自治区、直辖市）的迁移流情况

从表 6-3 可以看出，包括广东和海南之间的迁移流，第一期相邻省（自治区、直辖市）的迁移流有 20 个，占前 30 位迁移流的 2/3，可见距离在人们选择迁入地时还是一个

重要的参考因素，即使到后期占比有所下降，排名前三的迁移流都至少有两个是相邻省（自治区、直辖市）之间的迁移，主要是湖南→广东、广西→广东、安徽→江苏的迁移流。随着时间的推移，前 30 位迁移流中相邻省（自治区、直辖市）间的迁移流个数逐渐下降，分别为第二期 20 个，第三期 13 个，第四期 11 个，第五期 10 个，第六期 13 个，且都集中在邻近省（自治区、直辖市）迁入东南沿海的北京、天津、江苏、上海、浙江、福建和广东。此种现象揭示出我国省际移民在 1985～2015 年选择目的地时还是会考虑距离的影响，尽量选择相邻的更发达省（自治区、直辖市）作为迁入地，但随着各种交通方式成本和时间的不断升级，跨省迁移受到距离这个阻尼影响的作用越来越小，中长远距离的迁移慢慢进入人们的选择范围内。

表 6-3　1985～2015 年前 30 位迁移流中相邻省（自治区、直辖市）之间的迁移流

排位	1985～1990 年（20）		排位	1990～1995 年（20）		排位	1995～2000 年（13）		排位	2000～2005 年（11）		排位	2005～2010 年（10）		排位	2010～2015 年（13）	
1	广西	广东	1	湖南	广东	1	湖南	广东	1	湖南	广东	1	湖南	广东	1	湖南	广东
2	湖南	广东	2	广西	广东	3	广西	广东	3	广西	广东	2	广西	广东	2	广西	广东
3	江苏	上海	4	安徽	江苏	4	江西	广东	6	安徽	江苏	4	安徽	江苏	3	安徽	江苏
4	河北	北京	5	江西	广东	7	安徽	江苏	7	江西	广东	6	安徽	浙江	6	江西	广东
6	安徽	江苏	6	四川	新疆	9	江西	浙江	8	安徽	浙江	9	江西	广东	7	安徽	浙江
9	四川	云南	7	河北	北京	10	安徽	浙江	11	江西	浙江	11	江西	浙江	8	河北	北京
12	浙江	上海	8	江苏	上海	11	江苏	上海	14	江苏	上海	13	河北	北京	13	河北	天津
13	四川	贵州	13	四川	云南	14	江西	福建	18	江西	福建	15	江苏	上海	14	江西	浙江
15	河北	天津	14	河南	广东	15	河北	北京	19	河北	北京	22	江西	福建	17	江苏	上海
16	四川	湖北	15	浙江	上海	18	四川	云南	28	广东	湖南	26	河北	天津	19	广东	湖南
17	吉林	辽宁	17	黑龙江	内蒙古	25	甘肃	新疆	29	福建	广东				20	四川	重庆
19	吉林	黑龙江	19	吉林	辽宁	27	浙江	上海							26	山东	江苏
20	河南	湖北	20	江西	浙江	28	福建	广东							27	江西	福建
22	海南	广东	21	四川	湖北												
23	云南	四川	24	甘肃	新疆												
24	黑龙江	吉林	26	四川	贵州												
25	江苏	安徽	27	江西	福建												
26	广东	海南	28	海南	广东												
27	内蒙古	辽宁	29	浙江	江苏												
30	黑龙江	内蒙古	30	云南	四川												

注：每期括号中的数字表示迁移流个数。

6.2 省际人口迁移的主要流特征分析

通过对基尼系数的分析可以确定，迁入或者迁出北京的人口被相对多样化的来源地吸引，并转移到相对较分散的目的地。相比之下，迁入上海和江苏的人口来自较少的来源地，并从两地转移到少数的目的地。迁入天津、广东、浙江、福建和新疆等重要目的地的人口来自相对较少的原籍，但离开这些省（自治区、直辖市）的人口则迁往相对较多的目的地去。因此，从基尼系数可以看出主要目的地吸引人口来或者输送人口去的省（自治区、直辖市）数量，却不能给出任何关于这些迁移人口从哪里来或去哪里的信息。因此，需要对主要的迁移流做进一步的分析，这里主要流的分析是针对迁入和迁出重要人口目的地和来源地排名前三位的迁入、迁出流的来源地和目的地，以及主要迁入和迁出流占总迁入和迁出流的比例，以此来评估：①主要流与基尼系数之间的联系与区别；②各省（自治区、直辖市）如何重新分配或交换移民。

6.2.1 主要流分析中的重新分布流和交换流

这里的主要流被分成了重新分布流和交换流两种类型。通过人口迁移流动的人口重新分布意味着某区域迁出人口被输送到的主要目的地不同于迁入该地人口的主要来源地，这样的流被称为重新分布流。如果迁移人口返回原来他们出来的省（自治区、直辖市），回路就形成，此时该区域就起到人口交换作用而不是重新分配人口，这样的流被称为交换流。因此，除基尼系数指标的测算外，本书还在主要人口迁移目的地和来源地的主要流分析中对比了迁入人口的主要来源地和迁出人口的主要目的地。

这里认为，如果一个地区的主要流将其迁移人口送往的目的地与其来源地完全不同，则该地区仅在人口迁移系统中起到重要的人口再分配作用。也就是说，一个地区的主要流只是导致人口的互换，即使它的基尼系数表明空间集中程度非常高或者非常低，该地区都不太可能发挥人口再分配的作用。当然，由人口普查数据的性质决定，这里重新分配的不是指同一个人，因为在连续的人口普查中无法追踪个体的去向。

在1985~2015年，8个重要人口目的地的主要迁入流比例基本都有一个总体下降或者先升后降的趋势（图6-2），具体来看，新疆、广东、天津、上海、北京和福建的主要迁入流比例总体呈现下降趋势，江苏和浙江的主要迁入流比例在前三期有明显的上升，后三期有所下降，这也就意味着流入重要目的地的人口倾向于来自更广泛的来源地，这一趋势和之前基尼系数的分析结果相呼应。然而，重要人口目的地的主要迁入流比例和重新分布主要迁入流比例之间不存在关联（表6-4）。在整个研究期间除第一期外，新疆的主要迁入流比例始终排第一位，在第二期达到了最高值72.18%，后持续下降，到2010~2015年降到54.84%。其中，42.06%为迁移人口再分配流，排8个重要人口目的地的第一位，其次是福建（37.40%）、浙江（25.99%）和江苏（23.04%）。相比之下，流入北京（8.72%）、上海（11.23%）、广东（10.55%）这三个传统成熟迁移目的地的迁移人口流，其主要流大部分为交换流，也就是说人口迁出这些地方，他们往往会回到原来的地方。

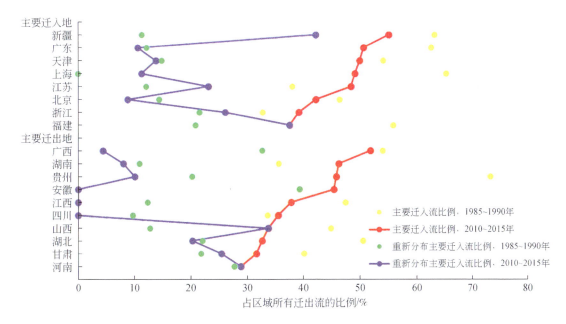

图6-2 1985~1990年和2010~2015年主要迁入流和重新分布迁入流比例

按2010~2015年重要迁入流比例排序

表6-4 1985~2015年主要迁入流和重新分布迁入流比例 （单位:%）

省（自治区、 直辖市）	主要迁入流比例						重新分布主要迁入流比例					
	1985~ 1990年	1990~ 1995年	1995~ 2000年	2000~ 2005年	2005~ 2010年	2010~ 2015年	1985~ 1990年	1990~ 1995年	1995~ 2000年	2000~ 2005年	2005~ 2010年	2010~ 2015年
主要迁入地												
新疆	62.98	72.18	65.33	64.92	59.71	54.84	11.34	42.76	39.60	43.52	41.79	42.06
广东	62.33	63.39	52.72	47.77	49.34	50.50	12.24	0	16.78	15.45	11.32	10.55
天津	53.97	44.62	45.13	54.15	50.06	49.80	14.85	7.35	23.15	21.25	26.61	13.85
上海	64.99	57.71	61.84	53.88	50.44	48.91	0	22.09	30.84	7.83	9.65	11.23
江苏	37.93	44.22	54.24	58.64	53.62	48.24	12.14	16.68	54.24	22.53	22.00	23.04
北京	46.28	42.31	39.92	37.84	43.49	42.10	14.41	18.61	20.17	19.76	21.97	8.72
浙江	32.70	42.96	54.80	42.62	42.80	39.04	21.47	42.96	54.80	24.37	24.64	25.99
福建	55.67	56.62	59.03	48.12	46.43	37.40	20.80	56.62	59.03	48.12	46.43	37.40
主要迁出地												
广西	53.87	47.54	49.87	63.34	49.10	51.66	32.61	12.45	34.99	21.50	22.82	4.41
湖南	35.51	46.23	37.81	61.77	47.07	46.12	10.93	46.23	26.33	10.48	17.21	7.98
贵州	72.93	71.56	56.42	57.71	40.99	45.70	20.25	71.56	56.42	12.42	29.04	10.05
安徽	39.21	44.82	38.24	52.57	41.71	45.24	39.21	23.37	9.73	0	0	0

省（自治区、直辖市）	主要迁入流比例						重新分布主要迁入流比例					
	1985～1990年	1990～1995年	1995～2000年	2000～2005年	2005～2010年	2010～2015年	1985～1990年	1990～1995年	1995～2000年	2000～2005年	2005～2010年	2010～2015年
主要迁出地												
江西	47.28	44.97	35.84	64.44	42.31	37.68	12.40	18.05	11.58	0	0	0
四川	33.54	38.51	42.84	46.97	37.64	35.39	9.73	21.69	42.84	19.64	23.66	0
山西	44.70	43.28	41.72	39.28	42.03	33.64	12.82	29.91	29.86	27.29	42.03	33.64
湖北	50.40	56.33	35.28	41.88	33.99	32.53	22.03	48.31	35.28	19.13	22.50	20.22
甘肃	39.98	43.07	36.64	33.08	34.27	31.46	21.72	43.07	23.00	33.08	34.27	25.26
河南	27.63	26.32	27.61	32.24	26.76	28.73	27.63	26.32	27.61	16.55	26.76	28.73

注：按2010～2015年重要迁入流比例排序。

1985～2015年，10个重要人口来源地的主要迁入流比例变化趋势呈现分化。贵州、湖北、甘肃和山西表现出整体的下降趋势，其中贵州前两期的主要迁入流比例都超过了70%，第六期下降到45.70%；广西和江西呈现出先上升后下降的趋势，均在第四期达到最高值（分别为63.34%和64.44%），但是广西的主要迁入流比例在后两期都位居8个重要人口来源地的第1位；安徽、湖南、河南和四川在研究期间表现为波动中有所上升的趋势，湖南从第一期的第8位（35.51%）上升到第六期的第2位（46.12%），安徽也从第一期的39.21%上升到第六期的45.24%。重要人口来源地的主要迁入流比例和重新分布主要迁入流比例之间看不出明显的关系。2010～2015年，10个重要人口来源地中迁移人口再分配率最高的地区是山西（33.64%）、其次是河南（28.73%）、甘肃（25.26%）和湖北（20.22%）；第二梯队的有贵州（10.05%）、湖南（7.98%）和广西（4.41%）。相比之下，流入安徽、江西和四川的主要流仅为交换流（主要迁入流比例均为0%），其中和安徽交换的是江苏、浙江和上海，和江西交换的是广东、浙江和福建，和四川交换的是广东、重庆和浙江。

对于迁出流和重要人口来源地作为迁移人口再分配者的情况，在1985～2015年研究期间，广西的主要迁出流比例都是最高的（表6-5），均超过了77%，2000～2005年甚至达到了91.82%，而且2010～2015年从广西迁出的人口有80.04%迁出至广东，其主要迁出流比例为84.24%，在其余的研究期迁出广西的人口也高度集中地迁入了广东，湖南和湖北也有类似的情况。安徽的主要迁出流比例也相对较高，研究期间均保持在50%以上，2005～2010年达到最高值78.23%，2010～2015年为69.50%，说明从安徽迁出的人口在研究期间50%以上都被控制在迁入三个省（自治区、直辖市）范围内，主要是江苏、浙江和上海，除1985～1990年从安徽迁出的主要流排名依次为江苏（28.18%）、上海（21.63%）和北京（6.04%），后四期前三位均为江苏、浙江和上海，而且比例相对较为平均。2010～2015年，首先河南和山西的再分配流比例是最大的（分别为42.62%和37.59%）；其次是甘肃（19.62%）和湖北（18.75%）；最后，湖南（4.08%）、广西（2.46%）、江西（0%）、四川（0%）和安徽（0%）基本都是交换流。

表 6-5　1985～2015 年主要迁出流和重新分布迁出流比例　　　　（单位:%）

省（自治区、直辖市）	主要迁出流比例						重新分布主要迁出流比例					
	1985～1990 年	1990～1995 年	1995～2000 年	2000～2005 年	2005～2010 年	2010～2015 年	1985～1990 年	1990～1995 年	1995～2000 年	2000～2005 年	2005～2010 年	2010～2015 年
主要迁入地												
上海	58.39	69.07	58.76	65.98	60.48	52.41	0	6.79	9.40	18.79	19.85	14.03
江苏	50.58	52.75	55.76	65.22	61.90	51.77	34.56	45.34	55.76	53.80	53.58	40.31
广东	47.47	37.60	26.45	37.16	32.77	37.32	24.61	0	7.18	11.39	10.29	8.97
天津	52.53	62.84	49.41	44.40	44.08	37.19	26.09	30.05	27.99	31.18	31.24	20.28
福建	48.15	46.36	51.89	51.12	47.86	36.13	22.52	46.36	51.89	51.12	47.86	36.13
新疆	36.29	45.55	32.92	34.34	28.02	33.90	12.20	28.81	21.17	19.31	18.33	18.67
浙江	31.84	37.32	43.54	37.60	38.46	31.54	23.41	37.32	43.54	27.22	30.25	20.87
北京	29.87	41.08	33.33	30.71	34.56	30.88	15.92	22.37	19.05	16.93	15.53	6.61
主要迁出地												
广西	77.40	86.21	90.99	91.82	88.44	84.24	9.25	4.39	3.28	4.50	5.29	2.46
湖南	58.16	70.27	84.01	83.48	77.90	70.49	6.90	70.27	6.70	2.69	14.10	4.08
安徽	55.85	64.19	66.47	77.47	78.23	69.50	55.85	28.35	23.11	0	0	0
江西	47.45	68.65	83.00	80.41	75.72	68.89	19.52	16.52	15.26	0	0	0
贵州	38.04	42.77	64.40	74.76	73.59	63.49	24.38	42.77	64.40	9.86	49.75	11.01
湖北	34.33	41.90	66.53	70.93	64.21	55.83	11.19	30.77	66.53	20.83	22.94	18.75
四川	30.36	42.52	58.84	61.90	54.35	46.63	11.70	35.55	58.84	24.55	23.62	0
河南	32.07	46.22	55.90	59.85	51.19	42.62	32.07	46.22	55.90	24.26	51.19	42.62
山西	42.10	49.36	40.19	43.22	40.04	37.59	12.23	32.52	28.64	35.29	40.04	37.59
甘肃	36.30	50.57	54.82	45.15	34.63	37.52	23.08	50.57	45.96	45.15	34.63	19.62

注：按 2010～2015 年重要迁出流比例排序。

　　1985～1990 年和 2010～2015 年在重要的人口迁移目的地中，上海的主要迁出流比例都是最高的（表 6-5），其次是江苏，这两个省（自治区、直辖市）在研究期间主要迁出流比例均超过了 50%，说明从上海和江苏迁出的人口 50% 以上都被控制在迁入三个区域范围内。对于上海，迁出的人口目的地为主要为江苏、浙江和安徽，但在 1990～1995 年和 1995～2000 年，安徽被广东取代，成为迁出上海的人口排名第三的去向，在这两期由上海迁出到广东的人口分别占上海迁出总量的 6.79% 和 9.40%。迁出江苏的人口在整个研究期间，首位的去向都是上海，其比例在 1985～2005 年持续增长，2005 年达到了 40.18%，后开始有所下降，2010～2015 年下降到 25.19%，排名第二、第三位的省（自治区、直辖市）除第二期是北京（9.45%）、安徽（7.41%），第三期是广东（9.35%）、北京（8.55%）外，其余都是浙江和安徽。

　　北京、浙江和新疆的外流人口迁出地相对多样化，第六期主要迁出流占总迁出流的比例均低于 35%。迁出北京的主要流在整个研究期间基本保持在 30% 左右，排第一位的省

（自治区、直辖市）为河北，其比例为百分之十几，第二、第三位不固定，第一期为广东（8.08%）、山东（7.84%），第二期为江苏（12.55%）、山东（9.82%），第三期为广东（10.70%）、江苏（8.36%），第四期为广东（8.51%）、江苏（8.42%），第五期为上海（8.24%）、安徽（7.29%），第六期为河南（6.74%）、广东（6.61%）。

而10个主要人口迁出地在1985～2015年主要迁出流比例经历了明显的先增加后减少的变化趋势，大部分在第四期（除湖南、江西在第三期，安徽在第五期外）达到峰值，后开始下降的趋势（表6-5）。其中，迁出广西的主要迁出流比例在第四期达到了最高值91.82%。然而，所有迁移人口的主要流迁出流比例与重新分布主要迁出流比例无直接关系。2010～2015年，迁移人口再分配率最高的地区是新疆（42.06%），其次是福建（37.4%）、浙江（25.99%）和江苏（23.04%）。由基尼系数划分为扩散型的新疆、浙江、福建，以及集中型的江苏，其主要迁入流属于重新分配流，说明迁入这些目的地的人口来自少数的来源地，而迁出这些省（自治区、直辖市）的人口发生的重新分配，主要流入了不同于其少数来源地的其他地区。相比之下，流入北京（8.72%）、广东（10.55%）、上海（11.23%）和天津（13.85%）的主要流大部分为交换流，比例超过的80%，北京更是超过了90%。其中，北京由基尼系数被划分为散布型，天津、广东由基尼系数被划分为扩散型，上海被划分为集中型。说明迁入这些省（自治区、直辖市）的人口无论是来自少数还是较广泛的来源地，如果人口迁出这些省（自治区、直辖市），他们往往会回到原来的迁出地。

6.2.2　2010～2015年主要流的来源地和目的地

在省际人口迁移强度的分析中已经确定，我国省际移民倾向于从中西部地区迁移到较发达的长三角、珠三角和环渤海地区，对几个重要的人口目的地和来源地的三个主要流分析也呼应了这一发现。表6-6描述了2010～2015年迁入我国的8个重要迁移人口目的地和10个重要人口来源地的三大主要迁入、迁出流的来源地和目的地及其分别占总迁入和总迁出的人口比例，还给出了之前基于基尼系数确定的区域类别。

表6-6　2010～2015年各省（自治区、直辖市）人口主要迁入、迁出流　（单位：%）

省（自治区、直辖市）	分类	主要迁入流的来源地及其占总迁入流的比例						主要迁出流的目的地及其占总迁出流的比例					
		第一	比例	第二	比例	第三	比例	第一	比例	第二	比例	第三	比例
北京	散布型	河北	21.66	河南	11.71	山东	8.72	河北	17.53	河南	6.74	广东	6.61
天津	扩散型	河北	23.21	河南	13.85	山东	12.74	北京	20.28	河北	9.90	山东	7.01
河北	集聚型	河南	17.08	北京	11.25	黑龙江	9.72	北京	34.39	天津	25.20	江苏	4.03
山西	散布型	河南	11.74	河北	11.24	湖北	10.67	北京	17.38	天津	10.67	江苏	9.54
内蒙古	散布型	山西	12.31	河北	10.63	陕西	9.01	北京	16.34	辽宁	10.79	天津	10.20
辽宁	扩散型	黑龙江	24.64	吉林	16.43	内蒙古	8.73	北京	19.19	天津	10.08	内蒙古	6.13
吉林	散布型	黑龙江	20.27	辽宁	15.60	内蒙古	8.08	辽宁	15.73	北京	12.83	天津	9.59
黑龙江	散布型	吉林	11.58	山东	8.15	辽宁	8.12	北京	17.38	辽宁	17.22	山东	12.74
上海	集中型	安徽	22.49	江苏	15.19	河南	11.23	江苏	25.62	浙江	14.03	安徽	12.77

续表

省（自治区、直辖市）	分类	主要迁入流的来源地及其占总迁入流的比例						主要迁出流的目的地及其占总迁出流的比例					
		第一	比例	第二	比例	第三	比例	第一	比例	第二	比例	第三	比例
江苏	集中型	安徽	25.20	河南	16.26	山东	6.78	上海	25.19	浙江	15.13	安徽	11.46
浙江	扩散型	安徽	15.38	贵州	13.05	江西	10.61	江苏	11.11	贵州	10.67	上海	9.76
安徽	集中型	江苏	21.78	浙江	14.08	上海	9.38	江苏	30.29	浙江	20.49	上海	18.71
福建	扩散型	江西	15.22	贵州	12.14	四川	10.04	广东	18.00	浙江	11.46	上海	6.67
江西	集聚型	广东	17.37	浙江	12.70	福建	7.61	广东	33.60	浙江	22.41	福建	12.88
山东	散布型	黑龙江	10.91	河南	10.77	江苏	6.94	北京	15.68	天津	15.66	江苏	15.58
河南	集聚型	安徽	10.76	河北	10.07	山东	7.90	江苏	16.88	广东	14.53	浙江	11.21
湖北	集聚型	广东	12.31	河南	11.49	湖南	8.73	广东	37.08	浙江	11.00	江苏	7.75
湖南	集中型	广东	32.64	湖北	7.98	浙江	5.50	广东	57.87	浙江	8.55	江苏	4.08
广东	扩散型	湖南	20.32	广西	19.63	湖北	10.55	湖南	16.11	广西	12.24	四川	8.97
广西	集中型	广东	36.81	湖南	10.43	四川	4.41	广东	80.04	浙江	2.46	湖南	1.73
海南	散布型	广东	14.90	四川	7.27	湖南	7.19	广东	36.98	湖北	6.69	福建	6.38
重庆	集中型	四川	41.69	贵州	10.35	广东	8.87	广东	22.56	四川	15.41	浙江	10.82
四川	散布型	广东	14.28	重庆	14.03	浙江	7.08	广东	24.91	重庆	11.24	浙江	10.49
贵州	集中型	浙江	18.95	广东	16.70	四川	10.05	浙江	29.56	广东	22.93	福建	11.01
云南	集聚型	四川	18.06	贵州	11.36	湖南	8.52	广东	23.21	浙江	21.57	江苏	9.13
西藏	集中型	四川	54.79	陕西	4.98	甘肃	4.59	四川	25.51	陕西	23.25	天津	7.82
陕西	散布型	河南	10.89	山西	10.82	甘肃	10.40	江苏	17.91	广东	15.00	北京	7.66
甘肃	散布型	河南	14.64	陕西	10.62	新疆	6.19	新疆	17.90	江苏	10.18	陕西	9.44
青海	扩散型	河南	16.27	甘肃	15.07	云南	8.26	四川	13.50	陕西	12.28	甘肃	11.71
宁夏	扩散型	甘肃	21.59	陕西	11.67	河南	10.37	内蒙古	18.57	陕西	13.79	北京	9.66
新疆	扩散型	甘肃	25.39	河南	16.67	四川	12.77	四川	15.23	陕西	9.75	江苏	8.92

从主要流的来源地、目的地可以看出，中国省际人口迁移的模式，绝大部分的主要迁入流都来自上述分析的重要人口来源地，而大部分主要迁出流则流向重要的人口目的地。各个省（自治区、直辖市）排名第一的主要迁出流目的地基本上都是8个重要人口目的地，有几个例外需要注意，包括：北京排名第一的迁出流目的地为河北（17.53%），吉林排名第一的迁出流目的地为辽宁（15.73%），广东排名第一的迁出流目的地为湖南（16.11%），西藏排名第一的迁出流目的地为四川（25.51%），青海排名第一的迁出流目的地为四川（13.50%），宁夏排名第一的迁出流目的地为内蒙古（18.57%），新疆排名第一个的迁出流目的地为四川（15.23%）。各个省（自治区、直辖市）排名第一的主要迁入流来源地也基本上都是10个重要人口来源地，有几个例外也需要注意，包括：北京和天津排名第一的迁入流来源地都为河北（21.66%和23.21%），辽宁和吉林排名第一的迁入流来源地都为黑龙江（分别为24.64%和20.27%），黑龙江排名第一的迁入流来源地为吉林（11.58%），安徽排名第一的迁入流来源地为江苏（21.78%），江西、湖北、湖南、海南和四川排名第一的迁入流来源地都为广东（17.37%、12.31%、32.64%、14.90%和14.28%），山东排名第一的迁入流来源地为黑龙江（10.91%），贵州排名第一

的迁入流来源地为浙江（18.95%）。

对于京津冀地区，迁入主要人口目的地北京和天津的主要迁入流比例分别为42.10%和49.80%，排名前三位都依次为其南部相邻的河北、河南和山东，迁出北京的主要迁出流比例为30.88%，排名依次为河北（17.53%）、河南（6.74%）和广东（6.61%），迁出天津的主要迁出流比例为37.19%，排名依次为北京（20.28%）、河北（9.90%）和山东（7.01%）。说明在京津冀都市圈内，就人口迁移数据而言，北京和天津都主要吸引来自河北、河南和山东的人口，北京主要起到迁移人口的交换作用，流出北京的人口大多也返回了河北和河南。而天津在完成与河北、山东之间迁移人口交换的同时，也向北京重新分配了人口，其主要迁出流排名地位的是流入北京的20.28%。

对于长三角区域，其人口重要目的地上海、江苏和浙江的主要迁入流比例分别为48.91%、48.24%和39.04%，主要迁出流比例分别为52.41%、51.77%和31.54%。其中，上海主要吸收来自安徽（22.49%）、江苏（15.19%）、河南（11.23%）的人口，而迁出上海的人口主要流入江苏（25.62%）、浙江（14.03%）和安徽（12.77%）。而江苏（25.19%，排名第一）、浙江（9.76%，第三）、安徽（18.71%，第三）的主要迁出流都有上海这个目的地，说明长三角区域内，上海与其他三省（自治区、直辖市）已形成较为稳定的交换流系统，迁入上海的人口大都返回原地。重要人口来源地安徽主要迁入、迁出流比例分别达到了45.24%和69.50%，而且其主要流全部为交换流，与区域内的上海、江苏、浙江形成迁移人口交换流系统。此外，上海对河南，江苏对河南和山东，浙江对其东南部的贵州和江西都有一定程度的吸引力。

对于泛珠三角地区，第六期9个省（自治区、直辖市）中，主要迁入流比例排第一位的是广西（51.66%）、其次是广东（50.50%）和湖南（46.12%），主要迁出流比例排第一位的是广西（84.24%），其次是湖南（70.49%）和江西（68.89%）。福建和云南的主要流全部为重新分布流，江西和四川的主要流全部为交换流（0）。在第六期的这9个省（自治区、直辖市）中，福建和云南主要起到迁移人口重新分布作用，福建吸引来自江西、贵州和四川的人口，重新分布到广东、浙江和上海，云南吸收来自四川、贵州和湖南的移民，重新分布到广东、浙江和江苏；其余的7个省（自治区、直辖市）都形成了较为稳定的人口交换系统，广东和区域内的江西、湖南、广西、四川和贵州都形成了迁移人口交换系统，江西、湖南、四川、贵州都和浙江之间都形成了一定规模的迁移人口交换系统，江西和福建、广西和湖南、四川和重庆之间都有一定的迁移人口交换流。

福建位于长三角和珠三角之间，主要吸引来自江西、贵州、四川的人口，而又把人口重新分配到广东、浙江和上海等地，是明显的人口再分配地。广东对泛珠三角地区的省（自治区、直辖市），甚至更北面的湖北都有绝对的吸引力，除从贵州迁出进广东的迁出流占其总迁出流第二的位置，其余省（自治区、直辖市）主要迁出流排名第一的均为广东，从广西迁往广东的人口数甚至占到其总迁出人口数的84.24%，广东与这些重要人口来源地都形成了稳定的移民交换流系统。值得注意的是，这一区域的重要人口来源地贵州、湖南、江西和四川都与浙江之间形成了一定程度的迁移人口交换流系统，尤其是浙江和贵州之间的交换流系统，在规模和比例上都足够引起重视。此外，广西与湖南、湖南与浙江、江西与福建、四川与重庆之间也形成了迁移人口交换系统。

对于东北地区（包括东北三省和内蒙古），辽宁和吉林主要迁入流的来源地都局限在本区域内，黑龙江主要迁入流中包含一股从山东来的迁移流，内蒙古主要迁入流的来源地在第六期分别为山西、河北和陕西。四个地区主要迁出流的目的地基本都包含北京、天津和辽宁。辽宁和其他三个地区、黑龙江和山东之间都形成一定规模的移民交换系统。在六个时期内，黑龙江和山东之间的移民交换一直都存在，说明原先的闯关东迁移潮至今对两地的人口迁移还有影响。

6.2.3 1985～1990 年主要流的来源地和目的地

表 6-7 展示了 1985～1990 年各省（自治区、直辖市）间主要流的模式类型。对比 2010～2015 年主要流的模式类型，发现各省（自治区、直辖市）之间的主要流还是发生了一定的变化。其中，交换流的比例由第一期的 57.47% 下降到 44.09%，说明省际人口迁移更倾向于省（自治区、直辖市）间人口的重新分布。

表 6-7　1985～1990 年各省（自治区、直辖市）人口主要迁入、迁出流　（单位:%）

省（自治区、直辖市）	主要迁入流的来源地及其占总迁入流的比例						主要迁出流的目的地及其占总迁出流的比例					
	第一	比例	第二	比例	第三	比例	第一	比例	第二	比例	第三	比例
北京	河北	31.87	河南	7.67	四川	6.74	河北	13.95	广东	8.08	山东	7.84
天津	河北	39.12	山东	9.09	黑龙江	5.76	河北	26.45	北京	21.13	辽宁	4.96
河北	四川	14.86	黑龙江	9.44	内蒙古	8.97	北京	33.15	天津	14.79	山西	8.55
山西	河北	18.01	河南	13.87	内蒙古	12.82	河北	19.50	北京	12.23	河南	10.37
内蒙古	黑龙江	22.56	河北	14.94	辽宁	9.92	辽宁	20.17	河北	15.36	山西	12.97
辽宁	黑龙江	27.75	吉林	16.43	内蒙古	11.31	黑龙江	15.95	吉林	15.36	内蒙古	8.55
吉林	黑龙江	27.62	辽宁	19.09	山东	18.40	辽宁	24.99	黑龙江	22.57	山东	17.03
黑龙江	山东	23.56	吉林	21.84	辽宁	12.81	辽宁	24.70	山东	21.52	吉林	10.78
上海	江苏	32.26	安徽	17.36	浙江	15.37	江苏	29.87	浙江	17.87	安徽	10.65
江苏	安徽	19.04	四川	12.14	浙江	6.75	上海	34.56	安徽	9.95	浙江	6.07
浙江	江西	12.05	江苏	11.23	安徽	9.42	上海	16.16	江苏	8.43	福建	7.25
安徽	江苏	18.35	四川	11.81	浙江	9.05	江苏	28.18	上海	21.63	北京	6.04
福建	四川	20.80	浙江	18.27	江西	16.60	广东	22.52	江西	15.25	浙江	10.38
江西	浙江	18.68	福建	16.20	湖南	12.40	广东	19.52	福建	14.18	浙江	13.76
山东	黑龙江	21.52	吉林	9.97	四川	7.47	黑龙江	16.18	辽宁	10.57	江苏	9.13
河南	四川	10.59	湖北	8.53	陕西	8.51	湖北	13.47	新疆	9.86	北京	8.74
湖北	四川	22.03	河南	18.47	湖南	9.89	河南	11.69	湖南	11.44	广东	11.19
湖南	湖北	14.62	四川	10.93	广东	9.96	广东	43.21	湖北	8.05	广西	6.90
广东	广西	31.92	湖南	18.17	四川	12.24	海南	24.61	广西	12.09	湖南	10.78
广西	湖南	25.60	广东	21.26	四川	7.01	广东	68.15	海南	5.16	河北	4.09
海南	广东	41.07	广西	20.26	四川	9.45	广东	71.83	广西	5.01	湖南	4.15
四川	云南	15.67	贵州	9.73	新疆	8.14	广东	11.70	云南	9.68	新疆	8.98
贵州	四川	52.69	湖南	10.42	云南	9.82	江苏	14.55	四川	13.66	广东	9.84

省（自治区、直辖市）	主要迁入流的来源地及其占总迁入流的比例						主要迁出流的目的地及其占总迁出流的比例					
	第一	比例	第二	比例	第三	比例	第一	比例	第二	比例	第三	比例
云南	四川	51.09	贵州	10.97	湖南	8.51	四川	24.81	江苏	12.67	山东	9.92
陕西	河南	14.06	四川	13.47	甘肃	11.95	河南	11.15	甘肃	9.94	四川	7.55
甘肃	陕西	18.26	河南	11.40	四川	10.31	新疆	13.80	陕西	13.22	青海	9.28
青海	甘肃	22.63	四川	17.07	陕西	12.38	甘肃	13.65	四川	11.63	山东	10.50
宁夏	甘肃	22.30	陕西	20.24	河南	10.20	甘肃	14.53	陕西	12.63	新疆	12.04
新疆	四川	34.61	河南	17.02	甘肃	11.34	四川	12.88	江苏	12.20	河南	11.21

各个省（自治区、直辖市）排名第一的主要迁出流目的地基本上都是8个重要人口目的地，有几个例外需要注意，包括：北京和天津排名第一的迁出流目的地为河北（13.95%和26.45%），山西排名第一的迁出流目的地为河北（19.50%），内蒙古、吉林、黑龙江排名第一的迁出流目的地均为辽宁（20.17%、24.99%和24.70%），辽宁和山东排名第一的迁出流目的地都为黑龙江（15.95%和16.18%），河南排名第一的迁出流目的地为湖北（13.47%），湖北和陕西排名第一的迁出流目的地都为河南（11.69%和11.15%），广东排名第一的迁出流目的地为海南（24.61%），云南和新疆排名第一的迁出流目的地为四川（24.81%和12.88%），青海和宁夏排名第一的迁出流目的地均为甘肃（13.65%和14.53%）。各个省（自治区、直辖市）排名第一的主要迁入流来源地也基本上都是10个重要人口来源地，有几个例外也需要注意，包括：北京、天津和山西排名第一的迁入流来源地都为河北（31.87%、39.12%和18.01%），内蒙古、辽宁、吉林和山东排名第一的迁出流来源地都为黑龙江（22.56%、27.75%、27.62%和21.52%），黑龙江排名第一的迁入流来源地为山东（23.56%），上海和安徽排名第一的迁入流来源地都为江苏（32.26%和18.35%），江西排名第一的迁入流来源地为浙江（18.68%），海南排名第一的迁入流来源地为广东（41.07%），四川排名第一的迁入流来源地为云南（15.67%），甘肃排名第一的迁入流来源地为陕西（18.26%）。

东北地区的变化是显而易见的，第一期东北四个地区主要流的来源地和目的地范围都主要限定在本区域内，再加上邻近的河北、山东和山西。三个东北老工业基地再加上内蒙古的主要迁出流目的地都没有8个重要人口目的地，辽宁排名第一的迁出流目的地为黑龙江，黑龙江、吉林和内蒙古排名第一的迁出流目的地都为辽宁；四个地区主要迁入流的目的地也没有10个重要人口来源地，辽宁、吉林和内蒙古排名第一的迁入流来源地都为黑龙江，黑龙江排名第一的迁入流来源地为山东。而第六期东北三省主要迁出流目的地就已经是北京和天津了。

对于长三角区域，迁入上海的跨省迁移流在六个时期全国前30位迁移流中都保持在至少3个的水平上（图6-1），前三个时期都是区域内安徽、江苏、浙江迁入上海的迁移流，后三个时期浙江迁入上海的迁移流退出全国前30位迁移流，取而代之的是第四期的四川→上海，以及第五、第六期的河南→上海的迁移流。在研究期间，江苏和浙江一直发挥着迁移人口的重新分布作用，而上海和安徽主要发挥了人口交换的作用，且发生了细微转变。上海在第一期主要流完全为交换流，到第六期重新分布迁入、迁出流比例分别上升到 11.23%、14.03%，安徽在第一期重新分布迁入、迁出流比例分别为 39.21%、55.85%，到第六期完全转换为交换流。安徽主要迁入流来源地在前三期还包括从四川、河南来的迁移流，到后三期只剩下来自江苏、浙江、上海的迁移流，其主要迁出流的目的地在第一期迁往北京的迁移流排名第三，后五期全部为迁往本区域其他三个地区的迁移流。上海主要迁入流来源地前三期全部为本区域内的其他三个省（自治区、直辖市），从第四期开始从浙江迁入上海的人口比例开始下降，取而代之的是从四川、河南来的迁移流。

对于泛珠三角地区，第一期的9个省（自治区、直辖市）中，主要迁入流比例最高的是贵州（72.93%），其次是海南（70.79%）和广东（62.33%），迁出流比例最高的是海南（80.99%），其次是广西（77.40%）和湖南（58.16%）。没有一个省（自治区、直辖市）的主要流全部为交换流，交换流比例较高的省（自治区、直辖市）包括海南和四川，其中海南和广东、广西之间存在明显的迁移人口交换，四川和云南、新疆之间存在明显的迁移人口交换。

6.3 省际人口迁移的平均迁移距离、平均方向和环形方差

6.3.1 相关定义

6.3.1.1 迁移平均距离

迁移距离，即迁移者的旅行距离，可以指实际的铁路距离、时间距离等。本节为了研究方便，定义两点之间的直线距离即为迁移距离，采用各省（自治区、直辖市）人口重心之间的直线距离作为省（自治区、直辖市）之间人口迁移的距离（d_i）。迁移方向为迁出地和迁入地连线与正东方向的夹角，它是有方向的，加入迁出地、迁入地位置互换，则角度改变。每个迁移方向上的迁移人数则是每个方向的权重（w_i）。将所有迁移向量的长度乘以各自的迁移人数，再除以总迁移人数，即为平均迁移距离（$\bar{d}$）：

$$\bar{d} = \frac{\sum_{i=1}^{n} w_i d_i}{\sum_{i=1}^{n} w_i} \tag{6-1}$$

6.3.1.2 迁移平均方向

迁移方向即 A 地和 B 地连线与正东方向的夹角。平均方向的概念类似于经典统计学中的平均值，它反映出一组矢量方向的总体趋势（Lee and Wong, 2001）。因为平均方向只与矢量的角度有关，而与长度无关，所以每个矢量都可以简化为一个单位向量。换句话说，

平均方向是所有单位向量的方向之和，那么用所有向量的高度除以其水平范围就可以得到平均方向的正切值。因为所有线段都为单位向量，矢量的高度即角度的正弦值，矢量的水平范围即角度的余弦值（Lee and Wong，2001）。因此，平均方向（$\bar{\theta}$）的计算公式如下：

$$\bar{\theta} = \left| \arctan \frac{\sum_{i=1}^{n} w_i \sin\theta_i}{\sum_{i=1}^{n} w_i \cos\theta_i} \right| \tag{6-2}$$

式中，θ_i 为向量的角度；w_i 为相同角度向量的数量，对于人口迁移，即每个迁移方向上的人口数。在人口迁移的研究中使用平均方向，可以得到一组迁移方向的总体趋势。

因为正切函数的值域为 $\left[-\dfrac{\pi}{2}, \dfrac{\pi}{2} \right]$，所以需要对计算结果 $\bar{\theta}$ 进行如下调整（O'Sullivan and Unwin，2003）：

（1）如果 $\sum \sin\theta_i > 0$ 且 $\sum \cos\theta_i > 0$（第一象限），$\bar{\theta}$ 不需要调整；

（2）如果 $\sum \sin\theta_i > 0$ 且 $\sum \cos\theta_i < 0$（第二象限），$\bar{\theta}$ 应调整为 $180° - \bar{\theta}$；

（3）如果 $\sum \sin\theta_i < 0$ 且 $\sum \cos\theta_i < 0$（第三象限），$\bar{\theta}$ 应调整为 $180° + \bar{\theta}$；

（4）如果 $\sum \sin\theta_i < 0$ 且 $\sum \cos\theta_i > 0$（第四象限），$\bar{\theta}$ 应调整为 $360° - \bar{\theta}$。

6.3.1.3 迁移环形方差

环形方差类似于经典统计学中的方差，它能提供线性要素方向的变动或离散程度，即相对于平均方向的偏离程度（Lee and Wong，2001）。它是对平均方向统计的有益补充，其计算如下：

$$S = 1 - \sqrt{\left(\sum_{i}^{n} w_i \sin\theta \right)^2 + \left(\sum_{i}^{n} w_i \cos\theta \right)^2} \Big/ \sum_{i}^{n} w_i \tag{6-3}$$

S 的值域为 $[0, 1]$，当所有向量均为同一方向时，S 为 0；当所有方向均为相反方向时，S 为 1。对于人口迁移，环形方差除了反映出相对于平均迁移方向的偏离程度，还反映出迁移方向的多寡，即迁移方向越多，S 越大；迁移方向越少，S 越小。俞路（2006）认为，由于地区之间的经济往来或社会交往必然表现为人口之间的相互迁移流动，迁移方向越多，表明联系的地区越多，因此环形方差可作为衡量一个地区开放程度的参考指标。S 越大，说明该地区开放程度越高。

6.3.2 实证研究

6.3.2.1 省际人口迁移的平均距离

利用六期省际人口迁移数据，借助空间统计学中流要素的分析方法，根据式（6-1）~式（6-3），运用地理信息系统软件 ArcGIS 和统计软件 Stata，计算出八个重要人口目的地迁移流的平均距离、平均方向、环形方差等指标（表6-8）。

表 6-8　8 个重要人口目的地迁入、迁出流的平均距离、平均方向、环形方差

省（自治区、直辖市）	时期	迁入流			迁出流		
		平均距离/km	平均方向/(°)	环形方差	平均距离/km	平均方向/(°)	环形方差
天津	1985~1990 年	644	35.75	0.3740	584	207.19	0.4933
	1990~1995 年	702	49.06	0.4541	495	198.91	0.4756
	1995~2000 年	686	56.36	0.4413	643	212.58	0.4828
	2000~2005 年	651	58.06	0.4773	713	225.05	0.5420
	2005~2010 年	666	50.81	0.3931	677	213.73	0.5708
	2010~2015 年	678	48.68	0.3538	717	222.98	0.4843
北京	1985~1990 年	698	65.80	0.2863	913	255.63	0.2682
	1990~1995 年	737	69.78	0.2927	875	257.22	0.2315
	1995~2000 年	780	70.81	0.2942	982	258.66	0.2454
	2000~2005 年	803	70.60	0.3351	1002	261.17	0.2143
	2005~2010 年	764	68.40	0.3274	926	258.23	0.2711
	2010~2015 年	780	66.47	0.3224	892	255.14	0.2884
上海	1985~1990 年	671	355.34	0.1284	634	180.78	0.1832
	1990~1995 年	702	358.04	0.1267	566	182.55	0.1623
	1995~2000 年	626	357.16	0.1089	637	180.67	0.1760
	2000~2005 年	699	355.05	0.1123	574	184.58	0.1358
	2005~2010 年	738	353.80	0.1190	620	182.55	0.1623
	2010~2015 年	756	353.10	0.1265	686	181.79	0.1507
广东	1985~1990 年	802	311.26	0.4091	845	123.12	0.6052
	1990~1995 年	814	300.42	0.3241	978	97.05	0.3936
	1995~2000 年	866	288.75	0.2400	980	98.59	0.3990
	2000~2005 年	879	290.15	0.2498	878	100.99	0.3264
	2005~2010 年	863	291.42	0.2600	930	91.72	0.3403
	2010~2015 年	863	294.16	0.2936	895	98.32	0.3460
浙江	1985~1990 年	872	347.96	0.3730	782	143.67	0.5116
	1990~1995 年	850	356.89	0.2672	752	130.77	0.4832
	1995~2000 年	787	358.78	0.1427	734	139.08	0.5388
	2000~2005 年	863	356.18	0.1505	740	157.44	0.4692
	2005~2010 年	863	355.12	0.1411	722	150.49	0.4901
	2010~2015 年	871	350.81	0.1775	808	167.56	0.3727
江苏	1985~1990 年	885	5.94	0.4319	561	295.85	0.9729
	1990~1995 年	741	9.52	0.3920	544	30.15	0.9377
	1995~2000 年	623	11.04	0.2947	564	329.64	0.8492
	2000~2005 年	617	6.54	0.2575	470	317.86	0.7426

续表

省（自治区、直辖市）	时期	迁入流			迁出流		
		平均距离/km	平均方向/(°)	环形方差	平均距离/km	平均方向/(°)	环形方差
江苏	2005~2010 年	627	2.51	0.2585	499	322.24	0.7596
	2010~2015 年	659	3.38	0.3210	554	291.98	0.8467
福建	1985~1990 年	971	323.56	0.2747	855	221.32	0.3263
	1990~1995 年	1004	333.17	0.1796	848	227.05	0.3320
	1995~2000 年	933	329.55	0.1220	884	215.88	0.4050
	2000~2005 年	964	332.16	0.1283	832	220.18	0.3974
	2005~2010 年	1018	332.89	0.1330	868	226.58	0.3829
	2010~2015 年	1019	331.36	0.1832	928	220.10	0.3123
新疆	1985~1990 年	2278	150.93	0.0186	2510	337.14	0.0244
	1990~1995 年	2251	152.31	0.0163	2551	336.75	0.0125
	1995~2000 年	2224	151.56	0.0159	2579	335.58	0.0330
	2000~2005 年	2234	152.63	0.0168	2595	334.22	0.0298
	2005~2010 年	2435	155.75	0.0142	2624	335.36	0.0501
	2010~2015 年	2240	154.15	0.0167	2485	335.42	0.0394

　　从表 6-8 可以看出，在 2010~2015 年，迁入这 8 个重要人口目的地的移民平均距离大小关系为：新疆（2240km）>福建（1019km）>浙江（871km）>广东（863km）>北京（780km）>上海（756km）>天津（678km）>江苏（659km）；而迁出这些重要目的地的移民平均距离大小关系为：新疆（2485km）>福建（928km）>广东（895km）>北京（892km）>浙江（808km）>天津（717km）>上海（686km）>江苏（554km）。迁入天津的平均距离在 1985~2000 年大于迁出天津的平均距离，在 2000~2015 年小于迁出天津的平均距离，迁入和迁出天津的平均距离总体呈现波动的趋势。迁入北京的平均距离小于迁出北京的平均距离，并且前四期迁入北京的平均距离呈现出增加的趋势，后两期有所波动，迁出北京的平均距离随时间推移呈现波动趋势，大致是先上升后下降。迁入上海的平均距离总体上大于迁出上海的平均距离，迁入和迁出上海的平均距离都是稳定中有略微增加的趋势，但变化不是很大。迁入广东的平均距离总体上小于迁出广东的平均距离，迁入广东的平均距离前四期呈现上升的趋势，后两期有所下降，迁出广东的平均距离呈波动趋势。迁入浙江的平均距离大于迁出浙江的平均距离，迁入浙江的平均距离在 1985~2000 年减小近 100km，其余五期基本保持稳定趋势；迁出浙江的平均距离前五期总体上呈现稳定的下降趋势，第六期上升较多。迁入江苏的平均距离大于迁出江苏的平均距离，迁入和迁出江苏的平均距离随时间推移整体都呈现稳定中略有减小趋势。迁入福建的平均距离大于迁出福建的平均距离，且随时间推移呈现出波动中有所上升的趋势。迁入新疆的平均距离小于迁出新疆的平均距离，迁入新疆的平均距离在 2005~2010 年比其余五期增加了约 200km，其余五期基本保持稳定水平；迁出新疆的平均距离在前五期呈现稳定的增长趋势，最后一期下降明显，比前一期下降了近 140km。

同时计算出10个重要人口来源地迁移流的平均距离、平均方向、环形方差等指标（表6-9）。从表6-9可以看出，在2010～2015年，迁出这10个重要人口来源地的移民平均距离大小关系为甘肃（1257km）＞四川（1197km）＞贵州（1098km）＞河南（826km）＞湖北（777km）＞山西（694km）＞湖南（667km）＞广西（663km）＞江西（613km）＞安徽（437km）；而迁入这10个重要人口来源地的移民平均距离大小关系为四川（1096km）＞甘肃（1066km）＞广西（992km）＞贵州（959km）＞湖南（750km）＞河南（743km）＞湖北（742km）＞山西（716km）＞江西（714km）＞安徽（562km）。

表6-9 10个重要人口来源地迁入、迁出流的平均距离、平均方向、环形方差

省（自治区、直辖市）	时期	迁入流			迁出流		
		平均距离/km	平均方向/(°)	环形方差	平均距离/km	平均方向/(°)	环形方差
安徽	1985～1990年	764	359.87	0.5116	493	16.00	0.6221
	1990～1995年	710	356.56	0.4765	445	12.09	0.4668
	1995～2000年	679	1.48	0.5465	474	349.54	0.4536
	2000～2005年	568	14.27	0.8066	413	349.48	0.3018
	2005～2010年	598	3.95	0.7022	409	350.18	0.3097
	2010～2015年	562	1.01	0.7252	437	354.24	0.4486
河南	1985～1990年	868	61.27	0.8809	862	190.62	0.9700
	1990～1995年	786	92.93	0.9078	1129	209.08	0.9734
	1995～2000年	757	105.43	0.8403	1078	286.51	0.6988
	2000～2005年	838	97.01	0.7678	988	305.78	0.4955
	2005～2010年	773	121.65	0.7491	894	320.37	0.5246
	2010～2015年	743	158.31	0.6911	826	332.95	0.5697
贵州	1985～1990年	700	260.24	0.5062	1015	31.23	0.4363
	1990～1995年	719	267.45	0.5272	999	17.64	0.4057
	1995～2000年	708	253.56	0.5637	950	356.63	0.3638
	2000～2005年	879	190.09	0.4630	1078	1.04	0.2020
	2005～2010年	860	217.16	0.4770	1130	5.97	0.1888
	2010～2015年	959	200.70	0.3977	1098	9.53	0.2469
江西	1985～1990年	596	255.85	0.7997	607	23.09	0.8118
	1990～1995年	572	339.70	0.8280	593	304.78	0.7217
	1995～2000年	651	321.93	0.7614	597	294.16	0.6187
	2000～2005年	628	25.73	0.7597	592	314.09	0.6325
	2005～2010年	695	328.67	0.7683	594	330.20	0.6785
	2010～2015年	714	323.70	0.7477	613	318.87	0.7785
广西	1985～1990年	934	228.39	0.2690	720	13.48	0.1606
	1990～1995年	882	237.17	0.3345	637	8.16	0.0930
	1995～2000年	935	234.47	0.2409	585	7.17	0.0675

省（自治区、直辖市）	时期	迁入流			迁出流		
		平均距离/km	平均方向/(°)	环形方差	平均距离/km	平均方向/(°)	环形方差
广西	2000~2005 年	843	213.42	0.2068	601	7.62	0.0576
	2005~2010 年	996	224.40	0.2215	637	9.13	0.0693
	2010~2015 年	992	218.10	0.2172	663	11.13	0.0942
湖南	1985~1990 年	819	281.35	0.8018	706	281.09	0.7090
	1990~1995 年	687	273.13	0.8607	657	280.53	0.4497
	1995~2000 年	717	251.28	0.8071	628	276.89	0.2623
	2000~2005 年	652	106.35	0.6991	631	283.61	0.3166
	2005~2010 年	709	153.15	0.9071	657	289.63	0.4217
	2010~2015 年	750	140.49	0.8823	667	291.92	0.5188
甘肃	1985~1990 年	979	165.16	0.4636	981	359.60	0.5755
	1990~1995 年	907	166.39	0.4759	1120	308.74	0.7837
	1995~2000 年	934	160.78	0.5068	1230	308.02	0.8805
	2000~2005 年	1002	163.97	0.5427	1261	355.04	0.6216
	2005~2010 年	1028	158.61	0.3491	1220	356.96	0.5469
	2010~2015 年	1066	165.84	0.3708	1257	355.00	0.5081
湖北	1985~1990 年	759	310.19	0.7151	760	74.46	0.8924
	1990~1995 年	793	329.97	0.6910	804	285.19	0.8994
	1995~2000 年	711	324.91	0.8025	825	276.98	0.5332
	2000~2005 年	766	306.94	0.8836	777	293.73	0.4879
	2005~2010 年	725	334.60	0.9227	769	306.90	0.5888
	2010~2015 年	742	271.66	0.9566	777	307.99	0.6837
四川	1985~1990 年	1118	181.85	0.5481	1211	358.13	0.4400
	1990~1995 年	1132	160.83	0.5301	1291	347.74	0.4525
	1995~2000 年	906	150.89	0.4394	1263	335.65	0.2908
	2000~2005 年	1089	155.67	0.3512	1319	342.59	0.1947
	2005~2010 年	1021	161.23	0.3527	1279	344.97	0.2105
	2010~2015 年	1096	165.19	0.3575	1197	346.22	0.2429
山西	1985~1990 年	666	132.21	0.6352	595	335.27	0.5461
	1990~1995 年	698	124.10	0.6540	593	348.42	0.4990
	1995~2000 年	704	103.83	0.6033	654	337.45	0.6069
	2000~2005 年	709	112.30	0.5378	668	350.31	0.5934
	2005~2010 年	683	121.34	0.4632	696	345.47	0.5989
	2010~2015 年	716	120.09	0.5081	694	336.59	0.5385

　　安徽迁出流的平均距离小于其迁入流的平均距离，而且安徽的迁入、迁出流平均距离整体上都随时间呈减少的趋势，而且其迁入、迁出流的距离在 10 个重要人口来源地中都是最小的，说明迁入和迁出安徽的人口都更倾向于进行相对较短距离的迁移。迁入、迁出河南的迁移流平均距离在研究期内均呈现波动中整体减小的趋势，迁入流平均距离小于迁出流平均距离。贵州的迁入、迁出流平均距离都呈现整体增加的趋势，其迁出流平均距离大于迁入流平均距离。江西的迁出流平均距离在 600km 左右波动，变化不大，而迁入流平均距离呈波动增加趋势，迁入流平均距离在前两期小于迁出流平均距离，后四期超过同期的迁出流平均距离。

6.3.2.2　省际人口迁移的平均方向和环形方差

　　2010~2015 年，迁入北京的迁移流平均方向为 66.47°，在这个方向上的地区主要有河北、河南、四川、重庆、贵州五个人口主要来源地，所占迁入人口比例排名前 5 的依次为河北、河南、山东、山西和黑龙江，其比例分别为 21.66%、11.71%、8.72%、5.64% 和 4.87%，占比超过了 50%。迁入北京的环形方差为 0.3224，表明其作为全国的政治中心，与全国各地联系多，地区开放程度较大。北京迁出人口流的平均方向为 225.14°，在这个方向上经过的地区主要有河北、河南、安徽、广东和山东等，而所占迁出人口比例排名前 5 的依次为河北、河南、广东、天津和浙江，其比例分别为 17.53%、6.74%、6.61%、6.20% 和 5.99%，可以看出在 2010~2015 年迁出北京的人口数约有 20% 迁入河北，是排名第二的 3 倍左右，而按照之前主要流的分析，河北和河南两地与北京已经形成了很好的迁移人口交换流系统。迁出北京的环形方差为 0.2884，与迁入北京的迁移流相比，迁出北京的迁移流更加平均地分散在全国各地。

　　从迁移平均距离的覆盖范围和长度来看，北京的迁入人口主要为中等距离迁入，主要迁入的省（自治区、直辖市）是一些距离北京不太远且与其经济差距较大的中部人口大省（自治区、直辖市），如北京附近的河北、河南。近些年来，这些周边省（自治区、直辖市）与北京的经济差距日益拉大，人均收入偏低，农村剩余劳动力多，人口压力大，北京对它们的吸引力非常大。相比较而言，北京的迁出规模较小，主要为中远距离迁出，其迁出方向主要是上述的迁入大省（自治区、直辖市）和一些距离较远的发达地区，所以北京的人口平均迁出距离要大于平均迁入距离。根据雷文斯坦的人口迁移规律，每个主要的迁移流都会产生一个补偿性的反迁移流（Ravenstein，1889），所以在分析迁出情况时，发现迁出的主要地区大多是迁入的主要地区，表现为一种回迁的趋势。人口真正迁出的省（自治区、直辖市）是那些距离较远的发达地区。例如，北京迁往广东、天津、浙江、江苏和上海的人数占总迁出人数的比例排名依次为第三（6.61%）、第四（6.20%）、第五（5.99%）、第六（5.52%）和第十（4.56%）。这也和作者之前的结论吻合，北京在我国的人口迁移系统中真正起到了人口再（重）分布器的作用，吸引着来自周边与之经济发展水平差异大的省（自治区、直辖市）的人口迁入，同时从其迁出的人口更偏向于迁往中长距离的经济发达省（自治区、直辖市）。

6.4　本章小结

本章通过对全国省级层面的人口迁移主流向、主要流的分析，以及人口迁移的平均距离、平均方向和环形方差等的实证研究，来介绍人口迁移流向的主要研究思路及相关的指标和方法应用。

总体来说，中西部地区为重要的人口迁出来源地，并且随时间推移越来越明显。西南经济区是西部到东部的最大迁出中心，这一区域以四川最为明显。而中部地区的安徽、河南、湖南、湖北和江西都对人口输出起到了重要的作用。迁入中心主要分布在珠三角地区、长三角地区和京津冀地区，从1995年起，福建也成为一个新的迁入中心，可见迁入中心有多极化的趋势。距离在省际人口迁移中还起到一定的阻碍作用，表现在相邻省（自治区、直辖市）的人口迁移占到前30位迁移流的半数以上。

全国大部分省（自治区、直辖市）的迁入、迁出人口来源地和目的地既不是完全集中的，又不是完全分散的。我国主要人口迁移目的地的迁移人口来源分布并不是均匀地分散在全国各地，而是相对集中在特定的省（自治区、直辖市），尤其是广东，其较为集中地吸引着周边省（自治区、直辖市），如广西、湖南等省（自治区、直辖市）的迁移人口，但是迁入这些省（自治区、直辖市）的人口来源地在研究期间趋向于更加均匀地分布。我国的主要人口来源地迁出的人口也大多集中地迁入特定的省（自治区、直辖市），而且迁出的人口更加集中地迁入某些特定的省（自治区、直辖市）。

北京作为全国的政治中心，与全国各地联系多，地区开放程度较大，表现为迁入、迁出北京的迁移流较为均匀地分散在全国各省（自治区、直辖市）。2010～2015年，迁入、迁出北京的迁移流平均方向分别为66.47°和255.14°，主要吸引着邻近的并且与其经济差距较大的省（自治区、直辖市）的人口，而且表现为一定的回迁流。迁出北京的平均距离要大于迁入北京的平均距离，也是"迁移距离"阻尼作用减弱的一种表现。

第7章 中国人口迁移时空格局演变的动力机制

7.1 人口迁移影响因子指标体系构建

人口的迁移流动与一个国家的政治、经济、社会形势密切相关，并有其深刻的经济根源。任何一个地区都同时存在某些吸引人口迁入的因素和某些排斥人口迁入的因素；当然，有一些因素对某些人来讲，是无关紧要的。人口迁移正是这些因素综合作用的结果。按照 Lee（1966）的总结，引起和影响人口迁移的因素有四方面：一是原居住地的因素（factors associated with the origin area）；二是迁入地的因素（factors associated with the destination area）；三是中间障碍因素（intervening obstacles）；四是迁移者个人因素（migrants' personal factors）。在对人口迁移影响因素分析中，多数学者认为地区经济差异的持续扩大是人口发生空间变化过程的主要动因（Johnson，2003；Fan，2005）；也有研究指出地区的区位条件、产业结构及迁移政策等非经济因素对人口空间过程也有较大影响（Shen，1996；Liang and White，1996；Zhang and Song，2003）。

20 世纪 80 年代以来，改革开放为国内的人口迁移提供了更自由的环境，加之大规模人口迁移数据的可获得性提高，大量的国内外学者都尝试进行基于重力模型的人口迁移影响因素的研究（王桂新，1993；Pannell and Ma，1997；杨云彦等，1999；Shen，1999；Fan，2005）。但是较少有研究把关注点放到导致人口迁移的推拉力区分上，而且以往的学者多把关注点集中在某一时间断面影响因素的研究上。随着发展，影响人口迁移的因素也在不断发生改变。因此，影响因素的选择和量化随着研究区域与时间的改变而有很大的区别。归纳来讲，影响人口迁移的因素主要包括迁出地与迁入地间距离，两地经济水平、收入、工作机会、自然资源差异，迁移者受教育水平、性别、年龄，以及先前迁移人口网络等的影响。

7.1.1 迁出地、迁入地因素

通常，人们对迁入地和原居住地各种因素的评价，会受到主观感受和客观条件的影响，也受个人生命周期的影响。例如，适宜的气候对每个人来说可能都是拉力因素；好的教育设施对学龄儿童的父母来说可能是拉力因素，但对没有孩子的人来说则可能是推力因素，因为维持好的教育设施，意味着纳税人将要多纳税。

7.1.1.1 经济因素

经济因素是影响人口迁移的重要原因，这一点已被学术界普遍接受。经济因素中主要包括人均 GDP、城乡居民平均收入、就业机会、失业率、区域经济规模、地区收入与工资差距等。

经济收入因素对人口迁移产生的作用机制：在经济收入水平较低地区的人口向经济收入水平较高地区迁移的情况下，迁出地的经济收入因素将主要作为推排人口迁移的推力发生作用，迁出地收入水平越低，推排人口迁出的作用越强，人口迁出越多，迁出地收入因素对人口迁移的影响作用越强；迁入地的经济收入因素对主要作为吸引人口迁入的引力发生作用，收入水平越高，吸引人口迁入的作用越强，人口迁入越多，迁入地收入因素对人口迁移的影响作用也越强。然而，迁出地的经济收入因素对人口迁移还会产生另外一个作用机制，即激发机制：随着现代社会的发展，通常是区域经济发展水平（收入水平）越高，其人口流动性越大，如北京、上海、天津三大直辖市，经济发展水平居全国前列，人口迁出率也几乎都高于一般省（自治区、直辖市）。在这种情况下，迁出地经济收入因素对人口迁出的作用就主要表现为激发作用。除了收入水平，经济因素的另一方面是区域经济规模水平，因为区域经济规模往往对其人口抚养能力（或人口承载能力）和劳动就业容量有着决定性作用，所以以区域经济规模多与人口规模有密切联系。迁入地的经济规模往往对其吸纳人口迁入的容量有很大的决定作用，经济发展水平再高，如果规模、容量有限，也难以吸纳更多的人口迁入。迁出地的经济规模，一般也与其人口规模具有比较密切的正相关关系，若经济规模较大，其人口规模也大多比较大。因此，迁出地的经济规模，在一定意义上可以反映其作为供给和排放人口迁出的供排潜力效应。在实际分析中，可将居民人均消费水平作为工资或生活水平的参照系，对于经济规模，可用地区的实际 GDP 来衡量。

7.1.1.2 社会文化因素

中国具有很强的社会文化传统，人口迁移不仅与经济政策因素有关，也与一些社会文化因素有关。王桂新（1996）认为地区间文化与历史的渊源关系影响人口迁移方向。实际应用中，考虑到量化的可行性，主要采用"迁移人口存量"指标。迁移人口存量主要是通过社会网络对迁移流向起作用来影响劳动力迁移的，由于先前迁移的亲友可以为后来迁移的亲友提供信息和其他帮助，减少迁移风险，从而对其迁移产生影响，但影响的程度对户口迁移和非户口迁移来说可能是不一样的，非户口迁移中的亲友效应更为突出（杨云彦等，1999）。根据赵树凯（1995）的调查，目前我国迁移的人口绝大多数是通过家里人、亲戚朋友、同村人的介绍，或从他们那里获取有关信息才得以迁移的。

此外，一个地区的开放程度也影响迁移。杨云彦等（1999）把外商直接投资（FDI）作为影响省际人口的一个变量，得出的结论是，FDI 对省际人口迁移呈正响应，对非户口迁移的正响应十分明显，这与外资企业大多为劳动密集型、雇佣大量农村劳动力有关。对于中国，南北方文化的差异、地区生活饮食习俗差异等也对人口迁移空间格局有一定的影响。

7.1.1.3 自然因素

自然因素（包括资源、环境等因素）对人口迁移无疑具有一定的影响。王桂新（1994）认为地理与生态环境条件的恶化是引起农村人口迁移的重要原因之一。自然因素主要包括资源、气候和环境条件。

资源的丰富与贫瘠对人口迁移也产生重要影响。部分学者通过对新疆、黑龙江等的调查，发现这些省（自治区、直辖市）的劳动力较少外流，而中部农业省（自治区、直辖市）农村劳动力大量外流，这就是人口会向土地资源更富裕的地区迁移的很好例证。对资源的丰富度的衡量，可用人地比变量反映人均耕地的情况，一般来说，人地比越大，人口外迁越多。

气候的好坏，环境状况的优劣对人口迁移也有一定的影响，特别是环境质量，已成为人们选择居住地的重要因素之一，在我国，随着人们环保意识和健康意识的提高，一部分人往往倾向于向环境优良、具有经济活力的大中沿海城市流动。气候条件的量化可用两地年均降水量、平均气温差衡量，环境状况可以用海拔和地形景观类型衡量。

7.1.2 中间障碍因素

迁移受迁出地和迁入地之间各种中间阻碍因素，如距离和迁移成本的影响。由于人口迁移是一种人口在空间中的移动现象，因此距离便成为衡量和影响人口迁移的基本地理要素之一。尤其对于人类发展早期，距离是影响人们迁移行为的最重要的因素之一，由于经济发展水平不高和交通不便，人们一般倾向于短距离流动，即使是长距离的流动，也仅集中在规模较大的工商业中心城市，对于吸引迁移人口的中心，迁移距离越大，迁入人口越少。大多数文献表明，迁移距离与迁移成本成正比，与迁移率成反比，这里距离可以理解为交通距离、直线距离、心理距离、人口重心距离、时间距离和经济距离等，也可用时间、费用等替代。距离因素对人口迁移产生的影响主要是：较大的迁移距离增加了交通成本、弱化了社会网络关系和目的地的就业信息，减少了迁移者的收益预期，同时由于迁移人口对迁入地的信息了解更少，也增加了迁移的不确定性和迁移的风险。此外，远离家人和朋友，去适应新的环境，也需要承担很多不便和付出心理成本。距离也是以往迁移或亲友迁移的一个参照系。可见，迁移距离上升降低迁移发生概率。

在实际应用中，有的学者用各地区间政府所在地的直线距离，而有的学者考虑到中国人口迁移主要是靠铁路运输实现迁移，选用各地区政府所在地之间的铁路距离，还有学者用人口或经济重心的距离，他们的研究结果也有一定的分歧（王桂新，1992；翟锦云和马建，1994；杨云彦等，1999）。

7.1.3 迁移者个人因素

人口迁移不是均匀地发生在每个人身上，相反地它具有较强的选择性。迁移者的人口学特征，如年龄、性别、婚姻状况、教育水平、职业和生命周期，对迁移决策具有重大的影响。大量的研究表明，迁移倾向随着年龄的变化而变化，迁移峰值年龄出现在 20～29 岁。同时，男性比女性迁移风险高也是长期以来公认的事实。一般来讲，年轻力壮、受教育水平较高的人，更倾向于迁移。总体来看，已婚人口迁移率较单身者迁移率低，尤其是单身女性迁移率较高，但是这并不意味着不同时间、不同地方，迁移的选择性会一成不变。在不同背景下，迁移者特征表现各不相同，性别、年龄、个性、文化水平、敏感程度、对其他地区的认识程度、与外界接触的方式等都会影响迁移者对原居住地和迁入地的评价，从而影响其迁移决策。

7.2　人口迁移时空格局动力机制

7.2.1　基于重力模型的建模理论与方法

重力模型类似于牛顿的万有引力定律：从区域 i 迁到区域 j 的人口数量 M_{ij}，正比于两地的人口规模 P_i 和 P_j，反比于两地之间的距离 D_{ij}，

$$M_{ij} = K \cdot \frac{P_i^\alpha \cdot P_j^\beta}{D_{ij}^\gamma} \tag{7-1}$$

式中，K 为常数；参数 α、β、γ 为待估算值。

引力模型是西方最早用来解释人口迁移的数理分析模型，也是一个比较成功且应用性很强的模型。但是引力模型没有涉及人口迁移的原因和动机，不能满足对人口迁移的内在机理进行分析的要求。因此，本书通过添加代表迁出地和迁入地社会经济的变量来扩展原引力模型：

$$M_{ij} = K \cdot \sum_k X_{ik}^{\alpha_{1k}} \cdot \sum_k X_{jk}^{\alpha_{2k}} \cdot D_{ij}^\beta \cdot MS_{ij}^\gamma u_{ij} \tag{7-2}$$

式中，X_i 和 X_j 分别为两区域间的社会经济因素变量；MS_{ij} 为两区域间的迁移人口存量。通常假设误差 u_{ij} 符合正态分布且满足 $E(u_{ij} \mid \sum_k X_{ik}, \sum_k X_{jk}, D_{ij}, MS_{ij}) = 1$，而且方差恒定，从而独立于回归系数，于是

$$E(M_{ij} \mid \sum_k X_{ik}, \sum_k X_{jk}, D_{ij}, MS_{ij}) = K \cdot \sum_k X_{ik}^{\alpha_{1k}} \cdot \sum_k X_{jk}^{\alpha_{2k}} \cdot D_{ij}^\beta \cdot MS_{ij}^\gamma \tag{7-3}$$

对式（7-3）两边取对数，得

$$\ln M_{ij} = \ln K + \sum_k \alpha_{1k} \ln X_{ik} + \sum_k \alpha_{2k} \ln X_{jk} + \beta \ln D_{ij} + \gamma \ln MS_{ij} + \ln u_{ij} \tag{7-4}$$

7.2.2　人口迁移动力机制的单因子分析

实质上，迁移就是迁移人口对来源地和目的地之间的空间差异做出反映的结果。这种空间差异可能是自然的、经济的、社会的、文化的，或者是很多因素的综合作用。影响迁

移流从 i 地迁往 j 地的力可以分解为"拉力"和"推力"，这两种力还可以再细分（King，1978）。拉力或者吸引力可以表现为保持力或者向心力，可以这么理解：如果保持力作用在迁出区域 i 上，那么任何和该力相关的自变量值的增加都可以看作这个区域吸引力的增加，因而迁移流 M_{ij} 减少。另外，如果吸引力作用在迁入区域 j 上，迁移流 M_{ij} 相应地趋向于增大。同样地，推力或者发散力可以表现为驱逐力或者排斥力。如果驱逐力作用在迁出区域 i 上，那么任何和该力相关的自变量值的增加都会降低该地居民在此居住的意愿，因而会引起迁移流 M_{ij} 的增加。相反地，如果排斥力作用在迁入区域 j 上，那么迁移流 M_{ij} 就会减少。

本节将要讨论式（7-3）中包含的影响因子变量的理论意义及测算方法，还有它们的定义和概念（表7-1）。按照人口普查数据，所有变量取五年的平均值：1985 ~ 1990 年、1990 ~ 1995 年、1995 ~ 2000 年、2000 ~ 2005 年、2005 ~ 2010 年和2010 ~ 2015 年。需要强调的是，这里的目的绝不是搭建一个中国省际人口迁移"完善的"或者"全面的"模型，即使这是有可能的。作者只是在试图探究一些已经被广泛接受的关于人口迁移的概念是否适合用来理解中国的人口迁移情况，以及距离、人口、经济、社会等因素在多大程度上影响中国的省际人口迁移。

7.2.2.1 距离

每个迁出地—迁入地省（自治区、直辖市）之间的距离用其省会间的交通距离来计算，通常情况下采用火车/高铁的距离，因为大部分迁移人口主要通过这种方式迁移。距离通常被认为是"阻碍"或者"衰减"的因素，所以假设距离越长，迁移的成本越高，迁入地的社会网络和信息越少，迁移人口受到阻碍的方面越多。从第6章图6-1可以看出六期数据中都有一些相对稳定、集中的迁移流在相近迁入地、迁出地省（自治区、直辖市）之间。例如，广西、湖南、江西和广东之间的人口迁移，安徽和江苏、浙江之间的人口迁移，都遵循了"邻近优先"的人口迁移原则。

7.2.2.2 人口规模

通常来讲，人口规模是通过它的集聚效应和经济机会来作用于人口迁移规模的，所以人们总是从人口稀疏区迁到人口密集区。Greenwood 在 1971 年就指出人口迁移规模和目的地人口规模成正比，和来源地人口规模成反比（Greenwood，1971）。由于同时–相等偏差，Fields（1982）没有考虑该因素，因为美国迁出、迁入地人口规模在很大程度上取决于前期移民。但对于中国，每个省（自治区、直辖市）的人口数受人口迁移影响的程度较小，正如 Chan 等（1999）所提，我国的人口基数非常大。由于我国每个省（自治区、直辖市）面积相差很大，例如，新疆面积为 166.49 万 km²，而上海只有 6340km²，因此每个省（自治区、直辖市）的人口数无法准确反映人口因素对迁移的影响。本节采用每个省（自治区、直辖市）的人口密度来代表人口规模，该指标可以认为是一个众多因素的"综合"指标。人口密度高的省（自治区、直辖市）比人口密度低的省（自治区、直辖市）提供更多的"连接点"，就有可能吸引更多的迁移人口和留住更多的当地居民，反之，就驱逐更多的当地居民和抵制外来迁移人口。因此，可以假设保持力和驱逐力都可能作用于迁出地，而吸引力和驱逐力都可能作用于迁入地。

表7-1 统计分析中影响因子的测算方法及数据来源

第一层次影响因子	第二层次影响因子	测量指标	均值						标准差					
			1985~1990年	1990~1995年	1995~2000年	2000~2005年	2005~2010年	2010~2015年	1985~1990年	1990~1995年	1995~2000年	2000~2005年	2005~2010年	2010~2015年
距离因素	D_{ij}	迁入、迁出地区的省会间铁路距离/km	1874.9						1002.6					
人口因素	P_i P_j	迁入、迁出省（自治区、直辖市）人口密度/（人/km²）	306.4	330.0	350.2	375.8	408.3	446.5	375.6	402.8	430.2	499.7	595.5	693.4
		$P_i=\bar{P_i}/A_i$，这里 $\bar{P_i}$ 为省（自治区、直辖市）i 的人口数，A_i 为该省区的面积												
经济因素	Inc_i Inc_j	城乡居民平均收入（居民人均可支配收入）/元	733.3	1587.0	3330.3	4968.0	9986.2	18258.8	258.6	714.0	1553.7	2622.4	4781.9	7692.8
		$\mathrm{Inc}_i=(P_{u,i}\times\mathrm{Inc}_{u,i}+P_{r,i}\times\mathrm{Inc}_{r,i})/(P_{u,i}+P_{r,i})$，这里 $P_{u,i}$ 为城市劳动力人数，$\mathrm{Inc}_{u,i}$ 为城镇居民人均可支配收入，$\mathrm{Inc}_{r,i}$ 为农村居民人均可支配收入，$P_{r,i}$ 为农村劳动力人数												
社会文化因素	MS_{ij}	移民存量/%	—	3.57	3.69	3.33	3.33	3.33	—	5.84	7.46	6.97	7.07	6.35
		$\mathrm{MS}_{ij}=M_{ij}/\sum M_{ij}$，这里 $\sum M_{ij}$ 为 i 省（自治区、直辖市）所有迁出量												

数据来源：《中国统计年鉴》（1986~2016年）。

7.2.2.3 收入

获得更高的收入是大部分人口迁移的动机，换句话说，迁移人口关注更多的是他们在迁移决策过程中获得的实际利益。毕竟，迁移是一个个体的、微观的行为。因此，这里选用城乡劳动者的平均收入而不是宏观的像 GDP 之类的指标来衡量每个省（自治区、直辖市）的经济发展水平。将它作为通过迁移获得的潜在期望经济收益或损失的代理和支持迁移的经济能力。有假设迁出地收入（Inc_i）的增加既可以是保持力也可以是驱逐力，相应地减少或者增加人口外迁的可能性。也就是说，人口来源地平均收入的增加可以保留住原有居民；或者财政支持增加，提高了迁移能力，从而加速了人口外迁。因此，Inc_i 没有明显的预期标志。然而，迁入地收入（Inc_j）的增加则一定会提高从 i 地到 j 地迁移的可能性，产生吸引力。因此，可以预期这个变量的系数为正。

7.2.2.4 迁移人口存量

迁移人口存量被用来代表迁移人口网络的强度，其测算的是前一期从来源地 i 迁到目的地 j 的迁移人口数量。Greenwood（1969）提出，如果不考虑存量变量，会导致过高估计或者使模型中的其他变量的直接影响变模糊。Rozelle 等（1999）和 Chan 等（1999）也指出迁移人口存量对中国有很重要的意义，Fan（2005）证实了迁移人口存量随时间推移已经成为最重要的影响因素之一。巨大的迁移人口存量使得附加迁移更有可能，正如蔡昉（2001）发现的，82.4% 的省际迁移人口是从同乡、朋友、亲戚那里了解到目的地的预期信息和工作机会而进行迁移的。因此，本节引入迁移人口存量，并且可以预期该变量为正值。

7.2.3 基于主成分分析的人口迁移机制的多因子分析模型

将以上描述信息及假设作为指导，将逐步回归结合重力模型方法作为框架，本节分析六期数据的 930 个省际迁移流[①]。表 7-2 分别展示了六期 M_{ij} 与六个变量之间的相关系数。基于 M_{ij} 与其他六种变量的皮尔逊相关系数，结果证实，M_{ij} 与所选择的绝大部分变量都高度相关，在显著水平 0.01 的情况下，只有六期的迁出地人口（P_i）以及后四期的迁出地收入水平（Inc_i）没有标识星号。

表 7-2　各变量相关系数（皮尔逊相关系数）

变量	1985~1990 年	1990~1995 年	1995~2000 年	2000~2005 年	2005~2010 年	2010~2015 年
D_{ij}	−0.3204*	−0.2709*	0.2442*	−0.2169*	−0.1873*	−0.1644*
P_i	−0.0356	−0.0191	−0.0165	−0.0079	−0.0238	−0.0163
P_j	0.1446*	0.1412*	0.1016*	0.1490*	0.1802*	0.1785*

---

① 第一期数据缺少西藏和重庆的相关数据，第二期数据缺少重庆的相关数据。

变量	1985～1990 年	1990～1995 年	1995～2000 年	2000～2005 年	2005～2010 年	2010～2015 年
Inc_i	−0.1163*	−0.0944*	−0.0733	−0.0712	−0.0725	−0.0511
Inc_j	0.1508*	0.1978*	0.1950*	0.2192*	0.2810*	0.1805*
MS_{ij}	—	0.4040*	0.6984*	0.7799*	0.7849*	0.8262*

* 重要性在 0.01 水平。

表 7-3 展示了六期 M_{ij} 和所选择六种变量之间的最终逐步回归分析结果。在 1985～1990 年，五个变量先后被选出来解释 M_{ij}、包括 D_{ij}、Inc_i、Inc_j、P_j、P_i，决定系数 R^2 为 0.3935，说明此时重力模型还不是很适用于中国人口迁移。标准化回归系数显示在该时期最重要的变量为距离（D_{ij}）；迁出地、迁入地收入水平依次为第二、第三重要变量；然后是迁入地、迁出地人口密度。在 1990～1995 年，六个变量被选出（Inc_i、MS_{ij}、Inc_j、D_{ij}、P_i 和 P_j），R^2 为 0.7050。其中，迁出地收入水平（Inc_i）是最重要的解释变量，迁移人口存量（MS_{ij}）为第二重要影响因素，其他变量的重要性顺序为 $Inc_j>D_{ij}>P_i>P_j$。在 1995～2000 年，R^2 为 0.7234，指标重要性顺序为 $Inc_i>MS_{ij}>Inc_j>P_i>D_{ij}>P_j$；在 2000～2005 年，$R^2$ 为 0.7286，指标重要性顺序为 $Inc_i>MS_{ij}>P_i>Inc_j>D_{ij}>P_j$；在 2005～2010 年，迁入地人口密度（$P_j$）指标被剔除，$R^2$ 为 0.7454，其余指标重要性顺序为 $Inc_i>P_i>MS_{ij}>Inc_j>D_{ij}$；在 2010～2015 年，迁入地人口密度（$P_j$）和距离（$D_{ij}$）指标被剔除，$R^2$ 为 0.7391，其余指标重要性顺序为 $Inc_i>MS_{ij}>P_i>Inc_j$。

多元回归方程如下。

1985～1990 年：

$$M_{ij}=-1.2646D_{ij}+0.0775P_i+0.2020P_j-1.0701Inc_i+0.3435Inc_j+21.1881 \qquad (7-5)$$

1990～1995 年：

$$M_{ij}=-0.4056D_{ij}+0.3029P_i+0.0917P_j-1.1758Inc_i+0.5379Inc_j+10.5986 \qquad (7-6)$$

1995～2000 年：

$$M_{ij}=-0.3619D_{ij}+0.4161P_i+0.0915P_j-1.5993Inc_i+0.5735Inc_j+0.6516MS_{ij}+16.7152$$
$$\qquad (7-7)$$

2000～2005 年：

$$M_{ij}=-0.3079D_{ij}+0.5940P_i+0.1377P_j-1.5849Inc_i+0.4406Inc_j+0.8297MS_{ij}+16.2704$$
$$\qquad (7-8)$$

2005～2010 年：

$$M_{ij}=-0.2430D_{ij}+0.6072P_i-1.9203Inc_i+0.5801Inc_j+0.5887MS_{ij}+21.6354 \qquad (7-9)$$

2010～2015 年：

$$M_{ij}=0.6631P_i-1.9444Inc_i+0.3584Inc_j+0.7359MS_{ij}+27.1925 \qquad (7-10)$$

由人口迁移机制的多元逐步回归分析结果可以得出以下结论。

表 7-3 多元逐步回归结果

自变量	1985~1990 年			1990~1995 年			1995~2000 年			2000~2005 年			2005~2010 年			2010~2015 年		
	Beta	Std	t	Beta	Std	t	Beta	Std	t	Beta	Std	t	Beta	Std	t	Beta	Std	t
D_{ij}	-1.2646	0.0745	-16.97	-0.4056	0.0535	-7.58	-0.3619	0.0574	-6.3	-0.3079	0.0659	-4.67	-0.2430	0.0690	-3.52	—	—	—
P_i	0.0775	0.0393	1.97	0.3029	0.0292	10.36	0.4161	0.0278	14.98	0.5940	0.0297	19.97	0.6072	0.0273	22.26	0.6631	0.0304	21.78
P_j	0.2020	0.0392	5.15	0.0917	0.0238	3.86	0.0915	0.0276	3.31	0.1377	0.0290	4.75	—	—	—	—	—	—
Inc_i	-1.0701	0.1567	-6.83	-1.1758	0.1014	-11.60	-1.5993	0.1042	-15.35	-1.5849	0.1031	-15.38	-1.9203	0.1004	-19.13	-1.9444	0.1234	-15.75
Inc_j	0.3435	0.1567	2.19	0.5379	0.0925	5.81	0.5735	0.1058	5.42	0.4406	0.1039	4.24	0.5801	0.0865	6.71	0.3584	0.1311	2.73
MS_{ij}	—	—	—	1.0826	0.0250	43.29	0.6516	0.0241	26.96	0.8297	0.0303	27.37	0.5887	0.0221	26.68	0.7359	0.0290	25.41
常数	21.1881	1.4560	14.55	10.5986	0.9788	10.83	16.7152	1.1549	14.47	16.2704	1.1983	13.58	21.6354	1.2139	17.82	27.1925	1.1462	23.72
R^2	0.3935			0.7050			0.7234			0.7286			0.7454			0.7391		
Adjusted R^2	0.3897			0.7034			0.7214			0.7268			0.7440			0.7378		
F	104.59			439.74			376.52			412.98			541.12			570.89		

注：Beta 是标准化回归系数。

Std 是标准化回归系数的标准误差。

t 是标准化回归系数检验的 t 值。

Adjusted R^2 是调整后的离差平方和。

重要性在 0.01 水平。

采用的方法为逐步回归分析。

标准：去除 F 值对应的概率大于 0.1 的。

7.2.3.1 距离相关结论

标准化回归系数显示，距离在前三期毫无疑问是人口迁移流动的主要障碍因素，尤其是在 1985～1990 年，距离是最重要的影响因素。然而，随着时间的推移，距离的影响作用和重要性下降。在 2010～2015 年，距离没有被分步回归选出来，也意味着随着交通和通信技术的发展，距离的摩擦力随着时间而有减弱的趋势。

7.2.3.2 人口规模相关结论

结果表明，人口密度产生的是两种"相反"的作用。人口迁出省（自治区、直辖市）的人口密度为正值意味着其有推力的作用，也就是驱逐力在发挥作用。人口迁出省（自治区、直辖市）高的人口密度往往伴随着资源和就业机会的短缺，或者是竞争的激烈，这些都会使人口外移。迁出地人口密度的重要性和影响力随着时间推移而增加。然而，人口目的地的人口密度正值意味着吸引力的增加作用，也就是说，人口目的地的高人口密度会产生一种集聚作用来拉动人口迁入，但是这种吸引作用随着时间推移有降低的趋势，而且最后两期没有被分步回归选中。因此，人口来源地的人口规模发挥了强烈的推力作用，而目的地人口规模的拉力作用相对较弱。换句话说，在决定中国省际人口迁移流的影响因素中，来源地的推力作用要大于目的地的拉力作用。

7.2.3.3 收入相关结论

收入对于解释中国省际人口迁移影响因素非常重要，尤其是在 20 世纪 90 年代之后。结果显示，收入在来源地有推力的作用，在目的地有吸引力的作用。人口来源地收入水平越低，就会有越多的人口外迁，而越高的人口迁入地收入水平，就会有越多的人口迁入。迁出地收入水平重要性随时间的推移持续增加，而迁入地收入水平的重要性在前三期保持上升趋势，随后表现为波动下降趋势。这里，人口来源地收入水平的推力作用要大于目的地收入水平的吸引力作用，表明人口来源地的收入水平是塑造中国省际人口迁移 1985～2015 年格局的主导影响因素。

从表 7-3 可以看到，迁出地和迁入地收入水平相关系数在前三期呈现变大的趋势，揭示出 20 世纪 70 年代后期改革开放"让一部分人先富起来"的政策使得贫富差距加大。正是人口来源地的较低收入水平，确切地讲是省（自治区、直辖市）间的收入差距，成为人口在区域间迁移流动的主要动力，因此，迁移人口带着能拿到高收入的期望从经济不发达的地区（尤其是中西部地区）向更发达的地区迁移，这像几年前形成的向沿海发达地区迁移的"民工潮"现象。为了缩小区域之间发展的差距，我国已经从 1999 年底开始，提出了一系列的扶植政策来刺激中西部地区的发展，如中部崛起和西部大开发政策。

7.2.3.4 迁移人口存量相关结论

从表 7-3 可以看到，迁移人口存量的相关系数是正值，也就是说，大的迁移人口存量会带来更多的人口迁移。此外，把迁移人口存量加入回归分析中可以大大提高 R^2 的值，并且降低距离的阻尼作用。结果还显示，前期的迁移人口对后期迁移人口的影响力最大，而且在整个研究期间这种影响作用都非常显著，这主要是由于路径依赖作用，大部分的农民工都是依赖社会网络来获得目的地信息的。

7.3 本 章 小 结

本章主要通过分析不同影响因子对中国省际人口迁移的影响，来研究中国省际人口迁移时空格局的机理和机制。经济因素（收入）对人口迁移有最重要的影响，而且随时间推移有增大的趋势，人口来源地收入水平的推力作用要大于目的地收入水平的吸引力作用。距离因素的阻碍作用随着交通和通信工具的快速发展而逐渐减弱，迁移人口存量会带来更多的人口迁移。

第8章 | 中国人口迁移空间分布特征与趋势模拟

8.1 迁移人口密度分析

人口密度是人口分析研究中最为常用的指标，其定义为对象区域内单位面积的人数。这一概念是 1837 年爱尔兰建筑师哈奈斯最先提出来的，即人口数除以地域的总面积。为了便于研究，本节选用京津冀地区作为研究空间范围，将县级市作为研究尺度。前面研究已经得出北京、天津是我国重要的人口迁入目的地，而河北由于靠近这两个重要人口目的地而流失大量的人口，因此作为典型的人口迁移地来研究更小尺度的人口迁移空间规律有着非常重要的意义。本节以 2010 年京津冀行政区为准，将各地级市及各县级行政区作为一个独立的研究单元，共选取京津冀地区 131 个县市区作为研究对象。其中北京崇文区、宣武区于 2010 年 7 月 1 日撤销，分别合并到东城区和西城区；天津塘沽区、汉沽区、大港区于 2009 年 11 月 9 日撤销，合并成为天津滨海新区，本节为了研究方便，还采用原有的崇文区、宣武区以及塘沽区、汉沽区、大港区作为小的研究单元。迁移人口数据采用第四次（1990 年）、第五次（2000 年）、第六次（2010 年）全国人口普查分县数据中外省迁入本地区的迁入人口数据（表 8-1）。本章尝试采用 ArcGIS、Geoda、Sufer 软件和 GIS 空间分析相结合的方法，深入研究该区域迁移人口的空间格局及其随时间变化规律，并做出可视化模拟。

表 8-1　京津冀地区人口迁入情况　　　　　　　　　（单位：人）

地区	从外省迁入本地人口		
	1985~1990 年	1995~2000 年	2005~2010 年
北京	759 195	2 463 217	7 044 533
天津	244 607	735 033	2 991 501
石家庄	83 276	168 954	201 159
唐山	54 638	90 215	25 770
秦皇岛	36 168	101 670	8 011
保定	96 486	160 137	13 814
张家口	34 140	50 810	84 765
承德	13 024	16 923	49 752
沧州	66 867	86 099	100 997
廊坊	45 189	121 785	319 654
京津冀地区	1 433 590	3 994 843	10 839 956

京津冀地区地处东北亚的中心位置，位于我国华北平原北隅，同长三角、珠三角都市圈共同构成我国东部沿海最具经济活力的区域，京津冀地区包括北京、天津两个直辖市以及河北的石家庄、廊坊、保定、唐山、秦皇岛、沧州、张家口、承德 8 市[①]，土地面积为 18.50 万 km^2，2012 年底人口约为 9000 万人，地区生产总值约为 67 598 亿元，是我国北方地区的经济中心、科技中心、文化中心和全国的政治中心。

表 8-2 为京津冀地区迁入人口密度排名，图 8-1～图 8-3 为三期迁入人口密度分级图，可以看出迁入人口密度最高的地区为北京内城区，其次为天津市辖区、河北各市市辖区，迁入人口密度最低的地方主要分布在河北北部及其周围地区。

表 8-2 京津冀地区迁入人口密度排名 （单位：人/km^2）

排名	1985～1990 年		1995～2000 年		2005～2010 年	
	名称	人口密度	名称	人口密度	名称	人口密度
1	西城区	1518	宣武区	3539	宣武区	8345
2	宣武区	1385	西城区	3315	西城区	5651
3	东城区	1365	崇文区	2771	东城区	5247
4	崇文区	813	东城区	2696	崇文区	4615
5	天津市辖区	771	天津市辖区	1549	天津市辖区	3893
6	海淀区	466	石景山区	1350	朝阳区	3405
7	石景山区	270	海淀区	1325	海淀区	2932
8	朝阳区	266	朝阳区	1150	丰台区	2628
9	石家庄市辖区	218	丰台区	1073	石景山区	2206
10	丰台区	216	石家庄市辖区	482	塘沽区	940
11	通州区	110	秦皇岛市辖区	181	昌平区	632
12	保定市辖区	55	东丽区	152	石家庄市辖区	631
13	秦皇岛市辖区	54	塘沽区	128	大兴区	615
14	沧州市辖区	44	昌平区	114	大港区	577
15	唐山市辖区	32	大兴区	109	通州区	479
16	塘沽区	30	津南区	106	津南区	454
17	大港区	25	西青区	103	东丽区	442
18	东丽区	24	保定市辖区	103	西青区	396
19	大兴区	23	顺义区	96	北辰区	301
20	顺义区	22	北辰区	91	顺义区	273

---

① 以下如果无特殊注明，本书提到的京津冀地区均不包括河北的邯郸、邢台和衡水三市。

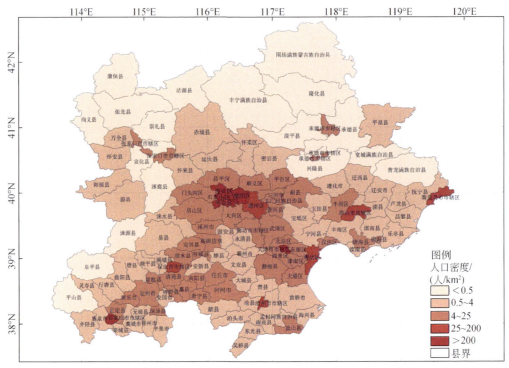

图 8-1 京津冀地区迁入人口密度分级图（1985～1990 年）

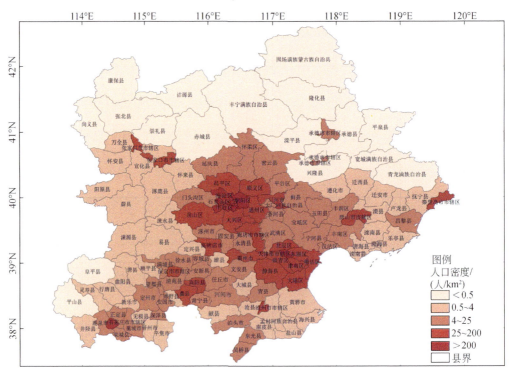

图 8-2 京津冀地区迁入人口密度分级图（1995～2000 年）

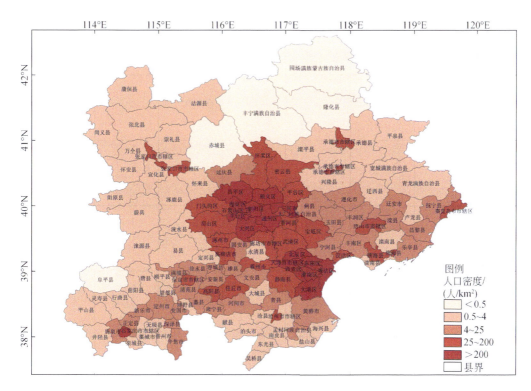

图8-3 京津冀地区迁入人口密度分级图（2005~2010年）

8.2 迁移人口重心分析

人口重心，或者说是一个区域内人口分布的平均点，是度量人口分布的一个重要指标。换句话说，这个点是支撑整个区域的平衡点，假设这个区域是一个刚性的平面，区域内的所有人口都分布在这个平面上，并且每个人的重要性都一样，那么每个人都会对这个平面平衡点的形成产生影响，这种影响力根据每个人到这个点的距离远近而不同。这个平衡点就是人口分布的重心，即每个人的作用力达到力矩平衡的点。

一般来说，计算区域的人口重心不可能精确到每个人，因此常将整个区域分成若干子单元（如区县），用每个子单元的人口数乘以其质心的横坐标并加总，再除以总人口数得到区域人口重心的横坐标，同理可得区域人口重心的纵坐标。当区域的子单元很多时，通常依靠计算机来得到人口重心的坐标值。各空间单元人口数的变化，必然引起人口重心的移动，因此研究人口重心的移动方向和移动距离有助于了解人口再分布的方向和强度（Plane and Rogerson，1994）。人口重心常用来测定该地区人口分布变迁状况，并通过人口重心移动轨迹及移动速度，揭示人口分布空间变化的特征和原因，为制定人口发展政策、区域社会经济发展规划提供决策依据。因此，采用比较先进的技术手段和方法，对人口重心移动轨迹进行动态研究，制作相应专题地图，具有较高的实用价值和意义（赵军和符海月，2001）。

人口重心的计算如下：

$$(x_{mc}, y_{mc}) = \left(\frac{\sum\limits_{i=1}^{n} p_i x_i}{\sum\limits_{i=1}^{n} p_i}, \frac{\sum\limits_{i=1}^{n} p_i y_i}{\sum\limits_{i=1}^{n} p_i} \right) \qquad (8\text{-}1)$$

式中，x_{mc}、y_{mc}分别为人口重心的横坐标、纵坐标；n为研究区域内空间单元（点或面）的数量；p_i为i单元的人口数；x_i、y_i分别为i单元的横坐标、纵坐标，通常规定其为经纬度坐标。如果i单元为多边形区域，通常取其质心或行政中心来代表它。

由式（8-1）可知，人口重心为各空间单元人口作用力达到平衡的点，所以用人口重心可以刻画各空间单元人口占总人口的比例的变化趋势。人口重心移动的方向即人口再分布的方向。人口重心移动的距离可以用来度量人口再分布的强度。

时空数据本身比较粗糙，或者精确计算耗时太久或成本高，所以在实际应用时人口重心常进行粗略的估计。在这种情况下，分析人员通过检查街道地图或航空影像来大致目测重心，当然这也需要充分考虑区域子单元人口密度。这种目测方法得出的人口重心误差比较大，现在一般都通过 GIS 软件得到。

8.2.1 全国人口重心时空格局分析

用各省（自治区、直辖市）1985～2015 年总人口和各省（自治区、直辖市）行政中心所在的经度与纬度得出 1985～2015 年每年人口重心的地理坐标，依次将各年人口重心地理坐标连接，从而绘制出 1985～2015 年我国人口重心空间动态演化图（图8-4）和人口重心经纬度变化图（图8-5）。

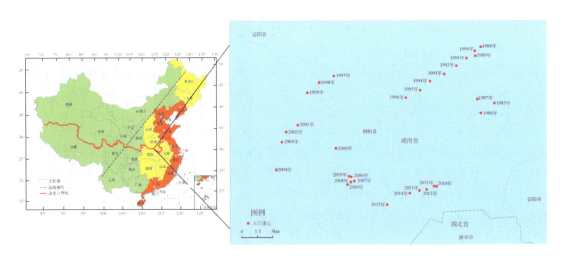

图 8-4　1985～2015 年全国人口重心空间动态演化图

从我国人口重心时空格局变化轨迹可以发现，人口重心的变动存在以下几个特点。

从整体上看，2000 年以前，我国人口重心呈现出缓慢、稳定地向由东北向西南方向移动的特点。1985~1999 年人口重心大致以 45°向西南方向偏移，2000 年有一次较大的向东南的偏移，2001 年向西北 45°偏移，2001~2004 年又继续向西南偏移，偏移方向与水平方向夹角大于 45°，2005 年又有一次向东南的波动，2006~2009 年保持在相对稳定的位置，2010 年向东有较大的偏移，2011~2015 年持续稳定地向西南偏移。从人口重心移动的距离上看，每年移动的距离 1985~1986 年、1986~1987 年、1996~1997 年、1999~2000 年、2000~2001 年、2009~2010 年偏移距离相对较大，其余年份都较为均衡，南北差距持续扩大。在 1985~2015 年，人口重心整体移动角度为−154.28°（西南方向，负号表示横坐标是变小的，即人口重心在方向上是向西变化的），直线移动距离为 32km。人口重心偏离自然地理重心（103.5°E，36°N），人口密集度东部高于西部、南方高于北方。

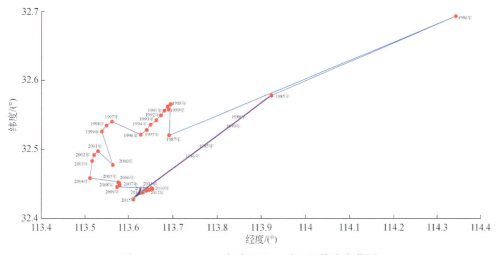

图 8-5　1985~2015 年全国人口重心经纬度变化图

造成人口空间变化的原因主要有两方面：一方面是区域人口的自然增长，另一方面是人口在区域间的迁移。在考察具体数据后，发现广州（113.26°E，23.12°N）处于原有人口重心的西南方。广东人口数由 1985 年的 6346 万人激增至 2015 年的 10 849 万人，共增加 4503 万人，年均增长 155 万人，是这 30 年来全国人口数增长最多、最快的省份。可见，广东的人口快速增长导致人口重心向东南方移动，而迁入广东的人口规模在六次全国人口普查、1% 人口抽查中也居于首位，从第一期的 125.72 万人，增加到第五期的 1387.44 万人，共增加 1261.72 万人，年均增长 50.47 万人，占人口变动的 1/3。到第六期迁入广东的人口规模下降为 1069.16 万人，年均增长下降为每年 31.83 万人。由此可见，我国区域间人口迁移在整个人口空间格局变化中发挥重要的作用。

8.2.2　人口迁入重心时空格局分析

用各省（自治区、直辖市）1985~2015 年迁入人口数和各省（自治区、直辖市）行政中心所在的经度与纬度得出 1985~2015 年六期人口迁入重心的地理坐标，依次将各期人口迁入重心地理坐标连接，从而绘制出 1985~2015 年我国迁入人口重心空间动态演化图（图 8-6）和人口迁入重心经纬度变化图（图 8-7）。

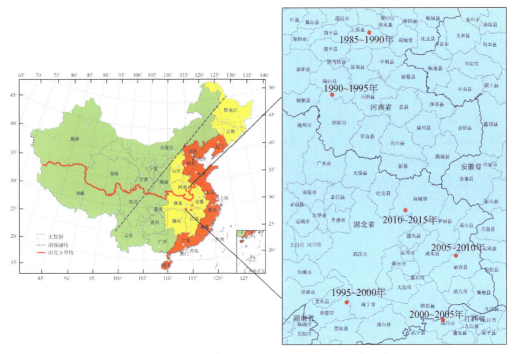

图 8-6　1985～2015 年全国人口迁入重心空间动态演化图

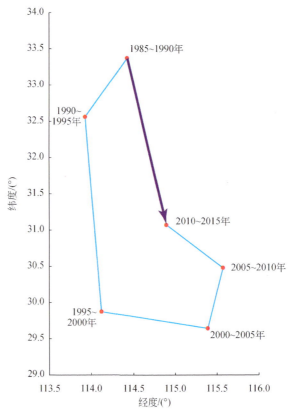

图 8-7　1985～2015 年全国人口迁入重心经纬度变化图

从我国人口迁入重心时空格局变化轨迹可以发现，人口迁入重心的变化幅度比人口重心的变化幅度要大，尤其是南北向偏移。后四期人口迁入重心比同期的人口重心更偏南、偏东，说明迁入人口在空间向东、向南的密集度要高于人口分布。第一期到第二期的人口迁入重心向西南（-121.39°左右）偏移，第二期到第三期人口迁入重心向东南偏移（-85.93°），第三期到第四期继续向东南偏移-10.14°，其中第二期到第三期的偏移距离较大，为298.00km，第四期到第五期人口迁入重心转而向东北方向（78.00°）偏移，第五到第六期人口迁入重心向西北方向（138.79°）偏移。人口迁入重心1985~2015年的整体移动角度为-78.39°（东南），直线移动距离为257.39km。

由此可见，20世纪90年代后，环渤海地区和长三角地区作为移民目的地的作用逐渐显露，使得人口迁入重心有向东南偏移的趋势。人口迁入重心比同期人口重心更偏南，说明迁入广东的人口对人口迁入重心产生影响的作用力比广东人口增长对人口重心产生影响的作用力要大，而且随时间推移作用力增加更多。

8.2.3 人口迁出重心时空格局分析

用各省（自治区、直辖市）1985~2015年迁出人口和各省（自治区、直辖市）行政中心所在的经度和纬度得出1985~2015年六期人口迁出重心的地理坐标，依次将各期人口迁出重心地理坐标连接，从而绘制出1985~2015年我国迁出人口重心空间动态演化图（图8-8）和人口迁出重心经纬度变化图（图8-9）。

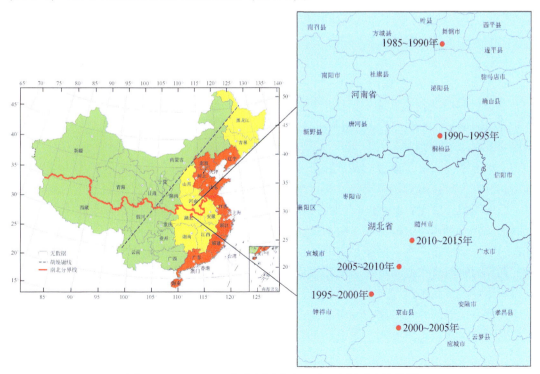

图 8-8　1985~2015 年全国迁出人口重心空间动态演化图

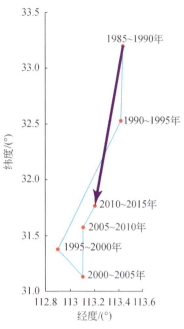

图 8-9　1985~2015 年全国人口迁出重心经纬度变化图

　　从我国人口迁出重心时空格局变化轨迹可以发现，人口迁出重心的变化幅度比人口重心的变化幅度要大，但小于人口迁入重心的变化幅度。总体上来说，人口迁出重心向南、向西偏移，后四期人口迁出重心比同期的人口重心更偏南、偏西，说明迁出人口在空间向西、向南的密集度要高于人口分布。第一期到第二期的人口迁出重心向西南（-91.43°左右）偏移，几乎垂直向南偏移；第二期到第三期人口迁出重心继续向西南偏移-114.15°；第三期到第四期向东南偏移-50.35°，同样也是第二期到第三期的偏移距离较大，为139.02km；第四期到第五期人口迁出重心几乎垂直向北偏移49.36km；第五期到第六期向东北方向回偏23.88km。人口迁出重心在这30年来的整体移动角度为-99.1°（西南），直线移动距离为159.9km。

　　由此可见，西南部省（自治区、直辖市）（四川、贵州、广西、湖南）作为主要的人口来源地对人口迁出的影响使得人口迁出重心比全国人口重心和人口迁入重心都偏西。

　　综上所述，由图 8-10 可以看出，人口重心在东西方向上的变化要大于在南北方向上的变化，即向西移动的幅度高于向南移动的幅度。人口迁入、迁出重心的变化幅度比人口重心的变化幅度无论从东西还是南北方向都要大，说明相对于变化较为缓慢的人口自然变动，人口的空间分布变动更容易受到人口迁移的影响。而人口迁入、迁出重心在南北方向上的变化要大于在东西方向上的变化，且都表现出先向西再向南偏的趋势。总体来说，人口迁入重心比同期的人口重心偏东南，人口迁出重心比同期的人口重心偏西南。人口迁入重心变化在南北和东西方向上的变动都要大于人口迁出重心的变化。

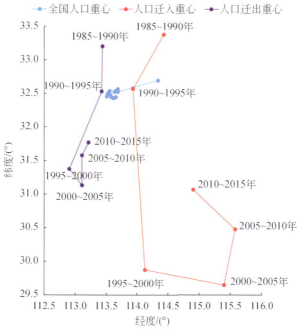

图 8-10　1985～2015 年人口重心经纬度变化比较图

8.3　迁移人口空间自相关分析

8.3.1　空间自相关模型

空间自相关模型是研究空间中某空间单元与周围单元间就某种特征值，通过统计方法进行空间自相关性程度计算的模型方法，其理论依据是空间邻近位置属性的相似性，即相近者相似，目的是认识与地理位置有关的数据间的空间依赖和空间关联，是认识某种地表现象空间分布特征的一种常用的模型方法。迁移人口在一定的地域环境下，并不是随机分布的，而是呈现一定的空间分布形态，近年来，许多社会和行为科学的研究开始借助空间统计分析方法，来探测社会现象的空间模式和非常态分布。空间自相关是空间场中的数值集聚度的一种量度。距离近的事物之间的联系性强于距离远的事物之间的联系性。如果一个空间场中类似的属性值有聚集的倾向，则该空间场就表现出很强的空间正相关；如果类似的属性值在空间上有相互排斥的倾向，则表现为空间负相关。

空间自相关模型有许多种，最为知名也最为常用的有 Moran's I、Geary's C、Getis、Join count 等，但这些模型各有其功用，同时有其适用范围与限制，当然各有优缺点。一般来说，在功用上大致分为两类：一类为全域型（global spatial autocorrelation），用于验证整个研究区域的空间模式；另一类为局域型（local spatial autocorrelation），用于反映一个区域单元上的某种地理现象或某一属性值与邻近区域单元上同一现象或属性值的相关程度。Moran's I 是常用的全域空间自相关性指标，而 Local Moran's I（Li）及 Geits's Gi 统计则是常用的表示局域空间自相关性指标。通过对某一区域迁移人口的空间自相关性分析，能够解释区域内迁移人口的空间分布形态，能够清楚地揭示整个研究区域和研究区内各个区域之间迁移人口分布的空间相互关联，以及迁移人口分布的集中和分散趋势。

8.3.1.1　全局 Moran's I 空间自相关模型

模型计算公式为

$$I = \frac{n \sum_{i=1}^{n} \sum_{j=1}^{n} w_{ij}(x_i - \bar{x})(x_j - \bar{x})}{(\sum_{i=1}^{n} \sum_{j=1}^{n} w_{ij}) \sum_{i=1}^{n} (x_i - \bar{x})^2}, \quad i = 1, 2, \cdots, n; j = 1, 2, \cdots, n \tag{8-2}$$

其期望值为 $E(I) = -\dfrac{1}{n-1}$，随着样本数 n 的增大，期望值将逐渐趋于 0。

在实际应用中，n 为研究区域内空间单元个数，根据研究尺度的不同，空间单元可以为省、市、县；x_i 和 x_j 分别为某现象或属性特征 x 在空间地域单元 i 和 j 上的观测值，在人文地理过程研究应用中可以指人口、收入、地价、土地利用类型、综合经济指标等；$\bar{x}$ 为研究对象 x 的平均值；w_{ij} 为空间权重矩阵。I 的值为（-1，1），当 I 大于期望值时，表示空间正相关；当 I 小于期望值时，表示空间负相关。I 的绝对值越大，表示空间自相关的程度越大。

8.3.1.2　局域空间自相关模型

全局空间自相关指数仅用一个单一值来反映整体上的自相关，难以探测不同位置局部区域的空间管理模式。而局部空间关联指数弥补了这一局限，可以揭示空间参考单元与其相邻的空间单元属性特征值之间的相似性和相关性，识别空间集聚（spatial clusters）和空间孤立（spatial outliers），探测空间异质等。局部指数有 Local Moran's I，对应于全局指数 Moran's I。

其计算公式为

$$I_i = \frac{n(x_i - \bar{x})}{\sum_{i=1}^{n} (x_i - \bar{x})^2} \sum_{j=1}^{n} w_{ij}(x_i - \bar{x}) \tag{8-3}$$

其期望值为 $E(I_i) = -\dfrac{w_i}{n-1}$，其中，$w_i = \sum_{j} w_{ij}$。

Local Moran's I 可以看作全局 Moran's I 的各区域分量，它反映了各区域的空间自相关现象对区域整体空间自相关的影响程度。

此外，对于 Moran'I，为便于对这些统计量的结果进行解释，需要对这些统计量的结果进行显著性检验，通常采用标准化统计量 Z 来检验 n 个区域是否存在空间自相关关系。Z 一般是用该统计量减去其理论期望值，再除以相应的标准差而得到，其计算公式如下：

$$Z = \frac{I - E(I)}{\sqrt{SD(I)}} \tag{8-4}$$

式中，SD(I) 为 I 指数的标准差。

当 Z 值为正时，表明存在正的空间自相关，也就是说相似的观测值（高值或低值）趋于空间集聚；

当 Z 值为负时，表明存在负的空间自相关，相似的观测值趋于分散分布；

当 Z 为 0 时，观测值呈现独立随机分布。

在 95% 的置信度下，如果计算得到的 Z 值大于 1.96 或小于 -1.96，则表示统计性显著。

局部空间自相关分析方法包括 3 种：空间联系的局部指标（LISA）、G 统计量和 Moran 散点图。通过对区域迁移人口分布的空间自相关性分析，能够解释区域迁移人口的空间分布形态，能够清楚地揭示整个研究区及研究区内各个区域之间迁移人口分布的空间相互关联。本节采用 Geoda 和 ArcGIS 软件对京津冀地区迁入人口分布的空间自相关性进行分析。

8.3.2 京津冀地区人口空间自相关模型建立与分析

为了便于研究，本节还是选用京津冀地区作为研究空间范围，县级市作为研究尺度。采用各县市区行政中心所处地理位置 (x, y)，通过 1990 年、2000 年和 2010 年全国人口普查分县数据中由外省迁入人口数据统一的关键字段实现空间数据和属性数据的对应，生成京津冀地区 1985 ~ 1990 年、1990 ~ 2000 年、2005 ~ 2010 年迁入人口样点分布图，作为研究区域内迁入人口空间分布的基础图件。

8.3.2.1 空间权重矩阵

空间权重矩阵的确定方法有很多种，本节中研究对象为京津冀地区 131 个不规则的面状区域，这些不规则单元之间的空间关系可采用空间邻接标准或距离标准来判定。根据邻接标准，空间权重矩阵 (w_{ij}) 的确定原则如下：当区域 i 和区域 j 相邻时，w_{ij} 为 1，否则为 0；距离标准与此类似，对于给定的距离 d，当区域 j 和区域 i 之间的距离小于 d 时，w_{ij} 为 1，否则为 0。

8.3.2.2 全域空间自相关指标——Moran's I

本研究对象京津冀地区，包括北京、天津两个直辖市，以及河北的石家庄、廊坊、保定、唐山、秦皇岛、沧州、张家口、承德 8 市，131 个县市区。以变量的所有观测值为横轴，纵轴则对应空间滞后向量的所有取值，将变量与其空间滞后向量之间的相关关系以散点图的形式加以描述，则构成 Moran 散点图。每个区域观测值的空间滞后就是该区域周边地区观测值的加权平均，具体通过标准化的空间权重矩阵来加以定义。Moran 散点图划分为 4 个象限，分别对应 4 种不同的区域空间差异类型：右上象限（HH）表示区域自身和周边地区的属性水平均较高，二者的空间差异程度较小；左上象限（HL）表示区域自身属性水平较低，周边地区较高，二者的空间差异程度较大；左下象限（LL）表示区域自身和周边地区的属性水平均较低，二者的空间差异程度较小；右下象限（LH）表示区域自身属性水平较高，周边地区较低，二者的空间差异程度较大。当然，高（H）和低（L）是相对区域总体的平均水平即算数平均值而言的。

以 1990 年、2000 年和 2010 年全国人口普查数据中京津冀地区各县市区迁入人口数为基础，经计算，京津冀地区的 Moran's I 如表8-3所示，三期人口迁入数据的 Moran's I 均为正值，得到的 Z 值均大于 0，显著大于 1.96，全局自相关指数说明京津冀地区迁入人口存在显著的正的空间自相关特性，同时具有明显的空间集聚特征，表明京津冀地区迁入人口的空间分布在整体上具有较强的正相关性，即有迁入人口分布的高密度区域与高密度区域邻接、低密度区域与低密度区域邻接的趋势。分别做出三期 Moran 散点图（图8-11～图8-13），从图8-11～图8-13可以看出，显著性强的点大部分落在第一和第三象限。

表8-3　京津冀地区全域 Moran's I 和检验指数 Z

时期	Moran's I	E [I]	均值	标准差	Z
1985～1990 年	0.3152	−0.0077	−0.0011	0.0392	8.0604
1995～2000 年	0.4331	−0.0077	−0.0111	0.3010	14.3509
2005～2010 年	0.4268	−0.0077	−0.0072	0.0401	10.8242

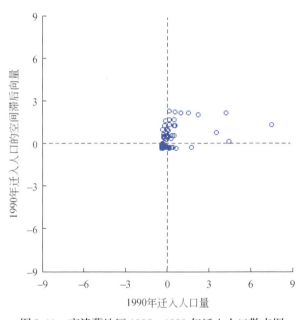

图8-11　京津冀地区 1985～1990 年迁入人口散点图

8.3.2.3　局域空间自相关指标——Local Moran's I

全域空间自相关指标概括了在一个总的空间范围内空间依赖的程度，而局域空间自相关指标则描述一个空间单元与其邻域的相似程度，空间联系局域指标是衡量观测单元属性和其周边单元属性相近（正相关）或差异（负相关）程度的指标，表示每个局部服从全局总趋势的程度（包括方向和量级），并揭示空间异质，说明空间依赖是如何随位置而变化的（王劲峰，2006）。运用 Local Moran's I 进行空间自相关分析，可以将空间关联模式细分为四种类型：正的空间关联包括两种类型，即属性值高于均值的空间单元被属性值高

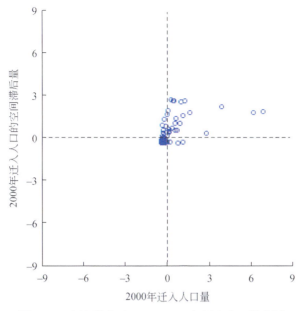

图 8-12　京津冀地区 1995~2000 年迁入人口散点图

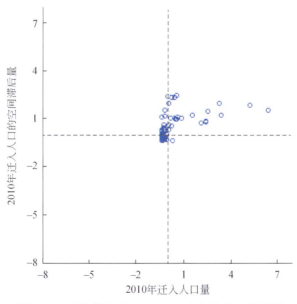

图 8-13　京津冀地区 2005~2010 年迁入人口散点图

于均值的邻域包围（"高–高"关联）和属性值低于均值的空间单元被属性值低于均值的
邻域包围（"低–低"关联）；负的空间关联也有两种类型，即属性值高于均值的空间单元
被属性值低于均值的邻域包围（"高–低"关联）和属性值低于均值的空间单元被属性值
低于均值的邻域包围（"低–低"关联）。

　　计算京津冀地区迁入人口分布的 LISA 值，并且在 Z 检验的基础上（$p \leqslant 0.05$）绘制
LISA 集聚图（图 8-14~图 8-16）。从 LISA 集聚图可以看出，在 $p \leqslant 0.05$ 的显著水平下，

京津冀地区迁入人口分布呈现出以下特点。

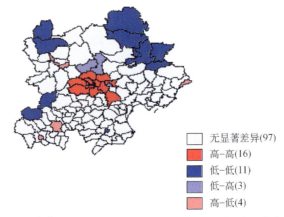

图 8-14　京津冀地区 1985～1990 年迁入人口的空间关联分布示意图
括号内的数字表示县市区的个数。下同

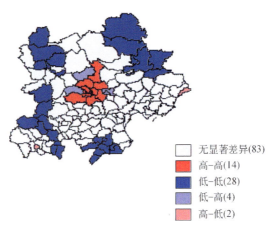

图 8-15　京津冀地区 1995～2000 年迁入人口的空间关联分布示意图

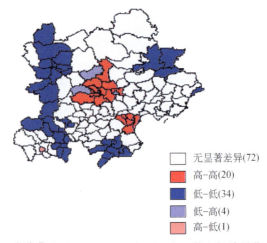

图 8-16　京津冀地区 2005～2010 年迁入人口的空间关联分布示意图

（1）京津冀地区的北京地区迁入人口数量大且与周边区域差异小，表现出迁入人口分布的"高–高"正关联，呈现迁入人口集聚的特点。"高–高"正关联类型的地区：1990年包括北京的东城区、西城区、崇文区、宣武区、朝阳区、丰台区、石景山区、海淀区、门头沟区、房山区、通州区、顺义区、昌平区、大兴区，以及天津的武清区和河北的三河市；2000年包括北京的东城区、西城区、崇文区、宣武区、朝阳区、丰台区、石景山区、海淀区、房山区、通州区、顺义区、昌平区、大兴区和怀柔区；2010年包括北京的东城区、西城区、宣武区、朝阳区、丰台区、石景山区、海淀区、房山区、通州区、顺义区、昌平区、大兴区、怀柔区，天津的市辖区、塘沽区、大港区、东丽区、西青区、津南区，以及河北的三河市。随时间推移属于"高–高"类型的县市区增多。

（2）京津冀地区周边的河北个别县市区位于"低–低"关联区域，这些区域与其周边区域的迁入人口数量较小，且发展速度相似，存在着关联，表现出显著正相关性。随时间的推移，具有"低–低"关联的区域个数增加（三期"低–低"关联区域个数分别为11个、28个、34个），1985～1990年主要集中在河北的东北部，1995～2000年及2005～2010年向河北西部和南部扩散。

（3）另外，有部分区域与周边区域的迁入人口数量差距比较大，呈现出显著的"高–低"负相关和"低–高"负相关。例如，2000年和2010年的门头沟区和延庆县迁入人口较少，被周边高数量的迁入人口分布区包围着，属于"低–高"类型。而石家庄市辖区在三期数据中都属于"高–低"类型，即迁入石家庄市辖区的人口数明显高于区域均值水平，但由于周边县市区的吸引力低，迁入的人口数量明显低于均值水平，因此与周边区域间差异也比较显著。

（4）总体上说，对于京津冀地区研究对象，迁入人口分布呈正相关的县市区明显高于呈负相关的数量。1985～1990年为27>7，1995～2000年为42>6，2005～2010年为54>5。

（5）京津冀地区迁入人口分布除有一部分区域呈现显著的正相关和负相关外，大部分区域与周边区域的迁入人口分布差异并不显著，这些区域迁入人口分布的差异性不是很明显。

为了更清楚地了解和判断京津冀地区1990～2010年各县市区人口数在显著性水平下显著相关的情况，整理得表8-4。

表8-4　京津冀地区1990～2010年各县市区迁入人口聚类

类型	年份	县市区
高–高	1990（16）	北京的东城区、西城区、崇文区、宣武区、朝阳区、丰台区、石景山区、海淀区、门头沟区、房山区、通州区、顺义区、昌平区、大兴区，以及天津的武清区和河北的三河市
	2000（14）	北京的东城区、西城区、崇文区、宣武区、朝阳区、丰台区、石景山区、海淀区、房山区、通州区、顺义区、昌平区、大兴区和怀柔区
	2010（20）	北京的东城区、西城区、宣武区、朝阳区、丰台区、石景山区、海淀区、房山区、通州区、顺义区、昌平区、大兴区、怀柔区，天津的市辖区、塘沽区、大港区、东丽区、西青区、津南区，以及河北的三河市
高–低	1990（4）	河北的石家庄市辖区、秦皇岛市辖区、定州市、张家口市辖区
	2000（2）	河北石家庄市辖区、秦皇岛市辖区
	2010（1）	河北石家庄市辖区

类型	年份	县市区
低-高	1990（3）	北京的怀柔区、延庆区，河北的沧州市辖区
	2000（4）	北京的门头沟区、延庆区，河北的大厂回族自治县、三河市
	2010（4）	北京的崇文区、门头沟区、延庆区，河北的大厂回族自治县
低-低	1990（11）	河北的阜平县、涞源县、张北县、康保县、承德市辖区、承德县、平泉县、隆化县、宽城满族自治县、围场满族蒙古族自治县、沧州市辖区
	2000（28）	河北的深泽县、辛集市、晋州市、阜平县、唐县、涞源县、曲阳县、定州市、张家口市辖区、张北县、康保县、蔚县、万全县、崇礼县、承德市辖区、承德县、平泉县、隆化县、宽城满族自治县、围场满族蒙古族自治县、沧州市辖区、沧县、东光县、盐山县、南皮县、吴桥县、孟村回族自治县、泊头市
	2010（33）	河北的深泽县、无极县、辛集市、晋州市、秦皇岛市辖区、保定市辖区、阜平县、唐县、涞源县、望都县、易县、曲阳县、定州市、安国市、张家口市辖区、宣化区、康保县、蔚县、阳原县、万全县、崇礼县、承德县、平泉县、宽城满族自治县、沧州市辖区、沧县、东光县、盐山县、南皮县、吴桥县、献县、孟村回族自治县、泊头市

注：年份后括号中的数字表示县市区个数。

通过空间自相关性分析在一定程度上可以解释京津冀地区迁入人口分布的空间形态，即京津冀地区内迁入人口分布的空间扩散和离心效应。总体来说，京津冀地区在 1985～1990 年、1995～2000 年、2005～2010 年迁入人口分布在北京具有较大的向心效应，带来邻近区域迁入人口的增长，而其周边的河北部分县市区迁入人口出现部分离心效应。

8.4 迁移人口空间分布趋势面分析

8.4.1 趋势面模型

趋势面分析是一种拟合数学面的统计方法，具体的方法就是用数学方法计算出一个数学曲面来拟合数据中的区域性变化的"趋势"，这个数学面称为趋势面，方法的过程称为趋势面分析。

趋势面分析，是一种利用数学曲面模拟地理系统要素在空间上的分布及变化趋势的数学方法。它实质上是通过回归分析原理，运用最小二乘法拟合一个二维非线性函数，模拟地理要素在空间上的分布规律，展示地理要素在地域空间上的变化趋势。趋势面分析方法常常被用来模拟资源、环境、人口及经济要素在空间上的分布规律，它在空间分析方面具有重要的应用价值。

趋势面是一种抽象的数学曲面，它抽象并过滤掉一些局域随机因素的影响，使地理要素的空间分布规律明显化。

通常把实际的地理曲面分解为趋势面和剩余两部分，前者反映地理要素的宏观分布规律，属于确定性因素作用的结果；而后者则对应于微观局域，是随机因素影响的结果。

趋势面分析的一个基本要求，就是所选择的趋势面模型应该是剩余值最小，而趋势值最大，这样拟合精度才能达到足够的准确性。空间趋势面分析，正是从地理要素分析的实际数据中分解出趋势值和剩余值，从而揭示地理要素空间分布的趋势和规律。

8.4.1.1 建立趋势面模型

设某地理要素的实际观测数据为 $z_i(x_i, y_i)$ （$i = 1, 2, \cdots, n$），趋势面拟合值为 $\hat{z}_i(x_i, y_i)$，则有

$$z_i(x_i, y_i) = \hat{z}_i(x_i, y_i) + \varepsilon_i \tag{8-5}$$

式中，ε_i 为剩余值（残差值）。

显然，当 (x_i, y_i) 在空间上变动时，式（8-5）就刻画了地理要素的实际分布曲面、趋势面和剩余面之间的互动关系。

1）分析核心

从实际观测值出发推算趋势面，一般采用回归分析方法，使得残差平方和趋于最小，即

$$Q = \sum_{i=1}^{n} \varepsilon^2 = \sum_{i=1}^{n} \left[z_i(x_i, y_i) - \hat{z}_i(x_i, y_i) \right]^2 \to \min$$

这就是在最小二乘法意义下的趋势面拟合。

用来计算趋势面的数学方程式有多项式函数和傅里叶级数，其中最为常用的是多项式函数形式。因为任何一个函数都可以在一个适当的范围内用多项式来逼近，而且调整多项式的次数，可使所求的回归方程适合实际问题的需要。

2）多项式趋势面的形式

（1）一次趋势面模型：

$$z = a_0 + a_1 x + a_2 y \tag{8-6}$$

（2）二次趋势面模型：

$$z = a_0 + a_1 x + a_2 y + a_3 x^2 + a_4 xy + a_5 y^2 \tag{8-7}$$

（3）三次趋势面模型：

$$z = a_0 + a_1 x + a_2 y + a_3 x^2 + a_4 xy + a_5 y^2 + a_6 x^3 + a_7 x^2 y + a_8 x y^2 + a_9 y^3 \tag{8-8}$$

3）估计趋势面模型的参数

实质：根据观测值 z_i, x_i, y_i（$i = 1, 2, \cdots, n$）确定多项式的系数 a_0, a_1, $\cdots$, a_p，使残差平方和最小。过程如下。

（1）将多项式回归（非线性模型）模型转化为多元线性模型。

令

$$x_1 = x, \ x_2 = y, \ x_3 = x^2, \ x_4 = xy, \ x_5 = y^2, \ \cdots$$

则

$$\hat{z} = a_0 + a_1 x_1 + a_2 x_2 + \cdots + a_p x_p$$

（2）其残差平方和为

$$Q = \sum_{i=1}^{n} \left[z_i - \hat{z}_i \right]^2 = \sum_{i=1}^{n} \left[z_i - (a_0 + a_1 x_1 + a_2 x_2 + \cdots + a_p x_p) \right]^2 \tag{8-9}$$

（3）求 Q 对 a_0, a_1, $\cdots$, a_p 的偏导数，并令其等于0，得正规方程组 [式中 a_0, a_1, $\cdots$,

a_p 为（$p+1$）个未知量]。

$$\begin{cases} n a_0 + a_1 \sum_{i=1}^{n} x_{1i} + \cdots + a_p \sum_{i=1}^{n} x_{pi} = \sum_{i=1}^{n} z_i \\ a_0 \sum_{i=1}^{n} x_{1i} + a_1 \sum_{i=1}^{n} x_{1i} x_{1i} + a_p \sum_{i=1}^{n} x_{pi} x_{pi} = \sum_{i=1}^{n} x_{1i} z_i \\ \vdots \\ a_0 \sum_{i=1}^{n} x_{pi} + a_1 \sum_{i=1}^{n} x_{pi} x_{pi} + a_p \sum_{i=1}^{n} x_{pi} x_{pi} = \sum_{i=1}^{n} x_{pi} z_i \end{cases} \tag{8-10}$$

（4）用矩阵表示为

$$X = \begin{bmatrix} 1 & x_{11} & x_{21} & \cdots & x_{p1} \\ 1 & x_{12} & x_{22} & \cdots & x_{p2} \\ \vdots & \vdots & \vdots & & \vdots \\ 1 & x_{1n} & x_{2n} & \cdots & x_{pn} \end{bmatrix}$$

则变为

$$X^{\mathrm{T}} X A = X^{\mathrm{T}} Z \tag{8-11}$$

（5）对于二元多项式有

$$z = a_0 + a_1 x + a_2 y + a_3 x^2 + a_4 xy + a_5 y^2$$

其正规方程组为

$$\begin{bmatrix} 1 & 1 & \cdots & 1 \\ x_1 & x_2 & \cdots & x_n \\ y_1 & y_2 & \cdots & y_n \\ x_1^2 & x_2^2 & \cdots & x_n^2 \\ x_1 y_1 & x_2 y_2 & \cdots & x_n y_n \\ y_1^2 & y_2^2 & \cdots & y_n^2 \end{bmatrix} \begin{bmatrix} 1 & x_1 & y_1 & x_1^2 & x_1 y_1 & y_1^2 \\ 1 & x_2 & y_2 & x_2^2 & x_2 y_2 & y_2^2 \\ \vdots & \vdots & \vdots & \vdots & \vdots & \vdots \\ 1 & x_n & y_n & x_n^2 & x_n y_n & y_n^2 \end{bmatrix} \begin{bmatrix} a_0 \\ a_1 \\ a_2 \\ a_3 \\ a_4 \\ a_5 \end{bmatrix} = \begin{bmatrix} 1 & 1 & \cdots & 1 \\ x_1 & x_2 & \cdots & x_n \\ y_1 & y_2 & \cdots & y_n \\ x_1^2 & x_2^2 & \cdots & x_n^2 \\ x_1 y_1 & x_2 y_2 & \cdots & x_n y_n \\ y_1^2 & y_2^2 & \cdots & y_n^2 \end{bmatrix} \begin{bmatrix} z_1 \\ z_2 \\ \vdots \\ z_n \end{bmatrix}$$

$$\tag{8-12}$$

由式（8-12）求解，可得

$$A = (X^{\mathrm{T}} X)^{-1} X^{\mathrm{T}} \tag{8-13}$$

8.4.1.2 趋势面模型的拟合优度检验

趋势面分析拟合优度与回归模型的效果直接相关，因此，对趋势面分析进行适度检验是一个关系到趋势面能否在实际研究中加以应用的关键问题，也是趋势面分析中不可缺少的重要环节。这可以通过以下检验来完成：趋势面拟合优度的 R^2 检验；趋势面拟合优度的显著性 F 检验；趋势面拟合优度的逐次检验。

1）趋势面拟合优度的 R^2 检验

趋势面与实际面的拟合系数 R^2 是测定回归模型拟合优度的重要指标。一般用变量 z 的总离差平方和中回归平方和所占比例表示回归模型的拟合优度。总离差平方和等于回归

平方和与剩余平方和之和，即

$$SS_T = \sum_{i=1}^{n} (z_i - \hat{z}_i)^2 + \sum_{i=1}^{n} (z_i - \bar{z}_i)^2 = SS_D + SS_R \tag{8-14}$$

式中，$SS_D = \sum_{i=1}^{n} (z_i - \hat{z}_i)^2$，为剩余平方和，它表示随机因素对离差的影响；$SS_R = \sum_{i=1}^{n} (\hat{z}_i - \bar{z}_i)^2$，为回归平方和，它表示自变量对因变量的离差的总影响。SS_R 越大（或 SS_D 越小），表示因变量的关系越密切，回归的规律性越强、效果越好。

$$R^2 = \frac{SS_R}{SS_T} = 1 - \frac{SS_D}{SS_T} \tag{8-15}$$

R^2 越大，趋势面的拟合优度就越高。

2）趋势面拟合优度的显著性 F 检验

趋势面拟合优度的显著性 F 检验，是对趋势面回归模型整体的显著性检验。方法：利用变量 z 的总离差平方和中剩余平方和与回归平方和的比值，确定变量 z 与自变量 x、y 之间的回归关系是否显著，即

$$F = \frac{SS_R/p}{\dfrac{SS_D}{n}p - 1} \tag{8-16}$$

结果分析：在显著性水平 α 下，查 F 分布表得 F_α，若计算的 F 值大于临界值 F_α，则认为趋势面方差显著，反之则不显著。

3）趋势面拟合优度的逐次检验

（1）求出较高次多项式方程的回归平方和与较低次多项式方程的回归平方和之差；

（2）将此差除以回归平方和的自由度之差，得出多项式次数增高所产生的回归均方差；

（3）将此均方差除以较高次多项式的剩余均方差，得出相继两个阶次趋势面模型的拟合优度比较检验值 F。

若所得 F 值是显著的，则较高次多项式对回归做出了新贡献；若 F 值不显著，则较高次多项式对回归并无新贡献。相应的方差分析表见表 8-5。

表 8-5　多项式趋势面由 K 次增高至（$K+1$）次的回归显著性检验

离差来源	平方和	自由度	均方差	F 检验
（$K+1$）次回归	$SS_R^{(K+1)}$	p	$MS_R^{(K+1)} = \dfrac{SS_R^{(K+1)}}{p}$	$\dfrac{MS_R^{(K+1)}}{MS_D^{(K+1)}}$
（$K+1$）次剩余	$SS_D^{(K+1)}$	$n-p-1$	$MS_D^{(K+1)} = \dfrac{SS_D^{(K+1)}}{n-p-1}$	
K 次回归	$SS_R^{(K)}$	q	$MS_R^{(K)} = \dfrac{SS_R^{(K)}}{q}$	$\dfrac{MS_R^{(K)}}{MS_D^{(K)}}$
K 次剩余	$SS_D^{(K)}$	$n-q-1$	$MS_D^{(K)} = \dfrac{SS_D^{(K)}}{n-p-1}$	
由 K 次增高至（$K+1$）次的回归	$SS_R^{(1)} = SS_R^{(K+1)} - SS_R^{(K)}$	$p-q$	$MS_R^{(1)} = \dfrac{SS_R^{(1)}}{p-q}$	$\dfrac{MS_R^{(1)}}{MS_D^{(K+1)}}$
总离差	SS_T	—	—	

需要注意的是，在实际应用中，往往用次数低的趋势面逼近变化小的地理要素数据，用次数高的趋势面逼近起伏变化比较复杂的地理要素数据。次数低的趋势面使用起来比较方便，但具体到某点拟合较差；次数较高的趋势面只在观测点附近效果较好，而在外推和内插时效果较差。

8.4.2 京津冀地区的迁入人口空间趋势面模型建立与分析

为了便于研究，本节还是选用京津冀地区作为研究空间范围，县级市作为研究尺度。采用各县市区行政中心所处地理位置 (x, y)，通过 1990 年、2000 年和 2010 年全国人口普查分县数据中由外省迁入人口数据统一的关键字段实现空间数据和属性数据的对应，生成京津冀地区 1985~1990 年、1990~2000 年、2005~2010 年迁入人口样点分布图，作为研究区域内迁入人口空间分布的基础图件。

8.4.2.1 技术流程

京津冀地区迁入人口趋势面技术流程图如图 8-17 所示。

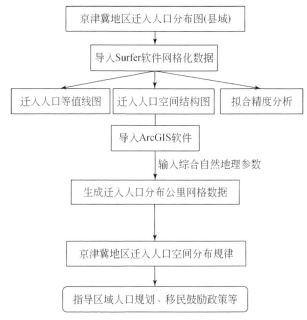

图 8-17 京津冀地区迁入人口趋势面技术流程图

8.4.2.2 迁入人口趋势面模型的建立

将京津冀地区 131 个县市区行政中心坐标 (x, y) 和迁入人口密度导入空间分析软件 Surfer 后选择 Kriging 插值法进行网格化处理，进而得到一系列迁入人口密度空间结构图，在此基础上揭示迁入人口空间分布规律。

其中，网格化方法采用的是普通克里金法（ordinary Kriging method，简称 OK 法）。其

任意点 x_o 处的人口密度算法如下：

$$Z(x_o) = \sum_{i=1}^{n} \lambda_i Z(x_i) \tag{8-17}$$

式中，$Z(x_i)$ 为空间已知点 x_i 处的迁入人口密度；λ 为权重系数，是各已知迁入人口密度 $Z(x_i)$ 在估计 $Z(x_o)$ 时影响大小的系数，是在变异函数的基础上，将半方差代入 Kriging 方程组并求解得到的。该方法与普通的估计方法不同，它最大限度地利用了空间取样所提供的各种信息，在估计样点位置数值数据时，它不仅考虑落在样点的数据，还考虑邻近样点的数据；不仅考虑待估样点与邻近已知样点的空间位置，还考虑各邻近样点彼此之间的位置关系，并利用已有观测值空间分布的结构特征（王政权，1999）。因此，克里金法是一种比较理想的空间分析方法。

8.4.2.3 迁入人口趋势面分析

在 Surfer 软件中做出京津冀地区 1985～1990 年、1995～2000 年和 2005～2010 年迁入人口密度等值线图（图 8-18～图 8-20），从图 8-18～图 8-20 可以发现京津冀地区迁入人口密度主要有三个集中高值点，最大的是北京市中心区，第二是天津市中心区，最小的是河北石家庄市中心区。

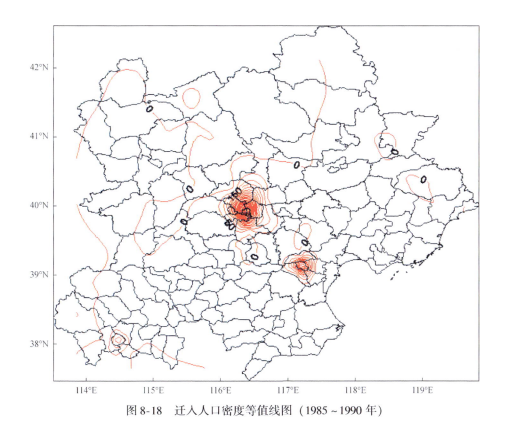

图 8-18　迁入人口密度等值线图（1985～1990 年）

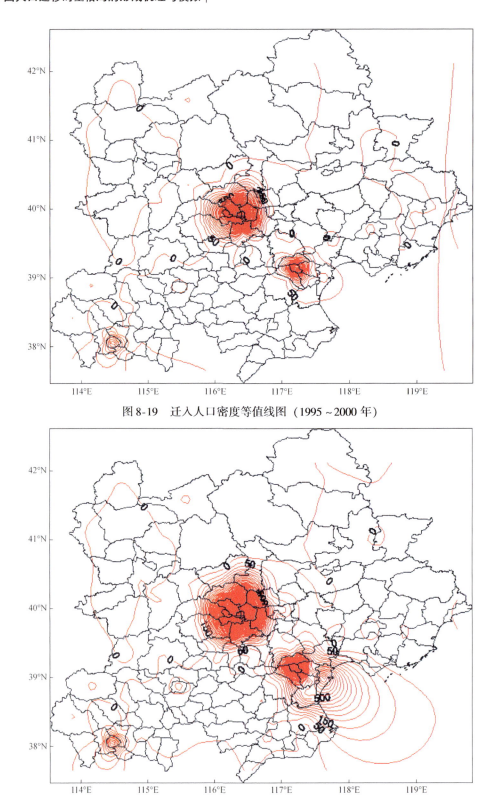

图 8-19　迁入人口密度等值线图（1995～2000 年）

图 8-20　迁入人口密度等值线图（2005～2010 年）

　　根据上述迁入人口密度等值线图, 做出 3 期表面线框图, 从图 8-21 ~ 图 8-23 可以发现京津冀地区迁入人口密度在研究期内逐渐形成三个迁入中心。

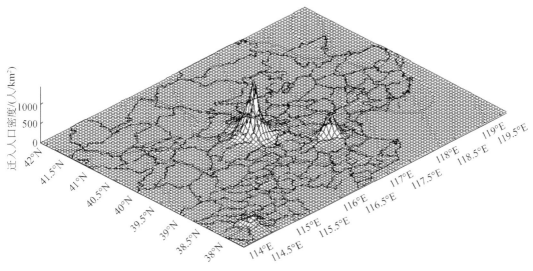

图 8-21　迁入人口密度趋势图 (1985 ~ 1990 年)

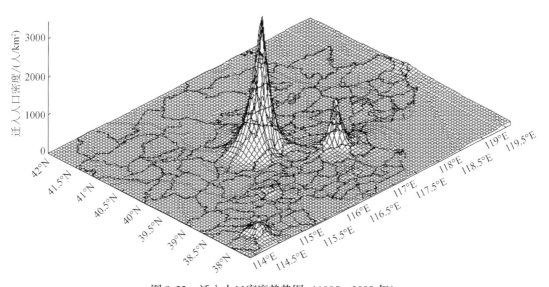

图 8-22　迁入人口密度趋势图 (1995 ~ 2000 年)

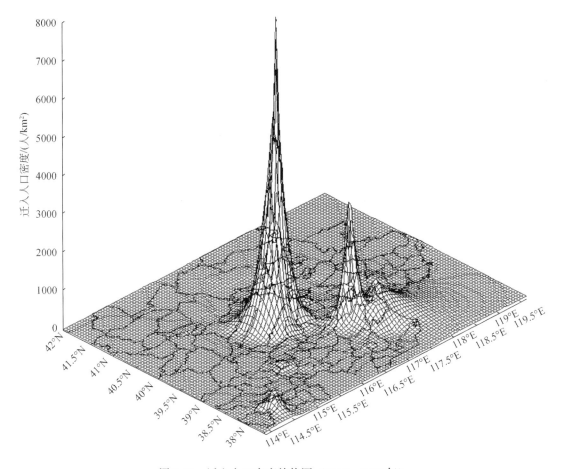

图8-23 迁入人口密度趋势图（2005~2010年）

8.5 本章小结

通过空间自相关性分析在一定程度上可以解释京津冀地区迁入人口分布的空间形态，即京津冀地区迁入人口分布的空间扩散和离心效应。总体来说，京津冀地区在1985~1990年、1995~2000年、2005~2010年迁入人口分布在北京具有较大的向心效应，带来邻近区域迁入人口的增长，而其周边的河北部分县市区迁入人口出现部分离心效应。

京津冀地区的北京地区迁入人口数量大且与周边区域之间差异小，表现出迁入人口分布的"高-高"正关联，呈现迁入人口集聚的特点。另外，有部分区域与周边区域的人口数量差距比较大，呈现出显著的"高-低"负相关和"低-高"负相关。总体上来说，对于京津冀地区研究对象，迁入人口分布呈正相关的县市区明显高于负相关的数量。京津冀地区迁入人口分布除有一部分区域呈现显著的正相关和负相关外，大部分区域与周边区域的迁入人口分布差异并不显著，这些区域迁入人口分布的差异性不是很明显。

　　通过 1985～1990 年、1995～2000 年、2005～2010 年 3 期数据的趋势面分析，做出表面线框图，其可以很好地模拟人口迁移的空间格局，可以发现在京津冀地区迁入人口密度主要有三个集中高值点，最大的是北京市中心区，第二是天津市中心区，最小的是河北石家庄市中心区。

　　本章迁移人口重心的轨迹演变模拟，迁移人口空间自相关分析，以及趋势面模拟，都为今后动态模拟人口迁移时空过程奠定了坚实的基础，迈出了切实可行的一步。

第9章 人口迁移时空格局预测

9.1 基于马尔可夫模型的预测模型理论与方法

9.1.1 马尔可夫模型

马尔可夫（Markov）模型是苏联数学家马尔可夫于1907年创造并以自己的名字命名的一种方法，它是应用概率中马尔可夫链的理论和方法来研究分析随机时间变化规律并借此分析预测未来变化趋势的一种方法，是一种事物的随机发展过程，该方法基于一种独立的统计假设，只要事物的现在状态已知，利用一步转移概率便可以预测未来，是一种无后效性的特殊的随机运动过程（王宪礼等，1996），即某随机过程在（$t+1$）时刻的状态只与t时刻的状态有关，而与以前各时刻的状态无关；一种状态出现的概率只与历史上出现的一种状态有关，而与其他状态无关（张秋菊等，2003）。

在国外，这种方法不论是在自然科学领域还是在社会科学领域，都有着广泛的应用。在国内，这种方法20世纪60年代开始用于水文、气象的预测研究，70年代开始用于地震方面的预测研究。其在经济领域中的应用测试是近十几年来才开始的。

假设存在这样一个随机变量序列（通常与时间有关），它满足这样的条件：每个随机变量之间并非相互独立，并且每个随机变量只依赖序列中前面的随机变量。在很多类似的系统中，可以做出这样的假设：可以基于现在的状态预测将来的状态而不需要考虑过去的状态。也就是说，序列中将来的随机变量与过去的随机变量无关，它条件性地依赖于当前的随机变量，这样的随机变量序列，通常称为一个马尔可夫链，或者说这个序列具有马尔可夫性质。

9.1.2 建立马尔可夫模型的方法步骤

马尔可夫模型建立的方法和步骤包括：①状态的划分；②计算转移概率并建立转移概率矩阵；③利用转移概率矩阵预测状态转移。

假设一个取值为 $S=\{s_1, s_2, \cdots, s_N\}$ 的随机变量序列 $X=\{X_1, X_2, \cdots, X_T\}$，当该序列具有以下性质：

$$P(X_{t+1}=k|X_1,X_2,\cdots,X_T)=P(X_{t+1}=k|X_t) \tag{9-1}$$

$$P(X_{t+1}=k|X_t)=P(X_2=k|X_1) \tag{9-2}$$

时，就称该随机变量序列为马尔可夫链或者一个马尔可夫过程，这样一个模型就称为马尔可夫模型。

一个马尔可夫模型由以下几部分组成：①状态空间 $S = \{s_1, s_2, \cdots, s_N\} = \{1, 2, \cdots, N\}$（为方便起见，用状态下标代表相应的状态）；②状态转移概率矩阵 $A = \{a_{ij}\}$，$1 \leqslant i \leqslant N$，$1 \leqslant j \leqslant N$；③开始状态向量 $\Pi = \{\pi_i = P (X_1 = s_i)\}$，$1 \leqslant i \leqslant N$；④随机状态序列变量 $X = \{X_1, X_2, \cdots, X_T\}$。

其中，$a_{ij} = P (X_{t+1} = s_j \mid X_t = s_i)$ 表示在序列中，前一个随机状态变量为 s_i 时后一个随机变量为 s_j 的概率，即状态 s_i 转移到状态 s_j 的转移概率。显然，$\forall i, j$，$a_{ij} \geqslant 0 = 1$，且 $\forall i$，$\sum a_{ij} \geqslant 0 = 1$，所以已知第 t（$t = 0, 1, 2, \cdots$）年的系统状况，可以用马尔可夫模型预测出第（$t+1$）年的状况，而不需要知道第 t 年以前的历史状况。按照系统的发展，时间离散化为 $t = 0, 1, 2, \cdots$，对于每个 t，系统的状态用随机变量 X_t 来表示。设 X_t 取 k 个离散值 $X_t = 0, 1, 2, \cdots, k$，且 $X_t = i$ 的概率记为 $a_i (t)$，即状态概率，从 $X_t = i$ 到 $X_{t+1} = j$ 的概率记为 P_{ij}，即转移概率。

马尔可夫模型是一种应用广泛的随机模型，它通过对系统不同状态的初始概率及状态之间的转移概率的研究来确定系统各状态变化趋势，从而达到对未来趋势预测的目的，是一种无后效性的特殊的随机运动过程。它反映的是系统由 t 时刻向（$t+1$）时刻状态转化的一系列过程，这种转化要求（$t+1$）时刻的状态只与 t 时刻所处的状态有关。马尔可夫模型被广泛应用于土地利用变化的模拟，它对研究景观动态演变也较为合适，这是因为在一定条件下，研究区内景观动态演变具有马尔可夫过程的性质：在一定区域内，不同景观类型具有相互转化的可能；各景观类型之间的转化过程有一些难以用函数关系准确描述的事件。

9.2 基于马尔可夫模型的人口迁移时空格局的模拟预测

9.2.1 初始状态矩阵的确定

将1990年第四次全国人口普查数据中各省（自治区、直辖市）之间人口迁移矩阵作为初始概率矩阵，即

$$\text{初始状态矩阵} = \begin{bmatrix} 15\ 252 & \cdots & 2\ 292 & 7\ 625 \\ \vdots & \ddots & & \vdots \\ 1\ 027 & 480 & \cdots & 6\ 818 \end{bmatrix}，\text{详见附表1-1。}$$

9.2.2 初始转移概率的确定

应用马尔可夫链的关键是确定转移概率（宁龙梅等，2004）。应该确定区域之间人口迁移的初始转移概率矩阵 P，这里，还是以省际人口迁移为例，建立省际人口迁移转移概率矩阵。初始转移概率矩阵 P 的数学表达式为

$$P = P_{ij} = \begin{bmatrix} P_{11} & \cdots & P_{1n} \\ \vdots & & \vdots \\ P_{n1} & \cdots & P_{nn} \end{bmatrix} \quad (9\text{-}3)$$

式中，n 为省（自治区、直辖市）数目，P_{ij} 为从省（自治区、直辖市）i 到省（自治区、直辖市）j 的人口迁移概率，P_{ij} 满足两个条件：① $0 \leqslant P_{ij} \leqslant 1$；② $\sum P_{ij} = 1 (i, j = 1, 2, 3, \cdots, n)$。

根据马尔可夫模型和条件概率，系统在（$N+1$）时刻的状态向量 P（$N+1$）可以由其在 N 时刻的状态向量 P（N）和转移概率来确定：P（$N+1$）$= P$（N）P_{ij}。

利用 1990 年、1995 年、2000 年、2005 年、2010 年、2015 年全国人口普查和 1% 人口抽样调查数据中各省（自治区、直辖市）间人口迁移量（附表 1-1 ~ 附表 1-6），求出各阶段初始转移概率矩阵（附表 3-1 ~ 附表 3-6）。

9.3 各省（自治区、直辖市）迁入、迁出人口动态模拟与预测

根据马尔可夫随机过程理论，可以利用初始状态概率矩阵模拟出初始年后若干年乃至稳定时期各省（自治区、直辖市）间人口迁移流，即人口迁移空间格局。选择以每 5 年为 1 个单位，可模拟出初始年后 5 倍数年份的值。马尔可夫第 n 分期的转移概率计算公式（吴晓旭等，2010）为

$$P_{ij}^n = \sum_{k=0}^{m-1} P_k^{n-1} P_k^{n-1} \quad (9\text{-}4)$$

式中，m 为转移概率矩阵的行列数；而任意第 n 分期的转移概率矩阵等于第 1 分期的转移概率矩阵的 n 次方。根据初始迁移矩阵 A（0）和第 $5n$ 年的转移概率 $P^{(n)}$ 又可计算出第 $5n$ 年的省际人口迁移矩阵 A（n），即 $A(n-1) \times P(1) = A(0) \times P(N)$。

利用编程计算出各个时期的转移概率和对应的分比矩阵，然后再根据式（9-4）分别计算出 2015 年、2020 年、2025 年各省间人口迁移流。省际人口迁移最终可能达到稳态，与它们的初始状态无关，转移概率达到相对稳定状态，即

$$\mathrm{Lin} P_{rs}^n = a_s, s = 0, 1, \cdots, n - 1 \quad (9\text{-}5)$$

式中，a_s 的值通过求解马尔可夫过程稳定方程组得到（李东等，2003）。

$$\begin{cases} a_s = \sum_{r=0}^{n-1} a_s P_{rs} \\ \sum_{s=0}^{n-1} a_s = 1 \end{cases} \quad (9\text{-}6)$$

可以得到 2020 ~ 2025 年、2025 ~ 2030 年、2030 ~ 2035 年、2035 ~ 2040 年未来 4 期省际人口迁移流预测结果，表 9-1 是 2035 ~ 2040 年各省（自治区、直辖市）迁入、迁出人口预测。初步预计，迁入天津的人口总数大约在第八次全国人口普查时期超过迁入北京的人口总数，按照现有的经济发展速度、活跃程度及人口增长速度，迁入浙江、

江苏、福建的人口总数有后来居上的态势，迁出安徽和河南的人口总数仍居前列。

表 9-1　2035~2040 年各省（自治区、直辖市）迁入、迁出人口预测（单位：人）

省（自治区、直辖市）	迁入人口数量	迁出人口数量
北京	6 027 712	594 050
天津	6 121 126	312 222
河北	1 751 050	2 952 161
山西	647 678	1 161 437
内蒙古	1 022 778	947 655
辽宁	1 180 458	1 003 014
吉林	475 477	1 249 545
黑龙江	712 582	2 141 198
上海	5 332 672	586 821
江苏	7 703 723	2 770 924
浙江	8 540 949	1 960 020
安徽	1 692 578	8 085 908
福建	3 418 777	1 629 682
江西	1 354 121	5 097 280
山东	1 972 075	2 948 649
河南	1 293 212	7 946 567
湖北	2 332 069	5 566 901
湖南	1 928 123	6 719 601
广东	14 150 044	2 360 248
广西	1 298 377	4 127 441
海南	510 658	345 206
重庆	1 495 721	2 698 517
四川	2 452 133	7 299 354
贵州	1 509 657	3 922 893
云南	1 198 097	1 593 698
西藏	150 664	91 445
陕西	1 702 128	1 971 858
甘肃	585 210	1 531 929
青海	309 026	2 19 474
宁夏	284 760	220 469
新疆	1 322 058	419 530

第 10 章 | 中国人口迁移的政策措施及建议

10.1 人口迁移相关政策与制度

本书前述预测都是在没有其他外界政策影响的情况下得出的，但是现行的或者将来会实行的人口迁移相关政策都会影响省际人口迁移数量、迁移流向，尤其在中华人民共和国成立后人口迁移深受制度政策的影响，政府所制定的与迁移有关的政策主导着民众的迁移行为、迁移方式和迁移规模。

中华人民共和国成立后，人口迁移制度和政策经历了多次变动，大体上可以分为三个时期：①中华人民共和国成立后到 20 世纪 50 年代中期前的自由迁移；②50 年代后期至 80 年代初期的控制迁移；③80 年代中后期以后自由流动与适当控制迁移的制度。

1) 自由迁移制度及其短暂实行

1949 年 9 月 29 日通过的《中国人民政治协商会议共同纲领》第五条规定："中华人民共和国人民有思想、言论、出版、集会、结社、通信、人身、居住、迁徙、宗教信仰及示威游行的自由权。"1954 年《中华人民共和国宪法》第九十条进一步重申和完善了这一规定："中华人民共和国公民有居住和迁徙的自由。"

当时，民众迁出、迁入时须到管理部门变更户籍，迁出时须向当地公安机关申领迁移证，除持户口簿外不必提供其他特别信息，没有上报、审批的环节；而迁入地籍贯仅看申请者有无迁移证，无迁移证者可以其他适当证件替代。应该说，这是一种很宽松的迁移制度。需要指出的是，这里没有提出迁移者的城乡身份问题，或做特别限定。

值得注意的是，1955 年 3 月内务部、公安部《关于办理户口迁移的注意事项联合通知》中出现对农村迁往城市的人口的特别要求，规定："对不安心农业生产，盲目要求迁往城市的农民（包括复员回乡军人和烈属、军属），应积极耐心地进行劝止，不应随便开给迁移证"（内务部和公安部，1955）。这显然是对城—乡迁移的限制措施。

可以说，从中华人民共和国成立初期至 1955 年初，自由迁移政策得到基本贯彻，特别是农村和城市之间尚无迁移限制。但 1955 年 3 月内务部、公安部《关于办理户口迁移的注意事项联合通知》已经表现出对农村劳动力自由迁移进城的限制；没有城市单位和学校录用与录取证明的农村劳动力已被排除在迁移进城之列。

需要指出，1955 年之前，农村还未进入集体经济阶段，农民的流动受基层组织的限制较小；城市则正处于工业扩张时期，严格的户籍控制制度尚未建立起来。这为农村劳动力或以迁移形式或以"盲流"形式进入城市或非农业行业提供了就业机会。作者认为，中华人民共和国成立初期自由迁移制度的主要效应是，为农村剩余劳动力，特别是年轻一代，迁移进城就业提供了方便；城市工商业得以获得所需劳动力，进而提高了我国的城市化水平。

2）控制农村人口迁移进城政策的出台和长期维系

控制人口迁移有多种表现，20 世纪 50 年代后期，我国控制人口迁移政策的核心是限制农村人口向城市迁移，对逆向人口迁移则较少约束，其目的是抑制非农业人口增加。

迁移制度由"自由"变为全面"控制"的转折点在 1958 年，其标志是 1958 年经全国人民代表大会常务委员会第九十一次会议通过的《中华人民共和国户口登记条例》，从规则上看，其控制的重点是农村人口迁往城市，变更为非农业人口户籍，其第十条规定："公民迁出本户口管辖区，由本人或者户主在迁出前向户口登记机关申报迁出登记，领取迁移证件，注销户口。"因此，公民由农村迁往城市，必须持城市劳动部门的录用证明、学校的录取证明，或者城市户口登记机关的准予迁入证明，向常住地户口登记机关申请办理迁出手续。从这一规定可以看出，对成年人来说，只有被正式招工或被中专以上学校录取才能办理户籍迁移手续。这一政策显然将非正规的迁移排除在外，正规迁移又以具有劳动能力和优秀学生为主，不过被录用劳动者的家眷是不允许随迁的。该制度的实行不仅限制了农村劳动力向城市的迁移流动，而且造成了大量被录用农村劳动力夫妇城乡两地分居。

1958～1976 年，对农村人口向城市迁移一直实行严格控制。1964 年 8 月国务院批转《公安部关于处理户口迁移的规定（草案）》，明确了处理户口迁移的原则。其中要严加控制的迁移主要为：从农村迁往城市、镇（含矿区、林区等），由农业人口转为非农业人口，从其他市迁往北京、上海、天津三市。从镇迁往市，从小市迁往大市，从一般农村迁往市郊、镇郊农村或国营农场、蔬菜队、经济作物区的，应适当限制。这一政策表现出差别对待人口迁移的特征，以此调整人口的地区分布。该规定出台与巩固政府 20 世纪 60 年代初以来压缩城市人口所取得的成果有关，重点是抑制城市人口，特别是大中城市人口增长。

可以说，自 1958 年以来实施的农村人口迁往城市的限制制度，特别是 1964 年的户口迁移规定及其落实，造成了大量夫妇两地分居的现象。不仅如此，20 世纪 60 年代中期至 70 年代末，通过实行城市知识青年上山下乡政策，我国出现了规模巨大的逆城市化迁移。

总体上说，从 20 世纪 50 年代中后期开始至 80 年代初期，中国人口迁移政策的基本做法是，严格限制人口迁移，重点控制农村人口迁往城市，政府借助的控制手段是户籍制度和以户籍为依托的粮食关系。不过，从 70 年代初期开始，中央政府出台了多项强调对农村人口迁入城镇维持控制态势的规定。它表明，不少地方政府对限制农村人口迁往城市的政策执行已有一定程度放松；与中央控制"农转非"的刚性政策相比，地方的做法显示出一定的弹性。

3）迁移进城限制放松与农村劳动力自由流动并存时期

从 1977 年开始，我国当代政治体制和人事管理理念发生初步变革。为调动干部和工人的工作积极性，关注其生活问题的政策逐渐受到重视，同时，经济建设逐渐成为政府工作的重心，城市发展活力逐渐增强，对外来人口的容纳和劳动力的需求能力增大，这在人口迁移政策上得到体现。

1977 年之后，人口乡—城迁移的刚性控制有限松动，政府出台了具有人性化特征的微调政策，包括允许直系亲缘和姻缘关系成员团聚和适度放开"农转非"迁移政策。20 世纪 80 年代中期以来，中国城镇经济发展加上不同地区经济发展水平差异逐渐扩大，这不仅吸引农村劳动力进城务工，不同地区城市之间劳动力的流动也在增多。

进入 21 世纪，我国户籍制度发生重大变革。国家确定除直辖市和省会城市采取以准入条件取代城市人口迁移增长机会指标管理政策外，全国十几个省份相继取消了农业户口、非农业户口的划分，实现了城乡户口登记管理一体化。2001 年，国务院批转公安部《关于推进小城镇户籍管理制度改革意见的通知》，规定凡在县级市市区、县人民政府驻地镇及其他建制镇有合法固定的住所、稳定的职业或生活来源的人员及与其他共同居住生活的直系亲属，均可根据本人意愿办理城镇常住户口。2011 年，《国务院办公厅关于积极稳妥推进户籍管理制度改革的通知》规定，今后出台有关就业、义务教育、技能培训等政策措施，不要与户口性质挂钩。继续探索建立城乡统一的户口登记制度，逐步实行暂住人口居住证制度。

2012 年初，《国务院办公厅关于积极稳妥推进户籍管理制度改革的通知》颁布之后，户籍迁移实行分类政策，即县级市、地市级、直辖市落户条件不同，落户难易程度不同。2013 年 5 月 6 日，国务院常务委员会会议指出，出台居住证管理办法，分类推进户籍制度改革，完善相关公共服务及社会保障制度。2013 年政府工作报告首次提到自由迁徙。加快户籍制度改革，推进农业转移人口市民化，逐步把符合条件的农业转移人口转为城镇居民。创新人口管理，加快户籍制度改革，全面放开建制镇和小城市落户限制，有序放开中等城市落户限制，合理确定大城市落户条件，严格控制特大城市人口规模。

10.2　我国未来人口迁移政策的讨论及建议

人口发展有其自身规律性和惯性，人口发展的变动是不以人的意志为转移的，但可以通过及时推行适当的人口政策发挥一定的作用（主要是引导作用）。例如，我国 20 世纪 50 年代限制城乡人口迁移政策、80 年代强制执行的人口计划生育政策等，都会对我国的人口结构及空间分布产生影响。

我国目前城乡人口和劳动力的配置格局是传统经济发展战略的产物。20 世纪 50 年代初，我国为了实现经济上赶超的目标，实行了优先发展重工业的发展战略。隔断城乡人口迁移的户籍管理制度是与此相配套的制度安排，目的是：① 防止劳动力从农业中转移出来；② 把城市中享受低价农产品的人数限制在有限的范围内。在这个制度下，农村人口不能随便改变身份、职业和居住地。

这种政策导向的结果是，改革开放前的经济发展，虽然国民经济的产值构成发生了变化，农业占国民收入的比例从 1952 年的 57.7% 下降为 1978 年的 32.8%；就业结构的变化却大大滞后，农业劳动力比例仅从 1952 年的 83.5% 下降为 1978 年的 70.5%。与此相应，1978 年的城市化率只有 17.9%，仅比 1952 年的水平（12.5%）提高了几个百分点。这种人口和劳动力格局为改革开放以后开始的劳动力转移和人口迁移积累提供一个很大的势能。当市场取向的经济改革从体制上和产业机会上为人口、劳动力迁移提供可能性时，这种迁移就具有极大的初始动力。

经济改革过程本身也为这种迁移提供了巨大的追加动力。自 1978 年以来，经济改革具有区域间的差异性。特别是 20 世纪 80 年代中期以后，东部地区具有较好基础的乡镇企业在经济发展中占据了重要地位，沿海地区发展战略的实施又给予东部地区诸多特殊政策，使得改革和发展的重心都集中到东部。这种改革和发展的区域梯度性导致了地区间经济发展水平和人均收入水平的不平衡，而且这种不平衡突出地表现在各地农村经济发展和收入水平的不平衡，以及城乡收入差距扩大两方面。这种地区间收入差距的扩大，增强了人口和劳动力在区域间和城乡间的迁移或流动动力。

人口政策是我国最基本的公共政策之一。在过去几十年间，我国的人口政策对降低人口出生率、缓解就业压力、资源压力，稳定世界人口做出了积极的贡献。但是在实现我国社会经济的可持续发展过程中，人口政策，尤其是在我国现行城乡一体化大背景下的人口相关政策，应该随着时代发展和经济社会发展的要求适时加以调整。

本书通过 1985～2015 年六期的数据做了相应的研究，发现人口迁移或流动作为一系列经济文化因素的后果，在经济发展水平和其他经济背景具有较大差异的地区之间表现出十分不同的特征。无论是人口迁移还是劳动力流动，基本趋势都是东部地区较高的收入水平和较为活跃的经济发展，吸引中西部地区居民的转移，以及城市以较高的收入和较多的就业机会吸引农村居民的转移。

从本章的预测结果可以看出，我国人口在未来 10～20 年仍然是以向经济发展水平较高的三大经济区（环渤海、长三角、珠三角经济区）迁移为主，而人口流失地主要还是集中在中西部地区，如安徽、湖北、江西、湖南等地。随着我国户籍制度的放宽，区域性政策制定也应考虑人口流动的影响，在保持东南沿海地区发展优势的同时，加大加快中西部建设发展的力度，制定有吸引力的人才引进制度。

（1）合理确定大城市落户条件，严格控制特大城市人口规模。构建系统的特大城市人口迁入落户打分体系，争创人才高地，对于城市紧缺且迫切需要专业、产业的人才、人员，根据不同需求及时调整。提高特大城市如北京、上海等地的人口整体素质，增强城市综合竞争力，同时规范、细化外来人口管理，逐步转向居住地管理模式。

（2）全面放开建制镇和小城市落户限制，有序放开中等城市落户限制。发展各具特色的城市产业体系，增强中小城市产业承接能力，特别是要着力提高服务业比例。推进农业转移人口市民化，逐步把符合条件的农业转移人口转为城镇居民。

（3）中西部地区新增城镇人口。目前，沿海地区城镇化水平相对较高，而未来中西部地区将处于城镇化加速阶段，未来新增城镇人口要更多地依靠中西部地区力量。制定相关的人才引进优惠扶植政策，引导较高素质人才向中西部流动，以及通过承接起东部地区产业转移加强中西部地区城镇建设，完成中西部农民就地、就近市民化的新型城镇化进程。

参 考 文 献

柏延臣，王劲峰．2003．遥感信息的不确定性研究——分类与尺度效应模型．北京：地质出版社．

蔡昉．2001．劳动力迁移的两个过程及其制度障碍．社会学研究，(4)：44-51．

蔡昉．2004．边缘化的外来劳动力．开放导报，117(6)：37-40．

蔡昉，王德文．2003．作为市场化的人口流动——第五次全国人口普查数据分析．中国人口科学，(5)：11-19．

蔡建明，王国霞，杨振山．2007．我国人口迁移趋势及空间格局演变．人口研究，31(5)：9-19．

陈楠，王钦敏，林宗坚．2005．中国人口经济压力与人口迁移的定量分析．中国人口科学，(6)：30-37．

陈蓉，王美凤．2018．经济发展不平衡、人口迁移与人口老龄化区域差异——基于全国287个地级市的研究．人口学刊，40(3)：71-81．

丁金宏．1994．中国人口省际迁移的原因别场流场特征探析．人口研究，18(1)：14-21．

丁金宏，刘振宇，程丹明，等．2005．中国人口迁移的区域差异与流场特征．地理学报，60(1)：106-114．

杜国明，张树文，张有全．2007．城市人口分布的空间自相关分析——以沈阳市为例．地理研究，26(2)：383-390．

段成荣．2000．影响我国省际人口迁移的个人特征分析——兼论"时间"因素在人口迁移研究中的重要性．人口研究，24(4)：14-22．

段成荣．2001．流动人口流入时间分析：以北京市海淀区为例．市场与人口分析，7(1)：53-57．

段成荣．2001．省际人口迁移迁入地选择的影响因素分析．人口研究，25(1)：56-61．

段成荣，吕利丹，王涵，等．2020．从乡土中国到迁移中国：再论中国人口迁移转变．人口研究，44(1)：19-25．

段成荣，孙玉晶．2006．我国流动人口统计口径的历史变动．人口研究，30(4)：70-76．

段成荣，谢东虹，吕利丹．2019．中国人口的迁移转变．人口研究，43(2)：12-20．

樊敏，刘耀林，杨啸濒，等．2008．城镇土地利用时间变化的趋势面分析．测绘通报，(8)：25-27．

范剑勇，王立军，沈林洁．2004．产业聚集与农村劳动力的跨区域流动．管理世界，(4)：22-29．

冯林杰，陈建东．2008．基于托达罗模型的人口流动因素分析．消费导刊，(15)：181．

高凯，周志翔，杨玉萍．2010．长江流域土地利用结构及其空间自相关分析．长江流域资源与环境，19(1)：13-20．

顾朝林，蔡建明，张伟，等．1999．中国大中城市流动人口迁移规律研究．地理学报，54(3)：204-212．

国家人口和计划生育委员会流动人口服务管理司．2011．中国流动人口发展报告2011．北京：中国人口出版社．

国家人口和计划生育委员会流动人口司 . 2017. 中国流动人口发展报告 2017. 北京：中国人口出版社 .

国家统计局 . 2006. 2005 年全国 1% 人口抽样调查主要数据公报 . http：//www. stats. gov. cn/tjsj/tjgb/rkpcgb/qgrkpcgb/200603/t20060316_ 30326. html［2021-06-03］.

国家统计局 . 2011. 2010 年第六次全国人口普查主要数据公报（第 1 号）. http：//www. stats. gov. cn/tjsj/tjgb/rkpcgb/qgrkpcgb/201104/t20110428_ 30327. html［2021-06-03］.

国家统计局 . 2016. 2015 年全国 1% 人口抽样调查主要数据公报 . http：//www. stats. gov. cn/tjsj/zxfb/201604/t20160420_ 1346151. html［2021-06-03］.

国家统计局 . 2020. 中国统计年鉴 2019. 北京：中国统计出版社 .

国家统计局 . 2021. 第七次全国人口普查公报（第七号）. http：//www. stats. gov. cn/tjsj/tjgb/rkpcgb/qgrkpcgb/202106/t20210628_ 1818826. html［2021-07-20］.

国家统计局人口统计司，公安部三局 . 1988. 中华人民共和国人口统计资料汇编 . 北京：中国财政经济出版 .

国家统计局人口与就业统计司 . 1996. 1995 年全国 1% 人口抽样调查主要数据 . 北京：中国统计出版社 .

国务院人口普查办公室，国家统计局人口统计司 . 1993. 中国 1990 年人口普查资料 . 北京：中国统计出版社 .

何进伟，葛森，崔致远，等 . 2009. 基于趋势面分析的男性肺一氧化碳弥散量与地理因素 . 地理科学，29（4）：573-576.

胡焕庸，张善余 . 1984. 中国人口地理（上册）. 上海：华东师范大学出版社 .

黄飞飞，张小林，余华，等 . 2009. 基于空间自相关的江苏省县域经济实力空间差异研究 . 人文地理，24（2）：84-89.

贾小玫，李峰 . 2007. 基于和谐理论的流动人口和谐度测量模型 . 统计与决策，（20）：7-9.

李东，苏小红，马双玉 . 2003. 基于新维灰色马尔科夫模型的股价预测算法 . 哈尔滨工业大学学报，35（2）：244-249.

李国平，玄光辉，王立明 . 2004. 深圳与全国区域经济联系的测度及分析——基于人口迁移模型的研究 . 人文地理，（2）：30-34.

李立宏 . 2000. 中国人口迁移的影响因素浅析 . 西北人口，（2）：37-40.

李玲，Fan C C. 2000. 社会经济结构转型期迁移与非迁移人口的工作选择与转换——广州劳动市场初步研究 . 人口研究，24（2）：16-25.

李培 . 2009. 中国城乡人口迁移的时空特征及其影响因素 . 经济学家，（1）：50-57.

李若建 . 2003. 广州市外来人口的空间分布分析 . 中山大学学报（社会科学版），3（3）：73-80，126.

李树文，史建武，周继红 . 2007. 近地面大气污染模拟模型的建立与应用研究 . 环境科学与技术，30（2）：29-31.

李树苗 . 1994. 中国 80 年代的区域经济发展和人口迁移研究 . 人口与经济，（3）：3-8.

李亚丽 . 2004. GIS 支持下的河南省人口空间动态特征研究 . 郑州：河南大学 .

李永浮，鲁奇，周成虎 . 2006. 2010 年北京市流动人口预测 . 地理研究，25（1）：131-140.

李德滨 . 1995. 当代中国移民基本经验 . 人口研究，（2）：57-60.

梁明，李培，孙久文．2007．中国城乡人口迁移数量决定因素的实证研究：1992～2004．人口学刊，
　　（5）：35-39．

刘宝银，王岩峰．1999．南沙群岛遥感复合信息的珊瑚礁顶趋势面分析．海洋学报，21（3）：51-58．

刘慧，金凤君，王传胜等．2010．人文地理过程内涵辨析与模拟探讨．人文地理，25（4）：7-11．

刘金塘，王虹丽，蔡虹．2004．中国人口终身迁移状况分析．人口研究，28（3）：16-23．

刘茂省，阮玉华，韩丽涛，等．2003．HIV传播动力学模型的研究．中国艾滋病性病，9（6）：
　　335-337．

刘湘南，黄方，王平．2008．GIS空间分析原理与方法．北京：科学出版社．

刘晏伶，冯健．2014．中国人口迁移特征及其影响因素——基于第六次人口普查数据的分析．人文地
　　理，29（2）：129-137．

刘铮．1990．中国人口学研究工作的回顾与展望．人口研究，（6）：5-8．

龙奋杰，刘明．2006．城市吸引人口迁入的影响因素分析．城市问题，（8）：44-46．

卢向虎，朱淑芳，张正河．2006．中国农村人口城乡迁移规模的实证分析．中国农村经济，（1）：
　　35-41．

鲁奇，黄英，孟健，等．2005．流动人口在北京中心区和近远郊区分布差异的调查研究．地理科学，
　　25（6）：655-663．

陆大道．1995．区域发展及其空间结构．北京：科学出版社．

陆大道．2002．论区域的最佳结构与最佳发展．地理学报，56（2）：127-135．

陆大道．2003．中国区域发展的理论与实践．北京：科学出版社．

毛新雅，王桂新．2006．长江三角洲地区人口入迁及城市化的区域经济因素分析——基于面板数据的
　　研究．市场与人口分析，12（2）：1-8．

牟磊．2007．基于GIS和CA模型的土地利用变化研究．乌鲁木齐：新疆大学．

宁龙梅，王学雷，胡望斌．2004．利用马尔科夫过程模拟和预测武汉市湿地景观的动态演变．华中师
　　范大学学报（自然科学版），38（2）：255-258．

欧阳莹之．2002．复杂系统理论基础．上海：上海科技教育出版社．

潘丽丽．2009．旅游目的地空间介入机会的旅客感知特征分析．人文地理，24（6）：103-106．

彭勋等．1992．人口迁移与社会发展——人口迁移学．济南：山东大学出版社．

屈琼斐，钟逢干．1997．广东省人口迁移区域性态势分析．人口研究，21（6）：59-62．

沈建法．2019．中国人口迁移，流动人口与城市化——现实，理论与对策．地理研究，38（1）：
　　33-44．

宋长青，冷疏影．2005．21世纪中国地理学综合研究的主要领域．地理学报，60（4）：546-552．

孙兢新．1994．跨世纪的中国人口（综合卷）．北京：中国统计出版社．

王春光．2011．中国社会政策调整与农民工城市融入．探索与争鸣，（5）：8-14．

王桂新．1992．上海省际人口迁移与距离关系之探讨．人口研究，（4）：1-7．

王桂新．1993．我国省际人口迁移与距离关系之探讨．人口与经济，（2）：3-8．

王桂新．1994．我国省际人口迁移迁出选择过程的年龄模式及其特征．人口研究，（2）：9-17．

王桂新．1996．中国人口迁移与区域经济发展关系之分析．人口研究，20（6）：9-16．

王桂新．1997．中国区域经济发展水平及差异与人口迁移关系之研究．人口与经济，100（1）：
　　50-56．

王桂新．2004．改革开放以来中国人口迁移发展的几个特征．人口与经济，(4)：1-8．

王桂新．2019．新中国人口迁移70年：机制、过程与发展．中国人口科学，(5)：2-14，126．

王桂新，刘建波．2003.1990年代后期我国省际人口迁移区域模式研究．市场与人口分析，9 (4)：1-10．

王桂新，毛新雅，张伊娜．2006．中国东部地区三大都市圈人口迁移与经济增长极化研究．华东师范大学学报 (哲学社会科学版)，38 (5)：1-9．

王桂新，潘泽瀚，陆燕秋．2012．中国省际人口迁移区域模式变化及其影响因素——基于2000和2010年人口普查资料的分析．中国人口科学，(5)：2-13，111．

王桂新，沈续雷．2008．上海市人口迁移与人口再分布研究．人口研究，(1)：58-69．

王桂新，魏星，沈建法．2005．中国省际人口迁移对区域经济发展作用关系之研究．复旦学报 (社会科学版)，(3)：148-158．

王劲峰．2006．空间分析．北京：科学出版社．

王宪礼，胡远满，布仁仓．1996．辽河三角洲湿地的景观变化分析．地理科学，16 (3)：260-265．

王政权．1999．地统计学及在生态学中的应用．北京：科学出版社．

吴慧欣，王峰，苏锦旗．2009．行人交通微观动态元胞自动机仿真模型研究．计算机工程与应用，45 (4)：235-238．

吴江．2005．广东省人口迁移流动的特点及对策探讨．南方经济，(2)：55-57．

吴森富，谌新民．2004．沿海省市流动人口结果特征的实证研究：以广东省为例．华南师范大学学报 (社会科学版)，(1)：36-43．

吴晓旭，邹学勇，钱江．2010．基于马尔科夫模型的乌审旗景观格局模拟与预测．干旱区资源与环境，24 (2)：158-162．

伍理．2001．重视城市化过程中的人口分布——以上海市为例．人口与经济，128 (5)：39-42．

徐鹏，王晓波．2004．利用五普数据分析中国外来人口流动的基本规律．市场与人口分析，10 (6)：46-51．

徐冠华．1994．遥感与资源环境信息系统应用与展望．环境遥感，9 (4)：241-246．

严善平．1998．中国九十年代地区间人口迁移的实态及其机制．人口与经济，(3)：3-13．

阎蓓．1997．新时期我国人口迁移的问题与对策．经济地理，17 (3)：108-113．

阎蓓．1999．新时期中国人口迁移．长沙：湖南省教育出版社．

杨先卫，阎理．2005．农业产业结构趋势面模型的建立与分析．统计与决策，(7)：22-23．

杨云彦．1992．八十年代中国人口迁移的转变．人口与经济，(5)：12-16．

杨云彦．1994．中国人口迁移与发展的长期战略．武汉：武汉大学出版社．

杨云彦．2004．九十年代以来我国人口迁移的若干新特点．南方人口，19 (3)：31-38．

杨云彦，陈金永，刘塔．1999．中国人口迁移：多区域模型及实证分析．中国人口科学，73 (4)：20-26．

杨云彦，陈金永，刘塔．2001．外来劳动力对城市本地劳动力市场的影响——"武汉调查"的基本框架与主要发现．中国人口科学，(2)：52-58．

姚华松，许学强，薛德升．2008．中国流动人口研究进展．城市问题，(6)：69-76．

姚华松，许学强，薛德升．2010．广州流动人口空间分布变化特征及原因分析．经济地理，30 (1)：40-46．

尹德挺. 2007. 北京市流动人口的空间流动和职业流动. 北京社会科学, (4): 92-97.

俞路. 2006. 20 世纪 90 年代中国迁移人口分布格局及其空间极化效应. 上海: 华东师范大学.

俞路, 张善余. 2005. 基于空间统计的人口迁移流分析——以我国三大都市圈为例. 华东师范大学学报 (哲学社会科学版), (5): 25-31.

翟锦云, 马建. 1994. 我国广东省人口迁移问题探讨. 人口研究, 18 (2): 18-24.

张开敏. 1989. 上海人口迁移研究. 上海: 上海社会科学院出版社.

张青贵. 2004. 人工神经网络导论. 北京: 水利水电出版社.

张秋菊, 傅伯杰, 陈利顶. 2003. 关于景观格局演变的几个问题. 地理科学, 23 (3): 164-170.

张善余. 1990. 我国省际人口迁移模式的重大变化. 人口研究, (1): 2-8.

张善余. 1992. 第四次人口普查省际迁移数据分析. 人口与经济, (3): 13-19.

张善余. 2007. 中国人口地理. 北京: 科学出版社.

张善余, 俞路, 彭际作. 2005. 当代中国女性人口迁移的发展及其结构特征. 市场与人口分析, 11 (2): 13-19.

张文忠. 2003. 新经济地理学的研究视角探析. 地理科学进展, 22 (1): 94-101.

章定富, 毛端纤, 吕桦. 2000. 江西省人口迁移与城市化. 人口学刊, 119 (1): 27-31.

赵慧英. 2007. 拉美和非洲地区工业化过程中农村人口迁移分析. 首都经济贸易大学学报, (1): 111-115.

赵军, 符海月. 2001. GIS 在人口重心前移研究中的应用. 测绘工程, 10 (3): 48-51.

赵渺希. 2006. 上海市中心城区外来人口社会空间分布研究. 地理信息世界, 2 (1): 31-38.

赵树凯. 1995. 农民流动的自发机制初探. 中国农村观察, (1): 48-53.

周成虎, 孙战利, 谢一春. 1999. 地理元胞自动机研究. 北京: 科学出版社.

周皓. 2001. 从迁出地、家庭户的角度看迁出人口——对 1992 年 38 万人调查数据的深入分析. 中国人口科学, (3): 17-23.

周皓. 2002. 我国人口迁移研究的回顾、总结与讨论. 人口与经济, (1): 4.

周一星, 王榕勋, 李思名, 等. 2000. 北京千户新房迁居问卷调查报告. 规划师, 16 (3): 86-95.

周崇经. 1990. 中国人口 (新疆分册). 北京: 中国财政经济出版社.

朱传耿, 顾朝林, 马荣华, 等. 2001. 中国流动人口的影响要素与空间分布. 地理学报, 56 (5): 549-560.

朱富言, 李东. 2008. 北京市流动人口数量变动趋势分析. 西部人口, 29 (4): 85-87.

朱杰. 2008. 人口迁移理论综述及研究进展. 江苏城市规划, (7): 40-44.

朱杰. 2009. 长江三角洲人口迁移空间格局、模式及启示. 地理科学进展, 28 (3): 353-361.

朱农. 2001. 中国四元经济下的人口迁移——理论、现状和实证分析. 人口与经济, (1): 44-52.

Allen P M, Sanglier M. 1979. A dynamic model of growth in a central place system. Geographical Analysis, 11 (1): 256-272.

Andrienko N, Andrienko G. 2006. Exploratory Analysis of Spatial and Temporal Data: a Systematic Approach. Heidelberg: Springer Science & Business Media.

Batty M. 1995. Cities and Complexity: Implications for Modeling Sustainability. London: Longman Publishing Group.

Batty M, Xie Y. 1997. Possible urban automata. Environment and Planning B: planning and Design, 24

（2）：175-192.

Bell M, Blake M, Boyle P, et al. 2002. Cross-national comparison of internal migration: issues and measures. Journal of the Royal Statistical Society: Series A (Statistics in Society), 165 (3): 435-464.

Bell M, Charles-Edwards E, Kupiszewska D, et al. 2014. Internal migration data around the world: assessing contemporary practice. Population, Space and Place, 21: 1-17.

Bell M, Charles-Edwards E, Ueffing P, et al. 2015. Internal migration and development: comparing migration intensities around the world. Population and Development Review, 41 (1): 33-58.

Bell M, Muhidin S. 2009. Cross-National Comparison of Internal Migration. New York: United Nations Development Programme.

Benenson I. 1998. Multi-agent silumations of residential dynamics in the city. Computers, Environment and Urban Systems, 22 (1): 25-42.

Bogue D J. 1959. Internal migration//Hauser P M, Duncan O D. The Study of Population. Chicago: University of Chicago Press.

Boothroyd G, Redford A H. 1968. Mechanized Assembly. London: McGraw-Hill.

Bura S, Guérin-Pace F, Mathian H, et al. 1996. Multiagent systems and the dynamics of a settlement system. Geographical Analysis, 28 (2): 161-178.

Chan K W. 2012. Migration and development in China: trends, geography and current issues. Migration and Development, 1 (2): 187-205.

Chan K W, Liu T, Yang Y. 1999. Hukou and Non-hukou migration in China: comparisons and contrasts. International Journal of Population Geography, 5 (6): 425-448.

Couclelis H. 1985. Cellular worlds: a framework for modeling micro-macro dynamics. Environment and Planning A, 17 (5): 585-596.

Couclelis H. 1997. From cellular automata to urban models: new principles for model development and implementation. Environment and Planning B: Planning and Design, 24 (2): 165-174.

Datta P. 2004. Push-pull factors of undocumented migration from Bangladesh to West Bengal: a perception study. The Qualitative Report, 9 (2): 335-358.

Denslow D A, Eaton P J. 1984. Migration and intervening opportunities. Southern Economic Journal, 51 (2): 369-387.

Dorigo G, Tobler W. 1983. Push-pull migration laws. Annals of the Association of American Geographers, 3 (1): 1-17.

Engelen G, White R, Ulgee I, et al. 1995. Using cellular automata for integrated modeling of socio-environmental systems. Environmental Monitoring and Assessment, 34 (2): 203-214.

Engels F. 1974. La situación de la clase obrera en Inglaterra. Buenos Aires: Esencia.

Fan C C. 1999. Migration in a socialist transitional economy: heterogeneity and spatial characteristics of migrants in China and Guangdong province. International Migration Review, 33 (4): 954-987.

Fan C C. 2005. Modeling interprovincial migration in China, 1985—2000. Eurasian Geography and Economics, 46 (3): 165-184.

Fields G S. 1982. Place-to-place migration in Colombia. Economic Development and Cultural Change, 30 (3): 539-558.

Fields G S. 1979. Place-to-place migration: some new evidence. The Review of Economics and Statistics, 61 (1): 21-32.

Flowerdew R, Aitkin M. 1982. A method of fitting the gravity model based on the Poisson distribution. Journal of Regional Science, 22 (2): 191-202.

Fujita M, Krugman P R, Venables A J. 1999. The Spatial Economy: Cities, Regions and International Trade. Cambridge: MIT Press.

Gould P R. 1972. Pedagogic review: entropy in urban and regional modeling. Annals of the Association of American Geographers, 62 (4): 689-700.

Greenwood M J. 1969. An analysis of the determinants of geographic labor mobility in the United State. Review of Economics and Statistics, 51 (2): 189-194.

Greenwood M J. 1971. A regression analysis of migration to urban areas of a less-developed country: the case of India. Journal of Regional Science, 11 (2): 253-262.

Greenwood M J. 1975. Research on internal migration in the United States: a survey. Journal of Economic Literature, 13 (2): 397-433.

Greenwood M J. 1981. Migration and Economic Growth in the United States: National, Regional, and Metropolitan Perspectives. New York: Academic Press.

Haag W O, Lago R M, Weisz P B. 1984. The active site of acidic aluminosilicate catalysts. Nature, 309: 589-591.

Harris B, Wilson A G. 1978. Equilibrium values and dynamics of attractiveness terms in production-constrained spatial-interaction models. Environment and Planning, 10 (4): 371-288.

Hawley A H. 1968. Human ecology//Sills D L. International Ecyclopaedia of the Social Sciences. New York: Macmillan.

Herblerl R. 1938. The causes of rural-urban migration a survey of German Theories. American Journal of Sociology, 43 (6): 932-950.

International Organization for Migration (IOM). World migration report 2020. https://publications.iom.int/books/world-migration-report-2020 [2021-06-03].

Ittelson W H. 1973. Environment perception and contemporary perceptual theory. Environment and Cognition. New York, Seminar, 1-19.

Jenkins J C. 1977. Push/pull in recent Mexican migration to the US. International Migration Review, 11 (2): 178-189.

Johnson K M. 2003. Unpredictable directions of rural population growth and migration//Brown D L, Swanson L E. Challenges for Rural America in the Twenty- First Century. State College: Penn State University Press.

Jorgensen S E, G Bendoricchio. 2001. Fundamentals of ecological modelling. Amsterdam: Elsevier.

King J. 1978. Interstate migration in Mexico. Economic Development and Cultural Change, 27 (1): 83-101.

Krugman P R, Elizondo R L. 1996. Trade policy and the Third World metropolis. Journal of Development Economics, 49 (1): 137-150.

Lee E S. 1966. A theory of migration. Demography, 3 (1): 47-57.

Lee J, Wong D. 2001. Statistical Analysis with ArcView GIS. New York: John Wiley & Sons.

Levy M B, Wadycki W J. 1974. What is the opportunity cost of moving? Reconsideration of the effects of distance on migration. Economic Development and Cultural Change, 22 (2): 198-214.

Liang Z, White M J. 1996. Internal migration in China, 1950—1988. Demography, 33 (3): 375-384.

Liu Z G, Li M C, Sun Y, et al. 2006. Study on spatial autocorrelation of urban land price distribution in Changzhou city of Jiangsu province. Chinese Geographical Science, 16 (2): 160-164.

Lowry I S. 1966. Migration and Metropolitan Growth: two Analytical Models. San Francisco: Chandler Publishing Company.

Malthus T R. 1978. An Essay on the Principle of Population. London: Cambridge University Press.

Miller H J. 2004. Tobler's first law and spatial analysis. Annals of Association of American Geographers, 94 (2): 284-289.

Nicolis G, Prigogine I. 1989. Exploring Complexity: an Introduction. NewYork : W. H. Freeman.

Olsson G. 1965. Distance and human interaction: a migration study. Swedish Society for Anthropology and Geography, 47 (1): 3-43.

Olsson G. 1965. Distance and human interaction: a review and bibliography. Philadelphia: Regional Science Research Institute.

O'Sullivan D, Unwin D. 2003. Geographic Information Analysis. New York: John Wiley & Sons.

Pannell C W, Ma L J C. 1997. Urban transition and interstate relations in a dynamic Post-Soviet borderland: the Xinjiang Uygur Automonous Region of China. Post-Soviet Geography and Economics, 38 (4): 206-229.

Peeters L. 2008. Inter-state migration in Mexico, 1995—2000: a flexible Poisson gravity-modeling approach. Diepenbeek: Hasselt University.

Plane D A, Gordon F M. 1997. Measuring spatial focusing in a migration system. Demography, 34 (2): 251-262.

Plane D A, Rogerson P A. 1994. The Geographical Analysis of Population: with Applications to Planning and Business. New York: John Wiley & Sons.

Ravenstein E G. 1876. Census of the British Isles, 1871: the Birthplaces of the People and the Laws of Migration. London: Trubner & Company.

Ravenstein E G. 1885. The laws of migration. Journal of the Statistical Society of London, 48 (2): 167-235.

Ravenstein E G. 1889. The laws of migration: second paper. Journal of the Royal Statistical Society, 52 (2): 241-305.

Rogers A, Raquilet R, Castro L. 1978. Model migration schedules and their applications. Environment and Planning A, 10 (5): 475-502.

Rogers A, Raymer J. 1998. The spatial focus of U. S. interstate migration flows. International Journal of Population Geography, 4 (1): 63-80.

Rogers A, Sweeney S. 1998. Measuring the spatial focus of migration patterns. The Professional Geographer, 50 (2): 232-242.

Rogers A. 1984. Migration, Urbanization, and Spatial Population Dynamics. Boulder: Westview Press.

Rozelle S, Taylor J E, deBrauw A. 1999. Migration, remittances, and agricultural productivity in China. American Economic Review, 89 (2): 287-291.

Sander N D. 2010. Retirement migration of the baby boomers in Australia: beach, bush or busted?. Brisbane: University of Queensland.

Sauvy A. 1969. General Theory of Population. London: Weidenfeld & Nicolson.

Schroeder J P. 2009. Visualizing patterns in U. S. Urban population trends. Minneapolis: University of Minnesota.

Schultz T W. 1962. Reflections on investment in man. The Journal of Political Economy, 70 (5): 1-8.

Sergio J R, Brett D M. 1999. US regional income convergence: a spatial econometric perspective. Regional Studies, 33 (2): 143-156.

Shaw R P. 1975. Migration theory and fact. Philadephia: Regional Science Research Institute.

Shen J. 1996. Internal migration and regional population dynamics in China. Process in Planning, 45 (3): 123-188.

Shen J. 1999. Modelling regional migration in China: estimation and decomposition. Environment and Planning, 31 (7): 1223-1238.

Shen J. 2011. Changing patterns and determinants of interprovincial migration in China, 1985—2010. Population, Space and Place, 18 (3): 384-402.

Shryock H. 1959. The efficiency of internal migration in the United States. Vienna: International Population Conference.

Sjaastad L A. 1962. The cost and returns of human migration. Journal of Political Economy, 70 (5): 80-93.

Stein D L. 1989. Lectures in the Sciences of Complexity: Santa Fe Institute Studies in the Sciences of Complexity (Vol. 1). Reading, MA: Addison Wesley.

Stouffer S A. 1940. Intervening opportunities: a theory relating mobility and distance. American Sociological Review, 5 (6): 845-867.

The United Nations Population Division. 2002. International Migration 2008. New York : UN Sales Section.

Tobler W R. 1970. A computer movie simulating urban growth in the Detroit region. Economic Geography, 46: 234-240.

Todaro M P. 1969. A model of labor migration and urban un-employment in less development countries. The America Eco-nomic Review, 59 (1): 138-148.

Todaro M P. 1997. Economic Development in the Third World. London: Longman Publishing Group.

Tolley G S. 1963. Population adjustment and economic activity: three studies. Papers in Regional Science, 11 (1): 85-97.

Trewartha G. 1953. A case for population geography. Annals of the Association of American Geographers, 43: 71-97.

U. S. Bureau of Census. 1927. Statistical Atlas of the United States. New York: Ronald Press.

van Imhoff E, Keilman N. 1991. LIPRO 2.0: an application of a dynamic demographic projection model to household structure in the Netherlands. Amsterdam; Berwyn, PA: Swets & Zeitlinger.

Wadycki W J. 1974. Alternative opportunities and interstate migration: some additional results. Review of Economics and Statistics, 56 (2): 254-257.

Waldrop M. 1992. Complexity: the Emerging Science at the Edge of Order and Chaos. New York: Simon and Schuster.

White R, Engelen G, Uljee I. 1997. The use of constrained cellular Automata for high-resolution modeling of urban land-use dynamics. Environment and Planning B: Planning and Design, 24 (3): 323-343.

Wilson A G. 1970. Entropy in Urban and Regional Modelling. London: Pion.

Zelinsky W. 1971. The hypothesis of the mobility transition. The Geographical Review, 61 (2): 219-249.

Zhang K H, Song S F. 2003. Rural-urban migration and urbanization in China: evidence from time-series and cross-section analyses. China Economic Review, 14 (4): 386-400.

Zhu Y. 2007. China's floating population and their settlement intention in the cities: beyond the Hukou reform. Habitat International, 31: 65-76.

Zipf G K. 1949. Human Behavior and the Principle of Least Effort. New York: Hafner.

Zipf G K. 1946. The $P_1 P_2/D$ hypothesis: on intercity movement of persons. American Sociological Review, 11 (6): 677-686.

附表 1-1 1985~1990 年全国按现住地五年前常住地分的人口

现住地	北京	天津	河北	山西	内蒙古	辽宁	吉林	黑龙江	上海	江苏	浙江	安徽	福建	江西	山东
北京	0	15 252	214 047	26 717	16 629	19 708	14 651	24 147	6 930	32 854	23 461	32 192	8 055	6 684	44 537
天津	6 048	0	95 469	9 397	10 010	7 743	4 558	14 053	1 455	5 097	5 345	5 685	1 879	1 384	22 195
河北	18 436	19 093	0	42 601	46 548	23 236	19 380	48 987	1 328	9 540	14 641	7 576	3 575	2 643	24 971
山西	6 615	2 130	55 213	0	39 307	4 897	3 217	3 692	628	8 324	28 842	6 343	5 487	1 294	17 165
内蒙古	2 380	1 485	37 982	14 083	0	25 219	23 673	57 352	389	4 635	11 270	2 728	1 003	994	13 030
辽宁	4 339	3 580	30 458	5 574	61 145	0	88 851	150 073	2 182	16 165	23 744	11 177	4 461	3 221	56 515
吉林	1 879	1 621	9 047	2 411	19 641	45 297	0	65 512	571	5 825	8 112	2 727	1 675	1 375	43 661
黑龙江	2 644	1 376	16 684	2 398	37 922	47 046	80 257	0	916	14 291	15 070	14 723	2 119	1 842	86 552
上海	5 823	2 611	6 878	4 816	2 392	6 015	3 677	10 369	0	214 436	102 203	115 372	10 590	23 208	17 448
江苏	9 345	3 113	14 307	9 231	6 618	12 681	10 619	22 947	39 600	0	53 275	150 325	15 683	31 831	48 808
浙江	4 207	1 467	4 608	4 399	2 854	4 927	3 119	9 085	23 685	37 651	0	31 572	24 743	40 413	9 684
安徽	5 046	1 149	6 923	4 848	2 099	4 371	2 957	8 007	14 115	61 766	30 485	0	6 851	14 767	15 053
福建	2 368	901	1 858	1 869	722	1 733	1 204	1 515	4 040	10 760	45 854	5 152	0	41 656	5 030
江西	1 929	418	2 602	1 785	823	2 111	1 515	1 622	2 664	10 919	41 920	22 191	36 351	0	3 345
山东	10 359	3 371	35 118	13 866	17 093	25 062	60 559	130 712	4 170	33 393	23 768	13 590	11 841	7 312	0
河南	8 466	2 100	26 327	22 660	6 144	14 315	7 821	18 132	1 995	20 119	21 581	32 016	5 052	4 360	35 013
湖北	5 095	1 734	10 931	4 466	2 938	6 214	4 081	5 543	3 087	22 240	23 762	17 254	9 278	14 156	13 326
湖南	4 020	1 093	6 165	3 720	2 027	4 898	2 444	4 709	1 736	5 113	12 314	7 145	7 395	17 635	4 200
广东	10 676	2 916	9 619	3 642	2 383	8 075	5 817	6 744	11 282	24 172	37 229	8 943	53 683	57 331	8 495
广西	1 391	464	1 992	914	782	1 372	875	1 686	1 027	2 495	6 582	1 777	3 480	3 852	2 149
海南	949	230	676	335	227	505	645	752	595	2 726	3 172	1 809	7 404	2 011	640
四川	8 615	2 323	20 550	12 523	6 616	13 149	7 145	11 547	3 473	11 810	12 448	7 695	7 454	5 615	10 133
贵州	853	176	1 374	454	290	843	415	1 151	615	3 362	9 217	2 119	1 589	1 827	3 438
云南	1 155	323	2 213	1 033	356	1 078	926	1 007	1 450	5 645	17 694	2 436	2 173	2 016	3 202
陕西	5 544	1 495	15 593	15 486	6 488	5 979	3 084	3 610	1 515	14 827	17 176	9 241	3 364	3 055	12 354
甘肃	1 771	721	6 708	4 242	3 165	3 272	1 818	1 720	1 093	9 600	16 777	3 902	1 363	1 536	9 774
青海	764	222	3 743	1 423	408	1 694	689	390	323	8 039	8 179	2 393	657	384	4 452
宁夏	404	350	3 469	1 364	6 210	2 368	615	1 226	379	3 880	7 065	2 376	361	158	3 624
新疆	1 027	480	5 150	2 215	1 292	1 188	920	1 195	1 319	20 794	11 137	12 929	821	1 212	16 048

续表

现住地	五年前常住地													
	河南	湖北	湖南	广东	广西	海南	四川	贵州	云南	陕西	甘肃	青海	宁夏	新疆
北京	51 515	19 963	11 375	7 349	5 238	870	45 293	4 047	3 473	16 840	7 192	2 735	2 292	7 625
天津	10 228	5 259	3 278	1 948	3 042	404	9 358	1 688	911	4 776	4 268	1 110	1 296	6 181
河北	29 895	11 104	9 457	3 439	24 072	554	77 120	14 258	12 448	22 569	13 063	5 008	2 050	11 555
山西	42 515	4 168	4 985	996	2 775	63	36 630	4 176	1 983	13 889	5 105	1 565	649	3 925
内蒙古	6 290	1 208	1 193	400	352	31	13 585	497	513	12 039	14 671	583	4 637	2 042
辽宁	17 253	8 463	4 205	3 162	1 620	410	23 703	2 298	1 359	6 498	4 305	1 825	1 193	2 956
吉林	4 995	3 119	1 721	1 112	981	146	7 321	915	1 066	2 051	1 898	743	536	1 274
黑龙江	13 055	6 614	2 046	859	795	98	13 150	1 157	623	2 438	1 364	381	329	645
上海	11 299	10 969	8 488	9 439	3 018	956	31 924	8 071	5 125	8 768	9 016	4 242	1 499	26 104
江苏	27 237	27 243	16 965	8 527	11 605	3 960	95 847	45 499	35 154	24 474	17 242	9 726	3 862	33 831
浙江	8 152	10 147	13 987	6 169	11 755	832	28 463	18 583	12 148	5 330	4 658	3 678	1 824	7 171
安徽	26 912	14 053	7 764	2 474	2 313	1 254	39 767	16 543	20 569	11 077	4 114	2 417	783	8 188
福建	2 785	6 066	8 520	14 008	13 856	953	52 208	17 696	4 480	2 260	1 002	571	227	1 668
江西	6 026	17 170	27 830	12 760	5 372	766	11 151	4 346	2 427	2 390	1 753	511	218	1 497
山东	27 584	9 957	5 454	5 208	6 977	1 199	45 382	17 273	27 510	21 729	14 994	10 720	2 487	20 758
河南	0	40 486	9 297	11 560	4 452	2 006	50 295	12 161	13 737	40 416	19 517	9 345	4 388	31 106
湖北	79 423	0	42 533	12 300	7 492	1 678	94 729	5 726	4 534	19 296	4 182	2 148	790	10 978
湖南	10 772	39 629	0	26 995	20 348	4 395	29 626	22 795	11 839	6 537	2 878	1 651	543	8 414
广东	31 864	38 753	228 436	0	401 318	76 121	153 917	30 772	17 778	15 063	4 877	1 723	803	4 786
广西	2 924	5 560	36 468	30 286	0	5 313	9 980	9 951	6 575	1 442	692	637	115	1 655
海南	2 475	4 499	10 526	61 636	30 409	0	14 176	1 197	747	878	324	136	60	320
四川	19 893	30 357	14 986	12 220	9 916	2 021	0	42 723	68 820	27 353	19 808	11 882	2 325	35 730
贵州	4 336	3 835	19 804	4 075	8 299	204	100 138	0	18 673	1 646	300	292	42	689
云南	4 452	4 160	21 235	6 684	8 678	1 064	127 454	27 375	0	3 084	1 099	403	161	906
陕西	43 696	12 191	5 316	3 213	1 767	288	41 843	1 853	3 413	36 004	37 122	10 479	7 148	23 550
甘肃	22 483	2 937	2 807	1 332	517	66	20 334	302	861	14 249	0	13 938	8 224	19 908
青海	14 068	902	1 791	272	532	34	19 640	222	203	14 249	26 039	0	1 310	2 065
宁夏	9 369	619	818	164	101	1	4 782	130	113	18 593	20 489	970	0	1 885
新疆	58 130	6 843	7 329	1 907	1 289	290	118 233	532	350	20 660	38 743	2 722	6 818	0

附表 1-2 1990～1995 年全国按现住地五年前常住地分的人口

现住地	五年前常住地														
	北京	天津	河北	山西	内蒙古	辽宁	吉林	黑龙江	上海	江苏	浙江	安徽	福建	江西	山东
北京	0	18 117	160 326	31 364	17 825	16 851	15 585	27 273	5 552	41 396	32 727	41 591	10 227	6 721	41 202
天津	4 578	0	51 721	5 162	13 539	6 721	7 305	15 974	779	7 110	5 455	11 591	1 948	2 240	29 318
河北	21 331	15 098	0	22 987	54 838	20 357	16 072	75 877	779	6 234	24 546	26 883	2 338	2 045	18 312
山西	3 117	1 071	22 890	0	26 688	1 656	390	1 364	390	4 481	7 597	3 701	1 266	877	8 084
内蒙古	1 656	974	23 766	10 617	0	12 370	20 942	93 702	0	9 838	4 578	2 727	1 753	877	8 669
辽宁	3 214	1 169	15 974	1 169	42 176	0	83 085	115 910	974	10 714	33 215	11 494	1 266	1 753	50 357
吉林	1 753	877	4 968	1 169	9 643	30 098	0	60 195	584	2 922	2 532	1 753	2 532	682	16 753
黑龙江	487	1 071	8 084	1 169	24 156	28 929	55 422	0	682	6 526	1 364	14 805	584	292	53 961
上海	4 968	2 727	5 942	2 825	1 558	4 675	4 188	11 688	0	157 111	94 773	156 235	11 396	51 332	18 507
江苏	14 318	3 507	11 883	8 084	7 695	9 448	9 059	16 169	50 163	0	65 260	259 872	25 130	29 708	36 526
浙江	3 312	390	1 461	1 753	1 071	2 630	1 948	4 286	23 961	26 494	0	49 286	30 195	82 501	4 870
安徽	3 409	584	2 338	2 435	1 364	1 948	1 071	3 117	6 721	32 435	10 325	0	3 604	6 234	5 942
福建	2 143	97	2 045	3 507	1 364	1 558	584	1 558	2 240	8 669	21 916	22 305	0	70 715	3 994
江西	292	974	487	487	195	487	195	390	2 045	7 305	15 974	7 792	16 559	0	682
山东	11 201	4 675	26 981	7 110	17 727	21 234	49 773	127 793	2 143	21 331	24 838	19 481	7 013	2 143	0
河南	7 305	1 753	18 117	13 052	4 675	7 208	4 675	7 890	1 656	13 149	15 974	17 240	2 825	1 753	21 429
湖北	3 604	487	5 260	2 338	487	3 214	1 169	6 526	779	5 455	13 734	6 039	13 929	11 786	3 604
湖南	2 143	487	2 825	584	487	1 071	487	2 435	974	2 532	17 533	3 604	7 013	18 020	584
广东	8 377	1 753	6 331	3 604	1 851	7 208	6 039	5 942	8 084	14 318	23 474	16 169	43 831	189 547	3 799
广西	1 558	195	974	292	0	292	487	877	877	1 656	9 740	974	3 507	2 338	584
海南	584	390	682	97	877	682	779	1 461	584	2 143	1 851	2 143	2 435	4 675	779
四川	8 279	2 143	12 662	7 013	4 675	6 331	4 091	9 253	3 896	8 766	19 091	6 526	11 786	5 552	4 578
贵州	974	97	779	487	292	390	487	779	974	2 240	5 844	3 409	2 338	1 656	3 409
云南	584	195	1 364	584	390	584	682	584	1 169	2 630	13 052	2 143	4 773	2 143	1 558
西藏	97	97	292	292	0	97	0	195	0	487	877	195	97	195	390
陕西	2 045	195	5 162	4 773	1 558	1 753	974	1 753	974	4 578	12 175	6 331	2 240	1 656	6 331
甘肃	1 266	195	4 481	1 266	3 214	1 461	682	2 338	292	6 623	8 084	3 117	292	487	3 701
青海	195	97	2 825	195	97	292	0	292	97	1 461	1 364	1 558	97	97	1 851
宁夏	292	97	2 045	292	2 630	390	390	487	97	1 461	3 214	974	292	97	1 948
新疆	974	779	3 020	1 851	974	1 461	584	1 558	1 461	27 760	9 740	25 033	2 630	1 169	19 968

续表

现住地	五年前常住地														
	河南	湖北	湖南	广东	广西	海南	四川	贵州	云南	西藏	陕西	甘肃	青海	宁夏	新疆
北京	79 481	18 896	11 786	6 721	3 507	877	46 364	3 604	2 922	97	19 091	5 844	1 851	2 435	6 136
天津	15 195	4 870	3 312	2 045	2 338	584	10 909	1 364	779	97	3 799	3 994	487	682	3 507
河北	27 565	12 370	10 033	2 630	11 396	292	60 682	21 429	8 864	584	13 052	4 383	3 409	1 656	3 994
山西	21 429	7 792	2 922	292	487	0	16 851	3 117	3 117	390	4 481	7 792	97	390	1 558
内蒙古	4 578	1 558	974	390	97	0	13 442	1 071	877	0	19 481	26 104	97	6 526	390
辽宁	16 656	7 305	1 851	1 169	584	97	13 442	779	1 169	0	2 630	1 948	1 558	584	1 461
吉林	2 825	779	1 558	974	195	97	2 045	0	195	0	390	195	195	0	0
黑龙江	8 377	3 799	584	292	0	0	6 526	97	97	0	584	0	292	292	0
上海	26 981	14 708	10 130	12 955	3 799	3 214	51 039	11 688	5 552	0	7 208	7 403	3 701	1 461	19 383
江苏	58 637	35 260	23 766	16 266	8 084	1 656	92 143	51 916	33 117	682	19 968	11 007	20 260	1 364	22 695
浙江	14 805	15 195	26 299	11 299	11 104	1 364	61 364	50 942	10 909	682	6 916	2 045	3 020	487	2 922
安徽	17 825	6 721	3 214	1 948	390	584	17 533	7 110	6 136	292	2 532	584	1 266	779	2 825
福建	4 188	13 929	14 903	17 825	9 059	7 013	93 897	25 325	2 435	292	2 240	487	0	0	1 071
江西	2 727	7 597	22 013	16 266	2 435	390	6 429	5 649	1 364	0	2 338	487	0	97	195
山东	33 020	8 961	3 507	4 383	2 727	974	22 695	9 253	30 487	1 266	15 877	17 825	5 649	390	12 760
河南	0	19 870	6 916	3 604	3 896	779	19 578	8 961	10 909	779	27 857	8 084	4 383	1 169	7 305
湖北	45 000	0	21 137	8 571	1 364	2 338	82 306	584	5 455	14 221	10 325	2 338	487	584	4 578
湖南	3 994	41 396	0	19 481	13 344	1 461	20 649	34 773	5 552	97	1 851	877	1 169	584	3 409
广东	96 916	79 091	431 691	0	428 185	68 280	342 372	64 481	16 948	292	18 604	2 922	2 045	487	3 994
广西	1 169	6 039	22 403	18 507	0	5 747	13 539	14 513	7 890	97	682	390	584	0	584
海南	5 065	6 526	11 299	13 442	23 669	0	16 072	1 558	682	0	1 266	487	195	97	584
四川	15 877	21 818	11 786	42 955	3 604	3 117	0	40 520	64 773	974	13 442	7 305	4 188	2 240	24 448
贵州	2 338	2 532	19 091	6 136	4 383	195	73 832	0	13 052	682	682	195	195	0	584
云南	3 799	13 052	11 396	4 870	3 020	0	98 962	30 195	0	2 240	390	195	195	487	584
西藏	1 169	682	1 071	0	0	0	21 526	195	487	0	1 753	2 727	1 948	97	0
陕西	28 734	6 623	5 162	1 558	974	292	26 494	779	877	974	0	17 922	4 675	2 922	8 377
甘肃	16 851	3 994	877	195	97	0	16 948	584	97	1 558	24 740	0	9 156	11 786	11 494
青海	3 994	487	584	97	0	0	7 403	0	97	1 851	4 188	18 701	0	1 461	682
宁夏	4 870	195	292	0	0	0	2 045	0	0	0	10 714	13 442	390	0	877
新疆	156 819	9 643	5 065	292	682	0	162 176	584	487	97	20 552	78 897	3 020	13 929	0

附表 1-3 1995～2000 年全国按现住地五年前常住地分的人口

现住地	五年前常住地														
	北京	天津	河北	山西	内蒙古	辽宁	吉林	黑龙江	上海	江苏	浙江	安徽	福建	江西	山东
北京	0	23 674	392 747	65 137	64 589	59 411	47 021	83 958	7 958	111 705	63 158	156 968	33 126	41 463	155 716
天津	7 989	0	113 863	13 747	23 147	14 758	17 811	39 989	1 337	20 105	13 705	36 074	7 842	4 558	79 326
河北	26 211	23 505	0	40 547	65 011	37 074	41 611	111 958	1 505	21 358	26 232	34 042	9 263	7 021	55 495
山西	4 926	3 411	47 789	0	45 989	5 442	3 916	4 600	1 000	10 442	16 368	17 516	6 705	2 811	16 221
内蒙古	3 537	2 516	46 916	35 421	0	26 063	22 484	56 589	379	7 242	7 674	6 937	3 589	3 168	12 284
辽宁	4 874	3 821	30 874	6 695	86 516	0	136 084	235 663	1 968	25 358	21 126	33 126	9 453	6 295	60 863
吉林	2 074	1 947	12 263	3 484	22 284	41 463	0	72 811	684	11 705	7 253	8 737	4 274	2 305	30 589
黑龙江	2 695	1 758	13 716	3 768	37 537	34 947	77 768	0	979	17 253	9 221	13 842	4 116	3 200	44 800
上海	10 863	4 537	12 189	8 632	5 632	14 042	12 253	23 726	0	494 642	212 758	703 853	72 179	148 484	54 337
江苏	15 337	5 389	18 621	13 053	8 695	15 379	12 684	25 716	54 400	0	130 453	755 800	41 316	73 758	75 011
浙江	10 547	3 284	10 863	6 179	4 947	9 484	7 811	15 579	30 263	110 053	0	564 495	60 495	620 074	35 937
安徽	5 811	1 695	6 863	3 189	1 853	5 147	4 242	6 042	15 747	64 547	29 516	0	10 032	18 242	14 053
福建	4 937	1 611	4 905	4 000	2 263	5 116	4 389	6 653	6 084	22 516	46 000	107 053	0	430 621	11 653
江西	2 053	737	3 747	1 768	1 179	1 758	1 579	1 853	3 084	10 747	28 958	18 779	27 032	0	6 568
山东	13 579	6 600	39 758	17 768	31 800	40 979	98 558	198 221	5 811	62 768	43 811	70 705	14 874	11 800	0
河南	7 421	2 200	28 979	34 042	6 537	9 968	6 874	12 579	2 347	22 505	27 463	41 589	9 958	9 284	43 705
湖北	5 021	2 758	17 632	11 411	3 968	6 147	4 674	4 926	2 832	23 705	34 968	25 505	22 947	34 295	28 411
湖南	3 684	1 358	7 347	4 747	1 874	4 537	2 853	4 432	1 874	9 558	19 284	10 137	14 705	32 074	7 400
广东	19 632	7 053	29 895	19 084	13 789	32 463	29 789	47 137	16 126	122 084	101 253	307 053	208 474	291 200	89 032
广西	1 937	874	3 379	1 211	779	1 853	1 821	3 074	1 189	5 179	16 653	8 632	12 453	12 674	3 116
海南	1 179	463	1 537	842	1 274	2 347	2 537	3 547	589	2 811	4 189	6 316	7 021	13 358	3 453
重庆	4 779	1 547	6 863	4 726	1 968	3 695	2 400	3 621	2 495	7 853	14 895	5 642	11 905	6 074	6 600
四川	10 105	2 558	16 242	10 537	4 484	9 011	4 779	7 368	4 684	17 200	28 800	11 000	15 705	9 916	11 716
贵州	1 316	389	3 200	1 442	368	1 368	621	1 116	1 168	4 358	12 611	3 516	8 442	5 537	2 905
云南	2 579	684	6 326	3 305	1 168	2 874	3 042	4 326	2 147	11 979	38 895	11 032	21 000	19 726	7 158
西藏	358	168	568	326	211	316	147	179	274	968	1 579	832	442	232	726
陕西	5 379	2 895	19 158	23 316	11 958	6 253	4 074	5 274	1 663	20 032	21 642	16 095	7 968	7 032	21 516
甘肃	1 768	1 105	5 758	4 284	3 674	2 737	1 716	1 989	863	10 232	13 726	7 063	4 516	2 789	7 537
青海	337	126	2 105	1 274	558	768	442	589	242	3 726	3 653	2 716	1 253	358	2 905
宁夏	1 232	274	3 358	1 789	8 053	1 326	695	1 326	232	3 200	3 768	7 000	1 179	653	3 053
新疆	1 379	832	10 653	5 400	2 168	3 137	2 495	4 442	1 589	50 463	21 232	53 168	5 137	2 684	31 421

续表

现住地	五年前常住地															
	河南	湖北	湖南	广东	广西	海南	重庆	四川	贵州	云南	西藏	陕西	甘肃	青海	宁夏	新疆
北京	244 305	89 253	40 253	24 453	10 189	4 063	23 600	117 684	12 632	8 116	1 337	49 758	29 589	5 821	7 284	14 189
天津	40 547	16 011	6 716	5 126	2 621	884	5 221	20 200	2 032	1 063	811	9 032	6 379	1 242	2 137	3 600
河北	79 716	38 832	12 484	7 432	7 137	1 211	10 032	64 695	13 221	10 211	811	35 074	14 611	4 621	2 705	6 811
山西	60 895	20 095	6 568	2 295	1 463	547	6 853	59 400	5 895	6 874	684	32 168	7 105	1 979	832	2 084
内蒙古	12 126	4 453	1 947	1 011	421	137	2 042	14 558	905	1 137	232	31 453	24 716	2 189	9 347	1 147
辽宁	39 032	16 432	6 621	5 316	1 863	747	6 411	32 284	2 484	1 305	589	8 463	4 189	1 684	1 432	2 979
吉林	10 032	8 042	2 568	1 947	1 211	789	1 400	9 337	1 042	1 053	126	3 011	1 768	863	832	1 432
黑龙江	12 474	10 674	3 821	2 358	1 368	558	1 526	9 305	1 589	979	158	3 021	1 863	484	726	547
上海	91 305	67 979	35 147	22 895	6 621	2 179	27 947	148 842	26 305	8 326	979	17 905	13 684	2 347	2 379	28 958
江苏	123 695	86 621	44 916	21 905	11 621	4 000	37 895	203 242	97 821	50 242	1 305	34 453	15 695	7 579	2 832	19 358
浙江	143 779	197 158	152 358	23 937	32 905	2 800	112 768	381 537	226 968	42 400	653	28 074	9 989	3 168	2 642	6 463
安徽	32 105	18 653	9 158	6 884	3 295	1 505	4 516	17 474	16 695	17 611	305	6 126	2 758	1 453	642	3 800
福建	39 874	101 589	63 232	33 105	15 032	3 800	87 832	298 842	86 242	9 547	379	12 105	2 695	1 168	1 453	2 400
江西	6 621	21 758	28 768	31 284	6 621	1 937	3 537	12 042	14 905	3 821	579	3 042	1 474	432	442	1 242
山东	83 116	37 811	9 442	8 053	4 179	1 137	10 979	34 547	11 368	31 400	1 095	22 968	12 221	7 642	2 021	16 653
河南	0	51 274	13 232	13 400	5 242	2 789	7 895	37 242	9 779	10 400	1 505	41 537	12 042	6 474	2 326	14 042
湖北	100 168	0	63 716	26 600	18 095	6 358	58 705	61 242	14 453	8 463	1 168	25 368	8 316	6 284	2 295	7 705
湖南	15 537	68 453	0	43 789	24 642	6 316	12 989	25 200	29 179	12 411	621	5 400	4 032	1 516	853	4 926
广东	863 316	1 249 158	2 654 032	0	1 696 968	77 779	379 358	2 031 505	480 663	54 042	1 063	213 347	46 379	4 705	4 821	15 189
广西	7 053	16 137	33 105	30 042	0	5 011	6 274	23 200	28 305	12 947	74	2 663	1 084	663	116	1 642
海南	9 495	26 811	11 916	20 695	6 421	0	6 832	27 547	5 168	2 326	21	2 989	1 147	411	168	979
重庆	11 137	26 453	18 611	20 695	9 400	2 589	0	220 116	39 095	21 189	2 832	7 021	3 295	2 284	1 189	10 032
四川	16 168	35 042	35 484	29 895	13 516	3 916	162 316	0	33 842	69 747	12 200	21 758	16 958	7 200	2 011	26 800
贵州	18 558	23 316	63 253	15 400	17 453	853	31 832	87 968	0	23 411	747	2 168	863	137	53	853
云南	4 800	8 768	1 516	21 811	958	1 705	80 221	257 726	127 442	0	1 463	6 663	2 695	589	495	2 337
西藏	2 916	1 442	1 305	358	84	42	4 274	42 042	589	821	0	3 389	5 947	3 232	116	316
陕西	65 421	29 905	10 421	8 305	3 653	2 063	7 411	43 421	3 537	3 737	3 200	0	52 295	9 505	10 905	17 221
甘肃	20 979	9 263	4 905	2 400	958	295	3 032	18 979	1 421	1 684	1 042	29 242	0	28 326	10 568	11 505
青海	9 958	2 326	1 758	674	42	42	1 232	11 053	158	474	1 000	7 905	21 242	0	758	1 137
宁夏	14 242	1 653	1 053	653	63	53	1 200	6 263	211	74	42	28 821	40 347	1 179	0	1 842
新疆	251 116	41 168	18 295	4 000	1 179	305	55 063	309 379	2 811	3 284	189	62 253	224 958	14 453	17 642	0

附表 1-4　2000～2005 年全国按现住地五年前常住地分的人口

现住地	五年前常住地														
	北京	天津	河北	山西	内蒙古	辽宁	吉林	黑龙江	上海	江苏	浙江	安徽	福建	江西	山东
北京	0	26 113	405 887	75 321	76 151	83 019	69 434	125 434	9 736	82 642	52 906	160 075	30 415	47 925	170 415
天津	15 623	0	191 547	23 472	27 170	19 396	25 509	107 321	3 019	23 170	12 604	38 566	7 623	9 132	193 057
河北	45 434	14 113	0	27 396	61 208	25 509	25 509	80 679	1 132	11 019	19 472	29 208	7 698	7 698	33 358
山西	4 604	981	25 208	0	18 264	2 566	4 679	2 792	377	6 113	9 132	9 811	3 321	1 585	8 830
内蒙古	6 038	1 509	29 887	46 491	0	20 906	14 792	21 585	453	5 887	11 245	10 792	3 170	3 019	9 283
辽宁	6 491	3 396	28 151	4 755	79 321	0	124 830	219 245	2 340	15 774	11 019	19 245	5 736	6 038	47 472
吉林	2 264	1 811	9 811	1 660	17 283	33 434	0	68 226	906	4 830	3 547	10 491	2 189	1 358	23 019
黑龙江	2 943	1 358	6 264	1 358	30 792	23 623	47 698	0	453	3 094	5 057	8 000	5 358	6 415	24 302
上海	19 321	6 566	18 264	11 094	8 000	24 679	22 792	34 642	0	533 509	164 453	859 547	84 528	167 170	116 000
江苏	27 774	7 170	31 849	12 755	11 623	24 528	19 321	28 302	84 226	0	118 943	188 226	82 566	93 736	137 962
浙江	25 358	5 283	24 075	12 453	7 623	16 830	15 623	25 660	70 491	180 830	0	923 623	94 868	613 962	87 925
安徽	24 528	4 755	7 547	7 396	2 792	8 604	4 755	7 547	92 755	151 698	108 075	0	16 981	19 925	25 509
福建	11 472	3 094	5 962	4 528	2 792	6 491	5 358	7 170	19 396	25 585	44 075	120 377	0	417 358	15 472
江西	7 321	906	5 208	755	906	1 962	1 585	2 415	11 019	15 396	73 132	13 358	53 132	0	4 604
山东	17 585	6 566	50 340	19 849	28 377	42 038	87 094	188 453	4 604	66 792	21 811	54 415	13 208	10 717	0
河南	10 642	1 057	20 830	18 717	4 679	3 170	3 472	7 170	3 019	10 189	12 453	13 057	4 528	5 660	14 113
湖北	14 943	2 189	10 792	5 283	2 566	6 642	6 642	5 208	9 660	14 038	34 189	14 189	16 906	17 208	13 283
湖南	6 340	1 887	3 849	2 189	1 283	2 943	1 208	2 792	2 642	6 717	23 623	11 019	14 566	18 868	4 151
广东	28 075	6 491	43 094	23 774	12 528	37 358	33 434	58 491	20 226	81 660	89 283	276 528	230 642	959 472	117 585
广西	3 170	1 660	3 849	1 585	226	4 377	755	3 019	906	6 113	16 755	6 264	13 132	13 736	3 849
海南	1 057	226	2 038	981	1 736	2 642	2 642	5 585	528	2 189	3 170	4 830	5 132	7 849	4 151
重庆	7 849	2 415	6 943	4 226	3 396	4 830	1 585	2 113	7 698	8 075	23 547	6 491	16 075	7 094	7 472
四川	21 132	2 792	19 321	10 943	3 019	7 019	4 075	4 075	12 981	19 094	50 189	9 811	28 981	11 698	14 113
贵州	5 509	528	4 302	1 509	302	1 283	453	1 736	8 453	10 943	78 264	5 057	28 226	8 302	5 811
云南	2 868	1 132	5 660	4 151	981	3 396	2 340	3 396	2 340	7 396	25 057	8 604	14 566	13 434	6 943
西藏	151	0	151	75	0	75	0	0	75	226	453	302	0	75	151
陕西	3 321	1 132	10 868	13 132	4 151	3 019	2 868	2 189	1 208	9 660	10 566	9 811	10 113	3 094	10 189
甘肃	2 642	528	4 453	3 245	2 717	2 189	830	1 057	755	5 358	5 887	4 075	2 717	1 358	2 868
青海	679	226	1 811	1 358	906	453	528	830	377	3 245	2 717	2 264	830	755	1 736
宁夏	830	226	2 415	1 132	3 774	755	453	604	528	1 434	3 019	1 962	981	151	3 698
新疆	3 849	604	9 132	3 623	2 491	2 717	1 962	2 113	2 792	15 094	6 491	15 774	3 849	1 057	15 698

续表

现住地	五年前常住地															
	河南	湖北	湖南	广东	广西	海南	重庆	四川	贵州	云南	西藏	陕西	甘肃	青海	宁夏	新疆
北京	273 283	113 811	56 528	32 755	11 849	2 943	35 774	154 415	16 604	9 358	151	53 660	46 868	4 528	6 113	11 245
天津	78 415	28 906	10 113	5 811	3 623	2 415	8 151	27 019	3 472	1 887	75	14 717	16 528	2 642	2 566	4 906
河北	63 774	17 132	11 547	4 604	3 849	528	6 566	47 849	22 038	6 415	604	16 604	11 925	3 094	1 962	3 698
山西	37 132	11 170	3 623	2 943	830	151	2 943	20 226	5 208	5 811	151	17 736	2 264	377	604	755
内蒙古	23 245	6 491	2 717	2 868	2 264	151	4 981	10 566	604	2 189	151	85 434	50 264	604	16 000	453
辽宁	39 774	9 887	4 075	5 887	755	377	4 830	16 830	1 057	2 566	755	5 358	3 094	830	1 811	2 113
吉林	13 283	5 509	1 208	1 434	679	151	1 283	6 038	1 585	2 264	75	1 358	906	377	151	679
黑龙江	7 321	7 472	1 434	2 113	679	302	1 208	4 528	302	377	0	830	830	377	302	453
上海	218 717	132 604	76 000	45 887	14 264	3 321	82 264	236 755	50 717	15 623	226	32 528	25 358	3 019	3 698	13 509
江苏	393 736	154 264	61 434	52 528	19 849	3 925	76 830	347 698	124 000	65 811	1 585	64 679	25 434	8 226	3 094	18 642
浙江	439 245	361 208	283 170	110 189	72 604	6 038	241 057	619 849	576 151	148 453	755	62 868	18 792	3 094	3 094	11 019
安徽	36 830	19 547	12 377	37 057	4 830	2 038	3 774	20 755	16 302	18 340	453	6 943	3 170	830	377	4 151
福建	84 906	204 377	89 585	116 604	22 943	5 811	174 943	308 981	174 113	23 698	1 283	24 377	5 509	1 811	2 717	3 170
江西	8 906	26 491	30 642	195 396	6 189	2 566	6 717	10 340	9 283	6 717	302	1 887	302	755	226	755
山东	117 660	26 868	13 358	8 679	3 321	1 962	11 925	39 094	6 113	26 113	906	26 340	9 283	6 038	1 585	12 377
河南	0	25 434	10 340	43 849	5 660	1 208	10 792	16 906	2 264	4 377	151	11 094	3 774	4 528	755	5 660
湖北	57 434	0	38 415	114 038	8 830	4 453	30 868	29 962	11 849	6 038	679	10 717	4 226	2 792	679	6 415
湖南	17 283	52 528	0	233 358	20 604	5 132	10 113	14 792	21 283	11 170	302	4 604	1 509	604	302	3 396
广东	1 222 038	1 360 000	405 434	0	1 853 811	96 604	503 170	471 774	569 660	116 302	1 887	278 113	71 396	6 868	4 226	16 453
广西	10 868	20 151	65 283	166 189	0	4 075	5 736	13 962	15 170	116 302	0	2 717	1 811	302	0	906
海南	11 094	16 302	25 585	34 264	16 302	0	5 208	22 868	5 660	2 264	0	4 075	1 132	226	302	755
重庆	9 208	23 698	13 509	84 755	4 906	2 340	0	110 642	28 906	17 132	1 660	4 981	3 623	1 811	1 132	9 057
四川	19 547	19 321	18 038	208 604	9 057	5 057	90 264	0	27 698	59 623	13 358	18 415	23 774	3 170	755	27 321
贵州	8 151	9 509	38 868	162 264	15 547	4 151	25 887	65 962	0	32 000	1 132	2 943	1 132	302	151	2 415
云南	13 811	20 453	35 019	18 792	16 906	1 283	47 321	129 509	71 019	0	604	6 038	2 717	1 358	75	1 962
西藏	604	604	528	75	0	0	1 434	14 113	226	151	0	1 283	3 094	0	0	302
陕西	45 962	12 453	5 585	12 453	1 132	302	10 943	33 132	2 189	2 868	2 189	0	19 094	3 925	1 132	6 113
甘肃	11 472	3 925	1 811	3 472	226	226	1 132	8 906	151	604	1 208	15 019	0	12 453	14 264	10 792
青海	11 547	4 679	2 113	830	377	0	1 208	10 566	528	151	1 208	6 038	14 264	0	604	755
宁夏	8 302	1 811	981	1 358	75	0	830	3 170	226	151	0	13 132	20 755	302	0	1 509
新疆	149 811	18 264	8 528	6 113	1 132	453	29 283	123 547	1 283	1 811	377	32 453	101 509	8 830	6 792	0

附表 1-5 2005～2010 年全国按现住地五年前常住地分的人口

现住地	五年前常住地														
	北京	天津	河北	山西	内蒙古	辽宁	吉林	黑龙江	上海	江苏	浙江	安徽	福建	江西	山东
北京	0	54 490	823 610	161 160	118 580	138 120	119 040	196 720	17 520	103 880	62 340	200 920	49 750	80 320	345 370
天津	17 990	0	351 040	67 680	47 250	41 660	48 070	94 640	3 840	37 940	23 770	71 010	17 490	17 420	230 520
河北	77 260	27 400	0	42 860	60 390	49 190	40 760	114 790	2 440	23 520	18 190	38 550	12 670	14 780	63 290
山西	7 230	4 490	72 470	0	26 780	9 610	8 290	9 570	1 340	20 550	13 050	22 640	12 860	7 340	29 470
内蒙古	13 950	7 490	100 360	88 930	0	45 520	36 140	65 160	1 540	20 060	11 660	19 920	9 160	7 890	45 430
辽宁	10 480	8 410	54 330	17 580	115 970	0	190 280	339 590	3 930	31 550	20 810	47 900	13 320	10 640	83 300
吉林	4 780	3 270	18 460	7 170	25 360	46 590	0	78 410	2 160	11 280	10 770	13 730	4 940	4 290	35 890
黑龙江	7 010	5 480	21 240	6 120	29 420	39 020	58 090	0	2 690	9 950	8 600	13 400	4 960	5 290	41 110
上海	33 470	12 160	45 950	34 180	16 130	43 640	36 150	58 210	0	742 230	232 930	256 980	134 030	247 100	246 010
江苏	23 230	10 270	67 610	43 540	16 920	33 560	33 630	51 220	87 480	0	172 260	545 550	93 660	165 790	297 050
浙江	27 310	9 010	40 280	26 570	11 670	26 210	28 130	45 700	79 600	272 280	0	520 200	135 770	991 010	156 940
安徽	29 580	6 460	18 590	9 630	4 280	10 010	7 610	7 540	75 460	157 600	109 880	0	27 210	30 990	32 430
福建	12 090	5 170	13 600	9 900	4 540	10 980	9 510	12 920	17 090	34 070	57 140	120 200	0	478 580	30 100
江西	6 120	2 790	12 550	11 090	8 700	6 100	5 120	5 100	15 620	25 690	83 780	40 190	62 010	0	16 240
山东	17 560	11 360	101 760	44 460	48 930	53 970	108 950	221 540	6 850	83 420	36 860	79 930	23 880	19 090	0
河南	10 950	3 660	28 680	23 500	5 630	7 340	6 910	10 170	4 990	20 850	21 570	39 820	12 760	11 940	33 730
湖北	12 800	4 920	23 850	16 990	10 650	9 000	6 080	8 250	9 010	32 770	52 890	40 180	30 490	43 640	30 030
湖南	6 800	2 620	12 710	7 560	4 410	6 780	5 430	5 870	4 870	15 100	32 700	19 320	23 680	37 420	14 590
广东	24 860	9 740	61 720	42 860	16 400	43 770	51 090	65 740	17 470	81 040	99 320	264 650	263 180	168 120	106 550
广西	4 780	2 550	10 760	5 450	3 530	6 500	7 690	10 320	3 120	10 210	21 320	14 920	26 840	24 520	12 430
海南	2 590	1 930	6 020	4 820	4 460	5 550	6 330	12 590	1 570	6 360	8 220	11 440	11 650	16 810	6 860
重庆	7 030	2 110	12 110	9 080	4 620	5 250	4 200	4 580	6 860	14 870	28 880	10 630	23 140	11 780	12 080
四川	20 270	4 900	26 930	18 400	8 070	13 410	9 550	10 510	16 740	37 490	61 090	20 800	33 460	24 640	27 380
贵州	3 190	1 070	7 000	3 630	1 590	3 520	3 690	3 040	4 940	15 370	64 240	12 830	29 950	17 400	9 440
云南	3 740	2 070	9 550	5 680	2 260	4 460	4 460	6 130	3 670	10 790	28 040	12 670	22 130	17 820	11 940
西藏	530	120	1 140	350	150	390	130	220	270	860	1 640	1 830	670	610	1 220
陕西	8 300	4 120	33 580	60 280	29 860	10 420	7 400	10 110	3 670	25 730	23 060	28 920	16 030	13 020	34 090
甘肃	3 460	2 170	9 730	5 930	4 950	4 830	3 330	3 430	1 650	10 850	11 360	8 780	4 840	4 950	11 230
青海	1 950	740	7 190	3 350	1 590	1 690	1 310	1 710	750	6 950	4 980	6 510	2 590	2 460	7 600
宁夏	1 860	810	8 580	5 510	10 810	2 890	2 190	3 220	810	5 940	5 420	9 750	2 700	2 390	10 900
新疆	4 780	1 580	15 990	9 420	3 690	5 440	4 330	6 210	3 060	24 340	12 630	31 420	7 840	5 230	31 770

续表

现住地	五年前常住地															
	河南	湖北	湖南	广东	广西	海南	重庆	四川	贵州	云南	西藏	陕西	甘肃	青海	宁夏	新疆
北京	495 780	186 370	93 940	51 120	23 910	7 530	46 250	167 490	25 240	21 520	2 310	101 030	86 180	7 230	12 310	27 730
天津	167 870	48 510	19 000	12 230	6 850	3 680	12 940	46 590	11 650	8 000	860	30 270	36 660	4 860	5 740	11 090
河北	117 350	39 610	17 350	8 990	6 340	3 570	13 310	47 510	11 410	9 790	1 060	32 490	14 850	4 320	3 060	6 990
山西	99 970	26 460	11 280	5 410	2 690	1 960	10 810	36 970	5 830	6 710	360	32 720	7 010	1 680	1 050	1 610
内蒙古	57 250	21 690	11 150	4 850	2 560	950	9 410	47 580	6 720	5 400	330	79 420	77 210	3 170	24 170	2 610
辽宁	75 710	22 590	14 880	10 490	4 280	1 860	11 100	40 550	7 010	4 710	1 240	11 040	8 600	2 600	1 940	5 180
吉林	19 970	8 970	5 380	3 750	1 820	2 310	2 920	8 720	2 720	1 890	330	3 960	2 840	1 850	1 100	2 790
黑龙江	15 490	11 420	6 170	5 140	2 270	1 670	2 570	7 190	2 710	2 890	310	4 490	3 560	870	970	1 750
上海	472 670	247 330	140 210	86 200	34 040	8 080	115 280	322 050	88 020	51 910	2 240	89 160	67 630	7 880	7 220	21 400
江苏	682 810	269 610	137 850	62 880	35 130	6 640	107 780	392 340	174 620	95 600	5 030	153 840	80 900	11 540	6 970	21 980
浙江	887 120	603 010	507 180	165 900	108 250	8 930	333 600	780 820	1 072 060	309 750	2 640	139 170	53 230	7 240	5 390	17 940
安徽	73 080	37 500	25 130	34 290	9 500	3 240	10 740	30 950	19 920	20 900	920	14 260	6 850	2 740	1 210	3 640
福建	161 750	193 750	131 070	114 890	40 930	9 460	190 470	397 500	261 490	67 220	1 690	37 440	13 920	1 810	3 650	6 980
江西	32 300	41 800	50 990	149 690	18 400	8 170	8 370	25 480	25 810	8 780	800	9 590	9 060	2 330	2 530	3 150
山东	177 150	52 030	22 460	16 080	6 770	3 370	13 830	47 620	15 770	22 100	940	34 380	32 940	8 890	6 300	16 390
河南	0	41 430	18 380	26 940	7 100	2 460	7 290	24 310	7 580	7 990	1 470	20 170	8 350	4 000	1 800	7 890
湖北	115 480	0	74 270	96 950	22 870	9 050	50 170	53 400	21 210	14 930	1 150	24 000	11 300	4 650	2 900	9 590
湖南	31 710	81 040	0	205 550	33 610	8 550	12 010	33 410	36 580	17 440	1 160	11 140	6 610	2 360	1 530	5 860
广东	1 210 090	1 570 210	2 929 810	0	2 345 420	111 730	520 110	1 532 750	639 160	234 320	6 460	316 010	99 590	11 010	6 390	24 830
广西	25 860	32 810	103 610	157 110	0	9 550	10 490	32 140	27 630	16 090	560	7 390	3 620	1 750	680	3 560
海南	22 010	23 870	33 110	44 820	29 000	0	10 590	33 560	10 600	6 010	120	6 610	4 470	1 220	810	3 710
重庆	21 580	32 130	19 760	64 180	10 020	3 920	0	310 300	51 450	25 030	1 920	11 110	8 520	3 060	2 520	12 870
四川	47 150	50 290	38 160	147 270	17 040	6 350	173 570	0	47 140	75 490	13 840	31 140	28 410	11 230	4 330	27 780
贵州	21 010	26 480	70 890	70 720	19 930	2 740	49 620	101 010	0	35 080	600	6 240	3 040	1 380	420	1 870
云南	25 210	30 070	55 810	27 080	18 280	4 090	57 890	147 040	87 620	0	1 740	9 860	4 340	2 510	850	3 080
西藏	5 490	3 680	2 590	580	220	90	5 300	43 570	690	1 650	0	3 680	9 640	4 100	120	440
陕西	108 510	42 150	18 360	21 780	7 060	3 270	13 900	66 810	11 170	6 970	5 930	0	73 950	10 270	2 520	18 130
甘肃	33 280	17 230	8 740	4 410	2 100	1 170	5 110	26 570	2 560	3 040	2 720	29 310	0	13 210	8 070	11 190
青海	22 950	10 720	5 600	2 510	1 080	170	3 390	20 430	970	1 720	3 250	14 290	40 670	0	1 190	2 230
宁夏	29 570	5 900	3 530	1 960	1 050	520	4 220	12 950	1 720	1 070	230	32 800	66 120	1 180	0	2 430
新疆	174 200	25 540	15 250	9 130	2 010	820	31 020	150 480	3 690	5 070	280	50 480	176 790	9 040	18 270	0

附表1-6　2010~2015年全国按现住地五年前常住地分的人口

现住地	五年前常住地														
	北京	天津	河北	山西	内蒙古	辽宁	吉林	黑龙江	上海	江苏	浙江	安徽	福建	江西	山东
北京	0	67 355	864 387	225 032	103 355	155 032	104 774	194 387	26 581	110 839	58 065	165 935	45 290	80 581	348 129
天津	46 129	0	633 355	138 065	64 516	81 419	78 258	126 452	11 419	90 387	35 419	116 065	20 258	24 903	347 677
河北	130 387	32 903	0	95 548	50 129	48 839	48 000	112 645	5 032	17 419	16 839	40 258	14 258	14 968	79 419
山西	12 129	6 323	48 194	0	23 484	16 581	5 677	9 355	2 516	15 871	8 645	14 839	10 387	5 355	30 387
内蒙古	36 903	10 323	72 000	83 355	0	49 548	34 194	58 129	2 581	11 935	4 903	17 806	8 774	4 839	43 871
辽宁	19 935	5 226	46 710	13 677	68 258	0	128 387	192 581	2 581	17 419	6 839	27 613	7 548	3 355	64 194
吉林	12 129	6 968	14 452	8 194	25 419	49 097	0	63 806	5 161	9 806	6 839	10 710	5 226	3 097	22 452
黑龙江	12 581	7 097	23 226	20 581	37 548	38 323	54 645	0	3 032	9 419	12 194	21 742	3 548	6 903	38 452
上海	33 935	13 677	40 065	36 710	11 871	37 871	26 774	47 226	0	536 323	173 226	793 935	77 290	163 935	177 355
江苏	41 032	16 452	101 161	123 548	17 290	31 097	37 097	76 194	210 839	0	197 290	1 285 161	63 484	127 548	345 806
浙江	44 581	12 968	45 484	41 484	13 742	34 452	28 903	34 258	115 484	322 065	0	1 869 484	132 774	599 871	104 516
安徽	26 387	15 548	31 613	25 742	5 548	18 000	12 323	8 129	105 097	244 000	157 806	0	37 097	45 032	46 323
福建	23 032	7 419	20 645	19 419	6 839	15 806	10 581	18 774	41 613	58 258	85 419	100 258	0	344 581	54 129
江西	11 290	3 806	18 710	17 806	7 806	6 774	7 161	7 226	22 581	34 129	113 806	48 452	68 194	0	21 419
山东	34 710	23 290	85 613	71 419	32 452	40 581	57 097	142 452	16 581	90 581	41 484	81 677	29 161	24 516	0
河南	50 129	17 419	86 194	38 581	8 774	14 710	18 323	12 323	31 548	50 452	52 323	92 129	33 290	23 355	67 613
湖北	28 129	14 323	49 871	35 677	15 484	15 226	12 129	20 645	25 935	63 355	92 645	104 000	52 387	72 129	82 323
湖南	22 129	6 774	28 516	21 355	10 581	10 323	10 710	18 452	20 065	33 226	70 258	26 968	51 613	63 548	18 258
广东	49 161	19 032	58 710	46 710	15 032	46 839	51 290	63 419	46 194	100 323	129 871	190 194	208 581	899 161	78 323
广西	4 581	2 323	35 419	10 774	6 323	10 645	12 903	12 710	11 935	15 742	32 387	15 161	26 194	31 290	20 645
海南	3 032	1 484	10 516	1 097	6 194	8 839	8 581	21 355	2 258	7 548	11 290	12 645	9 806	15 161	7 742
重庆	9 677	2 968	10 645	5 871	3 290	4 774	5 355	8 129	17 613	25 161	41 935	14 452	35 097	17 290	14 710
四川	37 484	7 032	45 484	9 097	16 710	23 935	22 323	24 000	45 290	62 452	114 968	37 484	60 258	25 290	41 419
贵州	4 323	3 097	9 290	6 323	2 387	3 806	3 032	3 871	20 839	50 000	189 419	20 968	74 774	21 935	13 290
云南	7 290	2 323	14 000	10 387	5 484	7 290	7 032	7 548	6 194	31 419	52 129	29 290	28 452	22 645	30 774
西藏	774	65	710	1 097	65	1 097	323	968	774	1 484	2 258	1 677	1 161	1 419	1 161
陕西	18 323	12 645	54 774	121 871	35 290	15 742	14 903	13 226	10 387	45 419	32 516	52 065	29 677	21 742	57 097
甘肃	8 581	3 484	17 548	10 581	13 548	11 806	6 000	4 323	6 129	14 000	13 032	9 484	9 290	3 548	12 839
青海	3 677	2 710	12 516	6 323	2 710	2 194	968	2 000	1 097	8 516	5 032	7 226	1 677	2 194	11 032
宁夏	2 710	1 871	6 387	4 581	15 806	1 613	1 613	1 419	516	6 839	2 645	7 548	3 548	1 677	10 258
新疆	8 516	5 290	27 032	17 677	6 516	5 806	7 097	6 774	5 226	44 839	13 613	27 613	9 548	4 452	28 258

续表

现住地	五年前常住地															
	河南	湖北	湖南	广东	广西	海南	重庆	四川	贵州	云南	西藏	陕西	甘肃	青海	宁夏	新疆
北京	467 355	168 903	94 839	68 452	31 419	7 935	82 129	150 839	42 258	54 968	2 774	105 097	97 871	9 935	20 194	35 742
天津	377 742	111 226	28 710	20 581	13 161	4 516	31 871	106 710	27 484	24 839	4 903	52 581	74 710	9 806	8 323	16 774
河北	198 000	36 968	25 097	7 484	4 645	8 000	17 935	48 710	15 161	13 742	323	51 871	11 226	4 129	1 742	7 548
山西	50 323	45 742	16 000	4 387	3 355	1 548	4 774	30 323	4 516	2 968	65	40 194	10 323	1 290	2 065	1 226
内蒙古	40 194	10 194	2 839	4 839	645	2 065	3 097	17 097	1 484	4 645	65	61 032	46 258	2 065	38 839	2 645
辽宁	46 516	5 419	16 968	6 452	6 452	2 452	9 355	16 194	18 710	6 129	1 484	6 452	18 774	1 419	2 258	12 129
吉林	15 290	7 419	4 194	4 839	1 419	3 226	1 935	8 903	3 742	2 839	65	6 194	7 226	1 226	452	2 516
黑龙江	31 935	17 161	3 419	13 677	11 677	2 387	7 484	28 839	22 839	5 935	129	7 290	25 419	2 065	194	2 000
上海	396 581	192 258	114 516	88 000	27 484	7 032	65 677	172 258	81 290	64 065	645	72 452	53 355	4 129	6 194	14 194
江苏	829 355	235 677	153 161	105 806	34 645	11 806	74 194	281 097	137 355	133 484	258	245 677	126 323	6 839	12 258	38 065
浙江	550 903	334 516	320 839	202 452	64 581	8 452	159 871	385 097	737 871	315 290	2 258	96 323	53 484	4 323	5 677	12 258
安徽	85 419	50 129	41 548	41 161	10 452	4 645	13 613	25 161	15 419	13 355	387	15 226	10 839	968	3 419	10 129
福建	146 710	121 032	115 484	207 742	42 323	18 581	129 935	227 161	274 710	109 548	1 548	32 839	18 129	2 194	1 935	6 645
江西	35 677	54 968	63 161	155 742	31 742	13 419	13 677	34 968	45 419	20 065	129	13 613	17 290	3 290	2 194	1 935
山东	140 581	35 161	19 161	28 129	8 903	5 032	14 710	84 516	31 742	30 258	1 032	36 065	48 774	11 097	10 903	27 871
河南	0	48 323	26 129	53 161	14 000	4 452	11 484	24 516	14 581	9 097	129	18 258	15 935	4 387	2 774	11 742
湖北	177 419	0	134 774	190 000	38 774	19 484	56 645	64 065	45 935	27 419	4 903	32 129	32 516	5 806	4 903	24 839
湖南	44 065	101 871	0	416 581	45 355	14 710	30 194	59 097	58 774	26 129	1 355	20 581	20 000	3 161	5 032	16 774
广东	714 194	1 127 484	2 172 387	0	2 098 968	107 742	333 290	914 581	572 323	339 226	1 097	205 742	75 097	7 548	5 871	13 226
广西	35 935	35 484	89 677	316 452	0	11 097	14 645	37 935	31 548	18 387	65	8 387	2 968	1 484	129	6 387
海南	18 000	21 290	24 323	50 387	23 226	0	8 452	24 581	12 839	6 968	65	5 677	4 323	774	516	4 323
重庆	20 645	27 419	26 387	87 806	10 065	5 742	0	412 774	102 452	31 548	2 387	12 516	10 000	5 935	2 323	12 000
四川	60 000	70 645	47 548	231 806	20 516	7 935	227 677	0	78 452	99 097	16 000	46 194	31 484	22 968	4 645	64 968
贵州	21 677	41 613	73 032	166 903	28 323	3 742	48 903	100 452	0	58 129	645	19 871	6 000	1 806	645	2 581
云南	29 355	42 194	67 548	41 226	25 871	3 161	55 613	143 226	90 065	0	968	17 871	7 419	1 419	387	4 581
西藏	2 581	2 774	2 387	968	774	65	3 613	54 645	968	3 355	0	4 968	4 581	774	194	65
陕西	122 710	44 645	31 742	38 323	11 548	5 548	20 839	61 548	17 742	13 419	14 581	0	117 161	20 903	28 839	41 613
甘肃	56 710	13 290	11 935	13 226	4 516	4 258	7 806	22 065	3 097	2 968	2 581	41 161	0	19 935	15 677	24 000
青海	33 290	9 226	5 032	2 323	839	452	2 839	13 484	710	16 903	1 742	13 355	30 839	0	1 226	2 452
宁夏	19 548	5 355	3 613	1 935	1 161	387	2 258	9 419	2 968	3 226	65	22 000	40 710	1 355	0	5 484
新疆	145 935	22 645	17 677	14 452	5 419	1 484	23 032	111 806	3 742	3 677	323	60 129	222 194	5 161	19 290	0

附录二　六期全国人口普查及 1%人口抽样调查各省（自治区、直辖市）人口迁入、迁出、净迁移率

附表 2

省（自治区、直辖市）	CM_iP						CM_oP						CM_nP					
	1985~1990年	1990~1995年	1995~2000年	2000~2005年	2005~2010年	2010~2015年	1985~1990年	1990~1995年	1995~2000年	2000~2005年	2005~2010年	2010~2015年	1985~1990年	1990~1995年	1995~2000年	2000~2005年	2005~2010年	2010~2015年
北京	7.0069	6.2281	16.0416	16.2472	24.8879	24.3473	1.3765	1.0503	1.4801	2.3865	2.6395	4.5375	5.6304	5.1778	14.5615	13.8607	22.2484	19.8098
天津	3.0273	2.4593	5.4341	9.0755	14.3540	26.5855	0.8935	0.6820	1.1518	1.0661	2.0456	3.2371	2.1338	1.7773	4.2823	8.0093	12.3083	23.3485
河北	0.9380	0.7956	1.2420	0.9072	1.3488	1.6913	1.1639	0.6587	1.4071	1.4672	2.9447	3.6669	-0.2259	0.1370	-0.1650	-0.5600	-1.5958	-1.9755
山西	1.1687	0.5322	1.2826	0.6375	1.4850	1.2805	0.8316	0.4711	1.1179	1.0470	2.3657	3.8661	0.3371	0.0612	0.1647	-0.4095	-0.8807	-2.5855
内蒙古	1.2671	1.2393	1.4730	1.6584	3.4689	2.9348	1.5104	1.1190	1.9960	1.7553	2.7141	2.7412	-0.2433	0.1202	-0.5230	-0.0969	0.7548	0.1935
辽宁	1.4687	1.0681	1.9201	1.5899	2.7763	1.8716	0.8003	0.4825	0.9663	0.9827	1.6238	1.9352	0.6684	0.5856	0.9538	0.6073	1.1525	-0.0637
吉林	1.0326	0.5876	1.0172	0.7984	1.2460	1.1897	1.5471	1.1564	2.1201	1.9518	3.1439	3.0859	-0.5145	-0.5688	-1.1029	-1.1534	-1.8979	-1.8961
黑龙江	1.1097	0.6166	0.8452	0.5293	0.8425	1.2790	1.8347	1.6869	2.6374	2.7646	3.8304	3.5592	-0.7250	-1.0703	-1.7921	-2.2353	-2.9879	-2.2802
上海	5.4686	5.2891	15.6618	18.0708	27.5618	17.1430	1.0893	0.8895	1.1772	2.2407	2.2554	3.9969	4.3793	4.3995	14.4846	15.8301	25.3064	13.1461
江苏	1.2733	1.3945	2.8103	4.4242	6.5382	7.1144	0.9987	0.6470	1.8275	1.7851	2.5332	2.9702	0.2746	0.7475	0.9828	2.6391	4.0050	4.1442
浙江	0.8335	1.0881	6.4433	10.8236	17.0945	11.4400	1.5690	1.2016	2.3018	2.2261	2.7346	3.5915	-0.7356	-0.1136	4.1415	8.5975	14.3600	7.8485
安徽	0.6551	0.2666	0.5385	1.1203	1.3434	1.9834	1.0345	1.2775	4.9702	6.4079	9.0287	7.5103	-0.3794	-1.0109	-4.4316	-5.2876	-7.6854	-5.5268
福建	0.9253	1.1042	4.3178	5.5718	6.9304	6.7768	0.8787	0.7043	2.0030	2.3107	3.1504	3.4692	0.0467	0.3999	2.3147	3.2611	3.7801	3.3076
江西	0.6499	0.3198	0.5984	1.2057	1.6199	2.1252	0.8491	1.3105	6.7992	5.9803	8.0800	6.3448	-0.1992	-0.9906	-6.2008	-4.7746	-6.4601	-4.2196
山东	0.7920	0.6043	1.0833	1.0172	1.4442	1.4529	0.6951	0.4376	1.0523	1.2369	2.1788	2.4705	0.0969	0.1666	0.0310	-0.2198	-0.7347	-1.0175
河南	0.6195	0.3038	0.5351	0.3020	0.4581	0.9510	0.7645	0.8335	2.6295	3.7093	5.7893	5.4590	-0.1449	-0.5296	-2.0944	-3.4073	-5.3312	-4.5081
湖北	0.8743	0.4844	1.0866	0.8313	1.4772	2.9270	0.7022	0.6834	3.9614	4.5038	6.6623	5.7655	0.1721	-0.1990	-2.8748	-3.6724	-5.1852	-2.8385

续表

省（自治区、直辖市）	CM$_i$P						CM$_o$P						CM$_n$P					
	1985 ~ 1990 年	1990 ~ 1995 年	1995 ~ 2000 年	2000 ~ 2005 年	2005 ~ 2010 年	2010 ~ 2015 年	1985 ~ 1990 年	1990 ~ 1995 年	1995 ~ 2000 年	2000 ~ 2005 年	2005 ~ 2010 年	2010 ~ 2015 年	1985 ~ 1990 年	1990 ~ 1995 年	1995 ~ 2000 年	2000 ~ 2005 年	2005 ~ 2010 年	2010 ~ 2015 年
湖南	0.4835	0.3417	0.5905	0.7780	1.0882	2.0617	0.9403	1.1188	5.3099	5.1675	7.2588	6.0637	-0.4568	-0.7771	-4.7195	-4.3894	-6.1706	-4.0020
广东	2.0110	2.9887	17.1697	13.8815	15.0907	12.0158	0.4006	0.3391	0.6539	1.9847	1.7543	2.9055	1.6104	2.6497	16.5159	11.8968	13.3364	9.1103
广西	0.3679	0.2734	0.6531	0.8848	1.2828	1.9548	1.5205	1.2659	4.1763	4.7295	6.0526	5.9637	-1.1526	-0.9925	-3.5232	-3.8447	-4.7698	-4.0089
海南	2.5101	1.5250	3.0838	2.4243	4.0786	4.1941	1.7722	1.4985	1.8359	2.0071	2.8490	3.6146	0.7379	0.0264	1.2479	0.4172	1.2296	0.5795
重庆	—	—	1.5494	1.3824	2.6290	3.6682	—	—	3.8172	4.6519	6.5906	5.4736	—	—	-2.2678	-3.2695	-3.9617	-1.8054
四川	0.4612	0.3563	0.7362	0.9164	1.2821	2.1302	1.2918	1.3136	5.4886	4.7314	6.0741	4.8185	-0.8306	-0.9574	-4.7524	-3.8150	-4.7921	-2.6883
贵州	0.6415	0.4530	0.7632	1.5067	1.5869	2.9770	1.0539	1.1967	3.5961	5.0090	7.1870	7.4355	-0.4123	-0.7436	-2.8329	-3.5023	-5.6001	-4.4585
云南	0.7348	0.5396	1.8840	1.0941	1.3952	1.8181	0.8145	0.6307	1.0237	1.4014	2.4473	3.3504	-0.0798	-0.0911	0.8603	-0.3073	-1.0521	-1.5324
西藏	—	1.5751	3.0004	0.9708	3.3202	3.5148	—	1.2285	1.5004	1.1983	2.2560	2.2098	—	0.3466	1.5000	-0.2276	1.0643	1.3050
陕西	1.0479	0.4791	1.2472	0.7070	0.9732	3.2698	1.2070	0.7769	2.1209	2.2939	3.6223	3.9804	-0.1591	-0.2978	-0.8737	-1.5869	-1.6491	-0.7106
甘肃	0.9760	0.6026	0.8595	0.4595	1.0031	1.6107	1.3754	1.0846	2.3670	1.9295	4.0357	5.1605	-0.3994	-0.4820	-1.5075	-1.4700	-3.0326	-3.5497
青海	2.8457	1.1175	1.6322	1.4206	3.3617	3.8713	2.5096	1.6632	2.6135	1.6478	2.7621	3.2206	0.3361	-0.5457	-0.9813	-0.2273	0.5996	0.6507
宁夏	2.2147	1.0113	2.5585	1.3268	4.0106	3.1577	1.3641	1.1274	1.7362	1.2059	2.5279	3.5024	0.8507	-0.1161	0.8222	0.1209	1.4827	-0.3447
新疆	2.5108	3.6050	6.9982	2.9997	4.1781	4.2074	2.0383	0.9543	1.3282	0.9441	1.4263	2.0513	0.4725	2.6507	5.6700	2.0556	2.7518	2.1561

附录三 六期全国人口普查及1%人口抽样调查省际马尔可夫模型初始转移概率矩阵

附表3-1 1985～1990年马尔可夫模型初始转移概率矩阵

现住地	五年前常住地														
	北京	天津	河北	山西	内蒙古	辽宁	吉林	黑龙江	上海	江苏	浙江	安徽	福建	江西	山东
北京	0	0.0227	0.3187	0.0398	0.0248	0.0293	0.0218	0.0360	0.0103	0.0489	0.0349	0.0479	0.0120	0.0100	0.0663
天津	0.0248	0	0.3912	0.0385	0.0410	0.0317	0.0187	0.0576	0.0060	0.0209	0.0219	0.0233	0.0077	0.0057	0.0909
河北	0.0355	0.0368	0	0.0821	0.0897	0.0448	0.0373	0.0944	0.0026	0.0184	0.0282	0.0146	0.0069	0.0051	0.0481
山西	0.0216	0.0069	0.1801	0	0.1282	0.0160	0.0105	0.0120	0.0020	0.0272	0.0941	0.0207	0.0179	0.0042	0.0560
内蒙古	0.0094	0.0058	0.1494	0.0554	0	0.0992	0.0931	0.2256	0.0015	0.0182	0.0443	0.0107	0.0039	0.0039	0.0512
辽宁	0.0080	0.0066	0.0563	0.0103	0.1131	0	0.1643	0.2775	0.0040	0.0299	0.0439	0.0207	0.0082	0.0060	0.1045
吉林	0.0079	0.0068	0.0381	0.0102	0.0828	0.1909	0	0.2762	0.0024	0.0246	0.0342	0.0115	0.0071	0.0058	0.1840
黑龙江	0.0072	0.0037	0.0454	0.0065	0.1032	0.1281	0.2184	0	0.0025	0.0389	0.0410	0.0401	0.0058	0.0050	0.2356
上海	0.0088	0.0039	0.0103	0.0072	0.0036	0.0090	0.0055	0.0156	0	0.3226	0.1537	0.1736	0.0159	0.0349	0.0262
江苏	0.0118	0.0039	0.0181	0.0117	0.0084	0.0161	0.0134	0.0291	0.0502	0	0.0675	0.1904	0.0199	0.0403	0.0618
浙江	0.0125	0.0044	0.0137	0.0131	0.0085	0.0147	0.0093	0.0271	0.0706	0.1123	0	0.0942	0.0738	0.1205	0.0289
安徽	0.0150	0.0034	0.0206	0.0144	0.0062	0.0130	0.0088	0.0238	0.0419	0.1835	0.0905	0	0.0203	0.0439	0.0447
福建	0.0094	0.0036	0.0074	0.0074	0.0029	0.0069	0.0048	0.0060	0.0161	0.0429	0.1827	0.0205	0	0.1660	0.0200
江西	0.0086	0.0019	0.0116	0.0080	0.0037	0.0094	0.0068	0.0072	0.0119	0.0487	0.1868	0.0989	0.1620	0	0.0149
山东	0.0171	0.0055	0.0578	0.0228	0.0281	0.0413	0.0997	0.2152	0.0069	0.0550	0.0391	0.0224	0.0195	0.0120	0
河南	0.0178	0.0044	0.0554	0.0477	0.0129	0.0301	0.0165	0.0382	0.0042	0.0424	0.0454	0.0674	0.0106	0.0092	0.0737
湖北	0.0119	0.0040	0.0254	0.0104	0.0068	0.0145	0.0095	0.0129	0.0072	0.0517	0.0553	0.0401	0.0216	0.0329	0.0310
湖南	0.0148	0.0040	0.0227	0.0137	0.0075	0.0181	0.0090	0.0174	0.0064	0.0189	0.0454	0.0264	0.0273	0.0651	0.0155
广东	0.0085	0.0023	0.0077	0.0029	0.0019	0.0064	0.0046	0.0054	0.0090	0.0192	0.0296	0.0071	0.0427	0.0456	0.0068
广西	0.0098	0.0033	0.0140	0.0064	0.0055	0.0096	0.0061	0.0118	0.0072	0.0175	0.0462	0.0125	0.0244	0.0270	0.0151
海南	0.0063	0.0015	0.0045	0.0022	0.0015	0.0034	0.0043	0.0050	0.0040	0.0182	0.0211	0.0121	0.0493	0.0134	0.0043
四川	0.0196	0.0053	0.0468	0.0285	0.0151	0.0299	0.0163	0.0263	0.0079	0.0269	0.0283	0.0175	0.0170	0.0128	0.0231
贵州	0.0045	0.0009	0.0072	0.0024	0.0015	0.0044	0.0022	0.0061	0.0032	0.0177	0.0485	0.0111	0.0084	0.0096	0.0181
云南	0.0046	0.0013	0.0089	0.0041	0.0014	0.0043	0.0037	0.0040	0.0058	0.0226	0.0709	0.0098	0.0087	0.0081	0.0128
陕西	0.0178	0.0048	0.0502	0.0498	0.0209	0.0192	0.0099	0.0116	0.0049	0.0477	0.0553	0.0297	0.0108	0.0098	0.0398
甘肃	0.0090	0.0037	0.0340	0.0215	0.0161	0.0166	0.0092	0.0087	0.0055	0.0487	0.0851	0.0198	0.0069	0.0078	0.0496
青海	0.0066	0.0019	0.0325	0.0124	0.0035	0.0147	0.0060	0.0034	0.0028	0.0699	0.0711	0.0208	0.0057	0.0033	0.0387
宁夏	0.0044	0.0038	0.0378	0.0148	0.0676	0.0258	0.0067	0.0133	0.0041	0.0422	0.0769	0.0259	0.0039	0.0017	0.0394
新疆	0.0030	0.0014	0.0151	0.0065	0.0038	0.0035	0.0027	0.0035	0.0039	0.0609	0.0326	0.0379	0.0024	0.0035	0.0470

续表

现住地	五年前常住地													
	河南	湖北	湖南	广东	广西	海南	四川	贵州	云南	陕西	甘肃	青海	宁夏	新疆
北京	0.0767	0.0297	0.0169	0.0109	0.0078	0.0013	0.0674	0.0060	0.0052	0.0251	0.0107	0.0041	0.0034	0.0114
天津	0.0419	0.0215	0.0134	0.0080	0.0125	0.0017	0.0383	0.0069	0.0037	0.0196	0.0175	0.0045	0.0053	0.0253
河北	0.0576	0.0214	0.0182	0.0066	0.0464	0.0011	0.1486	0.0275	0.0240	0.0435	0.0252	0.0096	0.0039	0.0223
山西	0.1387	0.0136	0.0163	0.0032	0.0091	0.0002	0.1195	0.0136	0.0065	0.0453	0.0167	0.0051	0.0021	0.0128
内蒙古	0.0247	0.0048	0.0047	0.0016	0.0014	0.0001	0.0534	0.0020	0.0020	0.0473	0.0577	0.0023	0.0182	0.0080
辽宁	0.0319	0.0157	0.0078	0.0058	0.0030	0.0008	0.0438	0.0042	0.0025	0.0120	0.0080	0.0034	0.0022	0.0055
吉林	0.0211	0.0131	0.0073	0.0047	0.0041	0.0006	0.0309	0.0039	0.0045	0.0086	0.0080	0.0031	0.0023	0.0054
黑龙江	0.0355	0.0180	0.0056	0.0023	0.0022	0.0003	0.0358	0.0031	0.0017	0.0066	0.0037	0.0010	0.0009	0.0018
上海	0.0170	0.0165	0.0128	0.0142	0.0045	0.0014	0.0480	0.0121	0.0077	0.0132	0.0136	0.0064	0.0023	0.0393
江苏	0.0345	0.0345	0.0215	0.0108	0.0147	0.0050	0.1214	0.0576	0.0445	0.0310	0.0218	0.0123	0.0049	0.0428
浙江	0.0243	0.0303	0.0417	0.0184	0.0351	0.0025	0.0849	0.0554	0.0362	0.0159	0.0139	0.0110	0.0054	0.0214
安徽	0.0799	0.0417	0.0231	0.0073	0.0069	0.0037	0.1181	0.0491	0.0611	0.0329	0.0122	0.0072	0.0023	0.0243
福建	0.0111	0.0242	0.0339	0.0558	0.0552	0.0038	0.2080	0.0705	0.0179	0.0090	0.0040	0.0023	0.0009	0.0066
江西	0.0269	0.0765	0.1240	0.0569	0.0239	0.0034	0.0497	0.0194	0.0108	0.0107	0.0078	0.0023	0.0010	0.0067
山东	0.0454	0.0164	0.0090	0.0086	0.0115	0.0020	0.0747	0.0284	0.0453	0.0358	0.0247	0.0176	0.0041	0.0342
河南	0	0.0853	0.0196	0.0243	0.0094	0.0042	0.1059	0.0256	0.0289	0.0851	0.0411	0.0197	0.0092	0.0655
湖北	0.1847	0	0.0989	0.0286	0.0174	0.0039	0.2203	0.0133	0.0105	0.0449	0.0097	0.0050	0.0018	0.0255
湖南	0.0397	0.1462	0	0.0996	0.0751	0.0162	0.1093	0.0841	0.0437	0.0241	0.0106	0.0061	0.0020	0.0310
广东	0.0253	0.0308	0.1817	0	0.3192	0.0605	0.1224	0.0245	0.0141	0.0120	0.0039	0.0014	0.0006	0.0038
广西	0.0205	0.0390	0.2560	0.2126	0	0.0373	0.0701	0.0699	0.0462	0.0101	0.0049	0.0045	0.0008	0.0116
海南	0.0165	0.0300	0.0701	0.4107	0.2026	0	0.0945	0.0080	0.0050	0.0059	0.0022	0.0009	0.0004	0.0021
四川	0.0453	0.0691	0.0341	0.0278	0.0226	0.0046	0	0.0973	0.1567	0.0623	0.0451	0.0271	0.0053	0.0814
贵州	0.0228	0.0202	0.1042	0.0214	0.0437	0.0011	0.5269	0	0.0982	0.0087	0.0016	0.0015	0.0002	0.0036
云南	0.0178	0.0167	0.0851	0.0268	0.0348	0.0043	0.5109	0.1097	0	0.0124	0.0044	0.0016	0.0006	0.0036
陕西	0.1406	0.0392	0.0171	0.0103	0.0057	0.0009	0.1347	0.0060	0.0110	0	0.1195	0.0337	0.0230	0.0758
甘肃	0.1140	0.0149	0.0142	0.0068	0.0026	0.0003	0.1031	0.0015	0.0044	0.1826	0	0.0707	0.0417	0.1010
青海	0.1222	0.0078	0.0156	0.0024	0.0046	0.0003	0.1707	0.0019	0.0018	0.1238	0.2263	0	0.0114	0.0179
宁夏	0.1020	0.0067	0.0089	0.0018	0.0011	0.0000	0.0520	0.0014	0.0012	0.2024	0.2230	0.0106	0	0.0205
新疆	0.1702	0.0200	0.0215	0.0056	0.0038	0.0008	0.3461	0.0016	0.0010	0.0605	0.1134	0.0080	0.0200	0

附表 3-2 1990～1995 年马尔可夫模型初始转移概率矩阵

现住地	五年前常住地														
	北京	天津	河北	山西	内蒙古	辽宁	吉林	黑龙江	上海	江苏	浙江	安徽	福建	江西	山东
北京	0	0.0268	0.2370	0.0464	0.0264	0.0249	0.0230	0.0403	0.0082	0.0612	0.0484	0.0615	0.0151	0.0099	0.0609
天津	0.0211	0	0.2379	0.0237	0.0623	0.0309	0.0336	0.0735	0.0036	0.0327	0.0251	0.0533	0.0090	0.0103	0.1349
河北	0.0435	0.0308	0	0.0469	0.1119	0.0415	0.0328	0.1548	0.0016	0.0127	0.0501	0.0549	0.0048	0.0042	0.0374
山西	0.0202	0.0069	0.1484	0	0.1730	0.0107	0.0025	0.0088	0.0025	0.0290	0.0492	0.0240	0.0082	0.0057	0.0524
内蒙古	0.0062	0.0036	0.0887	0.0396	0	0.0461	0.0781	0.3496	0.0000	0.0367	0.0171	0.0102	0.0065	0.0033	0.0323
辽宁	0.0076	0.0028	0.0377	0.0028	0.0995	0	0.1961	0.2736	0.0023	0.0253	0.0784	0.0271	0.0030	0.0041	0.1189
吉林	0.0120	0.0060	0.0340	0.0080	0.0661	0.2063	0	0.4126	0.0040	0.0200	0.0174	0.0120	0.0174	0.0047	0.1148
黑龙江	0.0022	0.0049	0.0370	0.0053	0.1106	0.1324	0.2537	0	0.0031	0.0299	0.0062	0.0678	0.0027	0.0013	0.2470
上海	0.0070	0.0039	0.0084	0.0040	0.0022	0.0066	0.0059	0.0165		0.2222	0.1340	0.2209	0.0161	0.0726	0.0262
江苏	0.0152	0.0037	0.0126	0.0086	0.0082	0.0100	0.0096	0.0171	0.0532	0	0.0692	0.2754	0.0266	0.0315	0.0387
浙江	0.0073	0.0009	0.0032	0.0039	0.0024	0.0058	0.0043	0.0095	0.0528	0.0584	0	0.1087	0.0666	0.1819	0.0107
安徽	0.0225	0.0039	0.0155	0.0161	0.0090	0.0129	0.0071	0.0206	0.0444	0.2144	0.0683	0	0.0238	0.0412	0.0393
福建	0.0064	0.0003	0.0061	0.0105	0.0041	0.0046	0.0017	0.0046	0.0067	0.0258	0.0653	0.0665	0	0.2109	0.0119
江西	0.0024	0.0080	0.0040	0.0040	0.0016	0.0040	0.0016	0.0032	0.0168	0.0600	0.1311	0.0639	0.1359	0	0.0056
山东	0.0218	0.0091	0.0526	0.0139	0.0345	0.0414	0.0970	0.2490	0.0042	0.0416	0.0484	0.0380	0.0137	0.0042	0
河南	0.0278	0.0067	0.0689	0.0497	0.0178	0.0274	0.0178	0.0300	0.0063	0.0500	0.0608	0.0656	0.0107	0.0067	0.0815
湖北	0.0137	0.0018	0.0200	0.0089	0.0018	0.0026	0.0044	0.0248	0.0030	0.0207	0.0521	0.0229	0.0529	0.0447	0.0137
湖南	0.0102	0.0023	0.0135	0.0028	0.0023	0.0029	0.0023	0.0116	0.0047	0.0121	0.0837	0.0172	0.0335	0.0860	0.0028
广东	0.0044	0.0009	0.0033	0.0019	0.0010	0.0038	0.0032	0.0031	0.0043	0.0075	0.0124	0.0085	0.0231	0.0999	0.0020
广西	0.0134	0.0017	0.0084	0.0025	0.0000	0.0025	0.0042	0.0075	0.0075	0.0142	0.0836	0.0084	0.0301	0.0201	0.0050
海南	0.0058	0.0039	0.0067	0.0010	0.0087	0.0067	0.0077	0.0145	0.0058	0.0212	0.0183	0.0212	0.0241	0.0462	0.0077
四川	0.0215	0.0056	0.0329	0.0182	0.0121	0.0164	0.0106	0.0240	0.0101	0.0228	0.0496	0.0170	0.0306	0.0144	0.0119
贵州	0.0066	0.0007	0.0053	0.0033	0.0020	0.0026	0.0033	0.0053	0.0066	0.0151	0.0395	0.0230	0.0158	0.0112	0.0230
云南	0.0029	0.0010	0.0068	0.0029	0.0019	0.0029	0.0034	0.0029	0.0058	0.0131	0.0648	0.0106	0.0237	0.0106	0.0077
西藏	0.0028	0.0028	0.0084	0.0084	0.0000	0.0028	0.0000	0.0056	0.0000	0.0139	0.0251	0.0056	0.0028	0.0056	0.0111
陕西	0.0129	0.0012	0.0325	0.0300	0.0098	0.0110	0.0061	0.0110	0.0061	0.0288	0.0766	0.0399	0.0141	0.0104	0.0399
甘肃	0.0093	0.0014	0.0330	0.0093	0.0237	0.0108	0.0050	0.0172	0.0022	0.0487	0.0595	0.0229	0.0022	0.0036	0.0272
青海	0.0039	0.0019	0.0564	0.0039	0.0019	0.0058	0.0000	0.0058	0.0019	0.0292	0.0272	0.0311	0.0019	0.0019	0.0370
宁夏	0.0061	0.0020	0.0430	0.0061	0.0553	0.0082	0.0082	0.0102	0.0020	0.0307	0.0676	0.0205	0.0061	0.0020	0.0410
新疆	0.0018	0.0014	0.0055	0.0034	0.0018	0.0027	0.0011	0.0028	0.0027	0.0504	0.0177	0.0454	0.0048	0.0021	0.0362

续表

现住地	五年前常住地														
	河南	湖北	湖南	广东	广西	海南	四川	贵州	云南	西藏	陕西	甘肃	青海	宁夏	新疆
北京	0.1175	0.0279	0.0174	0.0099	0.0052	0.0013	0.0685	0.0053	0.0043	0.0001	0.0282	0.0086	0.0027	0.0036	0.0091
天津	0.0699	0.0224	0.0152	0.0094	0.0108	0.0027	0.0502	0.0063	0.0036	0.0004	0.0175	0.0184	0.0022	0.0031	0.0161
河北	0.0563	0.0252	0.0205	0.0054	0.0233	0.0006	0.1238	0.0437	0.0181	0.0012	0.0266	0.0089	0.0070	0.0034	0.0081
山西	0.1389	0.0505	0.0189	0.0019	0.0032	0.0000	0.1092	0.0202	0.0202	0.0025	0.0290	0.0505	0.0006	0.0025	0.0101
内蒙古	0.0171	0.0058	0.0036	0.0015	0.0004	0.0000	0.0501	0.0040	0.0033	0.0000	0.0727	0.0974	0.0004	0.0243	0.0015
辽宁	0.0393	0.0172	0.0044	0.0028	0.0014	0.0002	0.0317	0.0018	0.0028	0.0000	0.0062	0.0046	0.0037	0.0014	0.0034
吉林	0.0194	0.0053	0.0107	0.0067	0.0013	0.0007	0.0140	0.0000	0.0013	0.0000	0.0027	0.0013	0.0013	0.0000	0.0000
黑龙江	0.0383	0.0174	0.0027	0.0013	0.0000	0.0000	0.0299	0.0004	0.0004	0.0000	0.0027	0.0000	0.0013	0.0013	0.0000
上海	0.0382	0.0208	0.0143	0.0183	0.0054	0.0045	0.0722	0.0165	0.0079	0.0000	0.0102	0.0105	0.0052	0.0021	0.0274
江苏	0.0621	0.0374	0.0252	0.0172	0.0086	0.0018	0.0976	0.0550	0.0351	0.0007	0.0212	0.0117	0.0215	0.0014	0.0241
浙江	0.0326	0.0335	0.0580	0.0249	0.0245	0.0030	0.1353	0.1123	0.0241	0.0015	0.0152	0.0045	0.0067	0.0011	0.0064
安徽	0.1178	0.0444	0.0212	0.0129	0.0026	0.0039	0.1159	0.0470	0.0406	0.0019	0.0167	0.0039	0.0084	0.0052	0.0187
福建	0.0125	0.0415	0.0444	0.0532	0.0270	0.0209	0.2800	0.0755	0.0073	0.0009	0.0067	0.0015	0.0000	0.0000	0.0032
江西	0.0224	0.0624	0.1807	0.1335	0.0200	0.0032	0.0528	0.0464	0.0112	0.0000	0.0192	0.0040	0.0000	0.0008	0.0016
山东	0.0643	0.0175	0.0068	0.0085	0.0053	0.0019	0.0442	0.0180	0.0594	0.0025	0.0309	0.0347	0.0110	0.0008	0.0249
河南		0.0756	0.0263	0.0137	0.0148	0.0030	0.0745	0.0341	0.0415	0.0030	0.1060	0.0308	0.0167	0.0044	0.0278
湖北	0.1708		0.0802	0.0325	0.0052	0.0089	0.3124	0.0022	0.0207	0.0000	0.0392	0.0089	0.0018	0.0022	0.0174
湖南	0.0191	0.1977		0.0930	0.0637	0.0070	0.0986	0.1660	0.0265	0.0005	0.0088	0.0042	0.0056	0.0028	0.0163
广东	0.0511	0.0417	0.2276		0.2258	0.0360	0.1805	0.0340	0.0089	0.0002	0.0098	0.0015	0.0011	0.0003	0.0021
广西	0.0100	0.0518	0.1923	0.1589		0.0493	0.1162	0.1246	0.0677	0.0008	0.0059	0.0033	0.0050	0.0000	0.0050
海南	0.0501	0.0645	0.1118	0.1329	0.2341		0.1590	0.0154	0.0067	0.0000	0.0125	0.0048	0.0019	0.0010	0.0058
四川	0.0412	0.0567	0.0306	0.1116	0.0094	0.0081		0.1053	0.1683	0.0369	0.0349	0.0190	0.0109	0.0058	0.0635
贵州	0.0158	0.0171	0.1289	0.0414	0.0296	0.0013	0.4987	0	0.0882	0.0046	0.0046	0.0013	0.0013	0.0000	0.0039
云南	0.0189	0.0648	0.0566	0.0242	0.0150	0.0000	0.4915	0.1500	0	0.0111	0.0019	0.0010	0.0010	0.0024	0.0005
西藏	0.0334	0.0195	0.0306	0.0000	0.0000	0.0000	0.6156	0.0056	0.0139	0	0.0501	0.0780	0.0557	0.0028	0.0000
陕西	0.1809	0.0417	0.0325	0.0098	0.0061	0.0018	0.1668	0.0049	0.0055	0.0061		0.1128	0.0294	0.0184	0.0527
甘肃	0.1240	0.0294	0.0065	0.0014	0.0007	0.0000	0.1247	0.0043	0.0007	0.0115	0.1821	0	0.0674	0.0867	0.0846
青海	0.0798	0.0097	0.0117	0.0019	0.0000	0.0000	0.1479	0.0000	0.0019	0.0370	0.0837	0.3735	0	0.0292	0.0136
宁夏	0.1025	0.0041	0.0061	0.0000	0.0000	0.0000	0.0430	0.0000	0.0000	0.0000	0.2254	0.2828	0.0082	0	0.0184
新疆	0.2845	0.0175	0.0092	0.0005	0.0012	0.0000	0.2942	0.0011	0.0009	0.0002	0.0373	0.1431	0.0055	0.0253	0

附表 3-3　1995～2000 年马尔可夫模型初始转移概率矩阵

现住地	五年前常住地														
	北京	天津	河北	山西	内蒙古	辽宁	吉林	黑龙江	上海	江苏	浙江	安徽	福建	江西	山东
北京	0	0.0119	0.1974	0.0327	0.0325	0.0299	0.0236	0.0422	0.0040	0.0562	0.0318	0.0789	0.0167	0.0208	0.0783
天津	0.0154	0	0.2199	0.0265	0.0447	0.0285	0.0344	0.0772	0.0026	0.0388	0.0265	0.0697	0.0151	0.0088	0.1532
河北	0.0323	0.0290	0	0.0500	0.0802	0.0457	0.0513	0.1381	0.0019	0.0264	0.0324	0.0420	0.0114	0.0087	0.0685
山西	0.0122	0.0085	0.1186	0	0.1142	0.0135	0.0097	0.0114	0.0025	0.0259	0.0406	0.0435	0.0166	0.0070	0.0403
内蒙古	0.0103	0.0073	0.1369	0.1034	0	0.0761	0.0656	0.1652	0.0011	0.0211	0.0224	0.0202	0.0105	0.0092	0.0359
辽宁	0.0061	0.0048	0.0389	0.0084	0.1089	0	0.1713	0.2966	0.0025	0.0319	0.0266	0.0417	0.0119	0.0079	0.0766
吉林	0.0078	0.0073	0.0459	0.0130	0.0834	0.1551	0	0.2724	0.0026	0.0438	0.0271	0.0327	0.0160	0.0086	0.1144
黑龙江	0.0085	0.0055	0.0433	0.0119	0.1184	0.1102	0.2453	0	0.0031	0.0544	0.0291	0.0437	0.0130	0.0101	0.1413
上海	0.0048	0.0020	0.0053	0.0038	0.0025	0.0062	0.0054	0.0104	0	0.2168	0.0932	0.3084	0.0316	0.0651	0.0238
江苏	0.0076	0.0027	0.0093	0.0065	0.0043	0.0077	0.0063	0.0128	0.0271	0	0.0649	0.3762	0.0206	0.0367	0.0373
浙江	0.0037	0.0011	0.0038	0.0022	0.0017	0.0033	0.0027	0.0055	0.0106	0.0385	0	0.1975	0.0212	0.2170	0.0126
安徽	0.0176	0.0051	0.0208	0.0097	0.0056	0.0156	0.0129	0.0183	0.0477	0.1956	0.0895	0	0.0304	0.0553	0.0426
福建	0.0035	0.0011	0.0035	0.0028	0.0016	0.0036	0.0031	0.0047	0.0043	0.0159	0.0325	0.0755	0	0.3039	0.0082
江西	0.0083	0.0030	0.0151	0.0071	0.0047	0.0071	0.0064	0.0075	0.0124	0.0433	0.1166	0.0756	0.1088	0	0.0264
山东	0.0143	0.0069	0.0418	0.0187	0.0334	0.0431	0.1036	0.2083	0.0061	0.0660	0.0460	0.0743	0.0156	0.0124	0
河南	0.0150	0.0044	0.0586	0.0688	0.0132	0.0202	0.0139	0.0254	0.0047	0.0455	0.0555	0.0841	0.0201	0.0188	0.0884
湖北	0.0079	0.0043	0.0276	0.0179	0.0062	0.0096	0.0073	0.0077	0.0044	0.0371	0.0548	0.0400	0.0360	0.0537	0.0445
湖南	0.0097	0.0036	0.0192	0.0124	0.0049	0.0119	0.0075	0.0116	0.0049	0.0250	0.0505	0.0266	0.0385	0.0840	0.0194
广东	0.0016	0.0006	0.0025	0.0016	0.0011	0.0027	0.0025	0.0039	0.0013	0.0101	0.0084	0.0254	0.0172	0.1067	0.0074
广西	0.0064	0.0029	0.0112	0.0040	0.0026	0.0061	0.0060	0.0102	0.0039	0.0171	0.0550	0.0285	0.0412	0.0419	0.0103
海南	0.0051	0.0020	0.0067	0.0037	0.0056	0.0102	0.0111	0.0155	0.0026	0.0123	0.0183	0.0276	0.0306	0.0583	0.0151
重庆	0.0101	0.0033	0.0146	0.0100	0.0042	0.0078	0.0051	0.0077	0.0053	0.0167	0.0316	0.0120	0.0253	0.0129	0.0140
四川	0.0163	0.0041	0.0262	0.0170	0.0072	0.0145	0.0077	0.0119	0.0075	0.0277	0.0464	0.0177	0.0253	0.0160	0.0189
贵州	0.0048	0.0014	0.0116	0.0052	0.0013	0.0050	0.0023	0.0041	0.0042	0.0158	0.0458	0.0128	0.0307	0.0201	0.0106
云南	0.0033	0.0009	0.0082	0.0043	0.0015	0.0037	0.0039	0.0056	0.0028	0.0155	0.0504	0.0143	0.0272	0.0256	0.0093
西藏	0.0048	0.0023	0.0076	0.0044	0.0028	0.0042	0.0020	0.0024	0.0037	0.0130	0.0212	0.0112	0.0059	0.0031	0.0098
陕西	0.0121	0.0065	0.0430	0.0524	0.0269	0.0140	0.0091	0.0118	0.0037	0.0450	0.0486	0.0361	0.0179	0.0158	0.0483
甘肃	0.0082	0.0052	0.0269	0.0200	0.0171	0.0128	0.0080	0.0093	0.0040	0.0477	0.0640	0.0330	0.0211	0.0130	0.0352
青海	0.0042	0.0016	0.0260	0.0157	0.0069	0.0095	0.0055	0.0073	0.0030	0.0460	0.0451	0.0335	0.0155	0.0044	0.0377
宁夏	0.0091	0.0020	0.0248	0.0132	0.0594	0.0098	0.0051	0.0098	0.0017	0.0236	0.0278	0.0516	0.0087	0.0048	0.0282
新疆	0.0011	0.0007	0.0089	0.0045	0.0018	0.0026	0.0021	0.0037	0.0013	0.0420	0.0177	0.0442	0.0043	0.0022	0.0261

续表

五年前常住地

现住地	河南	湖北	湖南	广东	广西	海南	重庆	四川	贵州	云南	西藏	陕西	甘肃	青海	宁夏	新疆
北京	0.1228	0.0449	0.0202	0.0123	0.0051	0.0020	0.0119	0.0592	0.0064	0.0041	0.0007	0.0250	0.0149	0.0029	0.0037	0.0071
天津	0.0783	0.0309	0.0130	0.0099	0.0051	0.0017	0.0101	0.0390	0.0039	0.0021	0.0016	0.0174	0.0123	0.0024	0.0041	0.0070
河北	0.0984	0.0479	0.0154	0.0092	0.0088	0.0015	0.0124	0.0798	0.0163	0.0126	0.0010	0.0433	0.0180	0.0057	0.0033	0.0084
山西	0.1512	0.0499	0.0163	0.0057	0.0036	0.0014	0.0170	0.1474	0.0146	0.0171	0.0017	0.0798	0.0176	0.0049	0.0021	0.0052
内蒙古	0.0354	0.0130	0.0057	0.0029	0.0012	0.0004	0.0060	0.0425	0.0026	0.0033	0.0007	0.0918	0.0721	0.0064	0.0273	0.0033
辽宁	0.0491	0.0207	0.0083	0.0067	0.0023	0.0009	0.0081	0.0406	0.0031	0.0016	0.0007	0.0107	0.0053	0.0021	0.0018	0.0037
吉林	0.0375	0.0301	0.0096	0.0073	0.0045	0.0030	0.0052	0.0349	0.0039	0.0039	0.0005	0.0113	0.0066	0.0032	0.0031	0.0054
黑龙江	0.0393	0.0337	0.0121	0.0074	0.0043	0.0018	0.0048	0.0293	0.0050	0.0031	0.0005	0.0095	0.0059	0.0015	0.0023	0.0017
上海	0.0400	0.0298	0.0154	0.0100	0.0029	0.0010	0.0122	0.0652	0.0115	0.0036	0.0004	0.0078	0.0060	0.0010	0.0010	0.0127
江苏	0.0616	0.0431	0.0224	0.0109	0.0058	0.0020	0.0189	0.1012	0.0487	0.0250	0.0006	0.0172	0.0078	0.0038	0.0014	0.0096
浙江	0.0503	0.0690	0.0533	0.0084	0.0115	0.0010	0.0395	0.1335	0.0794	0.0148	0.0002	0.0098	0.0035	0.0011	0.0009	0.0023
安徽	0.0973	0.0565	0.0278	0.0209	0.0100	0.0046	0.0137	0.0530	0.0506	0.0534	0.0009	0.0186	0.0084	0.0044	0.0019	0.0115
福建	0.0281	0.0717	0.0446	0.0234	0.0106	0.0027	0.0620	0.2109	0.0609	0.0067	0.0003	0.0085	0.0019	0.0008	0.0010	0.0017
江西	0.0267	0.0876	0.1158	0.1260	0.0267	0.0078	0.0142	0.0485	0.0600	0.0154	0.0023	0.0122	0.0059	0.0017	0.0018	0.0050
山东	0.0873	0.0397	0.0099	0.0085	0.0044	0.0012	0.0115	0.0363	0.0119	0.0330	0.0012	0.0241	0.0128	0.0080	0.0021	0.0175
河南	0	0.1037	0.0268	0.0271	0.0106	0.0056	0.0160	0.0753	0.0198	0.0210	0.0030	0.0840	0.0243	0.0131	0.0047	0.0284
湖北	0.1570	0	0.0998	0.0417	0.0284	0.0100	0.0920	0.0960	0.0226	0.0133	0.0018	0.0398	0.0130	0.0098	0.0036	0.0121
湖南	0.0407	0.1793	0	0.1147	0.0646	0.0165	0.0340	0.0660	0.0764	0.0325	0.0016	0.0141	0.0106	0.0040	0.0022	0.0129
广东	0.0713	0.1032	0.2192	0	0.1402	0.0064	0.0313	0.1678	0.0397	0.0045	0.0001	0.0176	0.0038	0.0004	0.0004	0.0013
广西	0.0233	0.0533	0.2563	0.1488	0	0.0166	0.0207	0.0767	0.0935	0.0428	0.0002	0.0088	0.0036	0.0022	0.0004	0.0054
海南	0.0414	0.1170	0.1445	0.1311	0.1336	0	0.0298	0.1202	0.0226	0.0102	0.0001	0.0130	0.0050	0.0018	0.0007	0.0043
重庆	0.0236	0.0561	0.0253	0.0439	0.0136	0.0055	0	0.4670	0.0829	0.0450	0.0060	0.0149	0.0070	0.0048	0.0025	0.0213
四川	0.0299	0.0376	0.0300	0.0482	0.0151	0.0063	0.2615	0	0.0545	0.1124	0.0197	0.0351	0.0273	0.0116	0.0032	0.0432
贵州	0.0174	0.0319	0.1289	0.0560	0.0491	0.0031	0.1157	0.3196	0	0.0851	0.0027	0.0079	0.0031	0.0005	0.0002	0.0031
云南	0.0392	0.0194	0.0820	0.0283	0.0226	0.0022	0.1040	0.3341	0.1652	0	0.0019	0.0086	0.0035	0.0008	0.0006	0.0030
西藏	0.0210	0.0672	0.0204	0.0048	0.0011	0.0006	0.0574	0.5650	0.0079	0.0110	0	0.0456	0.0799	0.0434	0.0016	0.0042
陕西	0.1469	0.0432	0.0234	0.0187	0.0082	0.0046	0.0166	0.0975	0.0079	0.0084	0.0060	0	0.1174	0.0213	0.0245	0.0387
甘肃	0.0979	0.0287	0.0229	0.0112	0.0045	0.0014	0.0141	0.0885	0.0066	0.0079	0.0049	0.1364	0	0.1321	0.0493	0.0537
青海	0.1230	0.0122	0.0217	0.0083	0.0005	0.0005	0.0152	0.1365	0.0020	0.0059	0.0124	0.0976	0.2624	0	0.0094	0.0140
宁夏	0.1050	0.0122	0.0078	0.0048	0.0005	0.0004	0.0088	0.0462	0.0016	0.0005	0.0003	0.2125	0.2975	0.0087	0	0.0136
新疆	0.2089	0.0342	0.0152	0.0033	0.0010	0.0003	0.0458	0.2573	0.0023	0.0027	0.0002	0.0518	0.1871	0.0120	0.0147	0

附表3-4 2000~2005年马尔可夫模型初始转移概率矩阵

现住地	五年前常住地														
	北京	天津	河北	山西	内蒙古	辽宁	吉林	黑龙江	上海	江苏	浙江	安徽	福建	江西	山东
北京	0	0.0172	0.0743	0.0219	0.0153	0.0096	0.0104	0.0151	0.0064	0.0084	0.0050	0.0366	0.0059	0.0147	0.0190
天津	0.0116	0	0.0231	0.0047	0.0038	0.0050	0.0083	0.0070	0.0022	0.0022	0.0010	0.0071	0.0016	0.0018	0.0071
河北	0.1808	0.2108	0	0.1199	0.0758	0.0418	0.0450	0.0321	0.0060	0.0097	0.0048	0.0113	0.0031	0.0104	0.0545
山西	0.0335	0.0258	0.0448	0	0.1180	0.0071	0.0076	0.0070	0.0037	0.0039	0.0025	0.0110	0.0023	0.0015	0.0215
内蒙古	0.0339	0.0299	0.1000	0.0869	0	0.1177	0.0793	0.1577	0.0026	0.0035	0.0015	0.0042	0.0014	0.0018	0.0307
辽宁	0.0370	0.0214	0.0417	0.0122	0.0531	0	0.1535	0.1210	0.0082	0.0075	0.0033	0.0128	0.0034	0.0039	0.0455
吉林	0.0309	0.0281	0.0421	0.0223	0.0375	0.1853	0	0.2443	0.0075	0.0059	0.0031	0.0071	0.0028	0.0032	0.0943
黑龙江	0.0559	0.1181	0.1319	0.0133	0.0548	0.3254	0.3132	0	0.0115	0.0086	0.0051	0.0113	0.0037	0.0048	0.2041
上海	0.0043	0.0033	0.0019	0.0018	0.0011	0.0035	0.0042	0.0023	0	0.0256	0.0139	0.1383	0.0100	0.0221	0.0050
江苏	0.0368	0.0255	0.0180	0.0291	0.0149	0.0234	0.0222	0.0158	0.1764	0	0.0357	0.2262	0.0132	0.0308	0.0723
浙江	0.0236	0.0139	0.0318	0.0434	0.0285	0.0164	0.0163	0.0259	0.0544	0.0361	0	0.1612	0.0228	0.1465	0.0236
安徽	0.0713	0.0425	0.0477	0.0467	0.0274	0.0286	0.0482	0.0410	0.2841	0.3611	0.1825	0	0.0622	0.0268	0.0589
福建	0.0135	0.0084	0.0126	0.0158	0.0080	0.0085	0.0100	0.0274	0.0279	0.0251	0.0187	0.0253	0	0.1064	0.0143
江西	0.0213	0.0101	0.0126	0.0075	0.0077	0.0090	0.0062	0.0329	0.0553	0.0285	0.1213	0.0297	0.2158	0	0.0116
山东	0.0759	0.2125	0.0545	0.0420	0.0236	0.0705	0.1057	0.1245	0.0383	0.0419	0.0174	0.0380	0.0080	0.0092	0
河南	0.1217	0.0863	0.1042	0.1767	0.0590	0.0590	0.0610	0.0375	0.0723	0.1197	0.0868	0.0549	0.0439	0.0178	0.1274
湖北	0.0507	0.0318	0.0280	0.0531	0.0165	0.0147	0.0253	0.0383	0.0438	0.0469	0.0714	0.0291	0.1057	0.0531	0.0291
湖南	0.0252	0.0111	0.0189	0.0172	0.0069	0.0060	0.0055	0.0073	0.0251	0.0187	0.0559	0.0185	0.0463	0.0614	0.0145
广东	0.0146	0.0064	0.0075	0.0140	0.0073	0.0087	0.0066	0.0108	0.0152	0.0160	0.0218	0.0553	0.0603	0.3914	0.0094
广西	0.0053	0.0040	0.0063	0.0039	0.0057	0.0011	0.0031	0.0035	0.0047	0.0060	0.0143	0.0072	0.0119	0.0124	0.0036
海南	0.0013	0.0027	0.0009	0.0007	0.0004	0.0006	0.0007	0.0015	0.0011	0.0012	0.0012	0.0030	0.0030	0.0051	0.0021
重庆	0.0159	0.0090	0.0107	0.0140	0.0126	0.0072	0.0059	0.0062	0.0272	0.0233	0.0476	0.0056	0.0905	0.0135	0.0129
四川	0.0688	0.0297	0.0782	0.0962	0.0268	0.0250	0.0277	0.0232	0.0783	0.1057	0.1224	0.0309	0.1598	0.0207	0.0423
贵州	0.0074	0.0038	0.0360	0.0248	0.0015	0.0016	0.0073	0.0015	0.0168	0.0377	0.1138	0.0243	0.0900	0.0186	0.0066
云南	0.0042	0.0021	0.0105	0.0276	0.0056	0.0038	0.0104	0.0019	0.0052	0.0200	0.0293	0.0273	0.0123	0.0135	0.0283
西藏	0.0001	0.0001	0.0010	0.0007	0.0004	0.0011	0.0003	0.0000	0.0001	0.0005	0.0001	0.0007	0.0007	0.0006	0.0010
陕西	0.0239	0.0162	0.0271	0.0844	0.2168	0.0080	0.0062	0.0043	0.0108	0.0197	0.0124	0.0104	0.0126	0.0038	0.0285
甘肃	0.0209	0.0182	0.0195	0.0108	0.1276	0.0046	0.0042	0.0043	0.0084	0.0077	0.0037	0.0047	0.0028	0.0006	0.0101
青海	0.0020	0.0029	0.0051	0.0018	0.0015	0.0012	0.0017	0.0019	0.0010	0.0025	0.0006	0.0012	0.0009	0.0006	0.0065
宁夏	0.0027	0.0028	0.0032	0.0029	0.0406	0.0027	0.0007	0.0015	0.0012	0.0009	0.0006	0.0006	0.0014	0.0005	0.0017
新疆	0.0050	0.0054	0.0060	0.0036	0.0011	0.0031	0.0031	0.0023	0.0045	0.0057	0.0022	0.0062	0.0016	0.0015	0.0134

续表

现住地	五年前常住地															
	河南	湖北	湖南	广东	广西	海南	重庆	四川	贵州	云南	西藏	陕西	甘肃	青海	宁夏	新疆
北京	0.0381	0.0298	0.0127	0.0023	0.0080	0.0055	0.0184	0.0277	0.0104	0.0061	0.0059	0.0130	0.0224	0.0092	0.0111	0.0067
天津	0.0038	0.0044	0.0038	0.0005	0.0042	0.0012	0.0057	0.0037	0.0010	0.0024	0.0000	0.0044	0.0045	0.0031	0.0030	0.0010
河北	0.0745	0.0215	0.0077	0.0036	0.0097	0.0107	0.0163	0.0253	0.0081	0.0121	0.0059	0.0426	0.0378	0.0246	0.0324	0.0158
山西	0.0670	0.0105	0.0044	0.0020	0.0040	0.0051	0.0099	0.0143	0.0028	0.0088	0.0030	0.0515	0.0276	0.0185	0.0152	0.0063
内蒙古	0.0167	0.0051	0.0026	0.0010	0.0006	0.0091	0.0080	0.0040	0.0006	0.0021	0.0000	0.0163	0.0231	0.0123	0.0506	0.0043
辽宁	0.0113	0.0133	0.0059	0.0031	0.0110	0.0138	0.0113	0.0092	0.0024	0.0072	0.0030	0.0118	0.0186	0.0062	0.0101	0.0047
吉林	0.0124	0.0133	0.0024	0.0028	0.0019	0.0138	0.0037	0.0053	0.0009	0.0050	0.0000	0.0113	0.0071	0.0072	0.0061	0.0034
黑龙江	0.0256	0.0104	0.0056	0.0049	0.0076	0.0293	0.0049	0.0053	0.0033	0.0072	0.0000	0.0086	0.0090	0.0113	0.0081	0.0037
上海	0.0108	0.0193	0.0053	0.0017	0.0023	0.0028	0.0180	0.0170	0.0159	0.0050	0.0030	0.0047	0.0064	0.0051	0.0071	0.0048
江苏	0.0364	0.0280	0.0134	0.0068	0.0154	0.0115	0.0189	0.0250	0.0206	0.0158	0.0089	0.0379	0.0455	0.0441	0.0192	0.0261
浙江	0.0445	0.0682	0.0471	0.0074	0.0422	0.0166	0.0551	0.0658	0.1474	0.0534	0.0178	0.0415	0.0500	0.0369	0.0405	0.0112
安徽	0.0467	0.0283	0.0220	0.0231	0.0158	0.0253	0.0152	0.0129	0.0095	0.0183	0.0119	0.0385	0.0346	0.0308	0.0263	0.0273
福建	0.0162	0.0337	0.0291	0.0192	0.0331	0.0269	0.0376	0.0380	0.0531	0.0310	0.0000	0.0397	0.0231	0.0113	0.0132	0.0067
江西	0.0202	0.0343	0.0377	0.0800	0.0346	0.0411	0.0166	0.0153	0.0156	0.0286	0.0030	0.0121	0.0115	0.0103	0.0020	0.0018
山东	0.0505	0.0265	0.0083	0.0098	0.0097	0.0218	0.0175	0.0185	0.0109	0.0148	0.0059	0.0400	0.0244	0.0236	0.0496	0.0272
河南	0	0.1146	0.0345	0.1019	0.0274	0.0581	0.0216	0.0256	0.0153	0.0294	0.0237	0.1803	0.0974	0.1569	0.1113	0.2594
湖北	0.0910	0	0.1048	0.1134	0.0507	0.0854	0.0555	0.0253	0.0179	0.0436	0.0237	0.0489	0.0333	0.0636	0.0243	0.0316
湖南	0.0370	0.0767	0	0.2005	0.1644	0.1341	0.0316	0.0236	0.0732	0.0746	0.0208	0.0219	0.0154	0.0287	0.0132	0.0148
广东	0.1569	0.2276	0.4657	0	0.4184	0.1796	0.1984	0.2733	0.3055	0.0401	0.0030	0.0489	0.0295	0.0113	0.0182	0.0106
广西	0.0202	0.0176	0.0411	0.1545	0	0.0854	0.0115	0.0119	0.1242	0.0360	0.0000	0.0044	0.0019	0.0051	0.0010	0.0020
海南	0.0043	0.0089	0.0102	0.0081	0.0103	0	0.0055	0.0066	0.0078	0.0027	0.0000	0.0012	0.0019	0.0000	0.0000	0.0008
重庆	0.0386	0.0616	0.0202	0.0419	0.0144	0.0273	0	0.1183	0.0487	0.1009	0.0564	0.0429	0.0096	0.0164	0.0111	0.0507
四川	0.0605	0.0598	0.0295	0.1227	0.0352	0.1199	0.2590	0	0.1242	0.2761	0.5549	0.1300	0.0756	0.1436	0.0425	0.2140
贵州	0.0081	0.0236	0.0425	0.0475	0.0382	0.0297	0.0677	0.0363	0	0.1514	0.0089	0.0086	0.0013	0.0072	0.0030	0.0022
云南	0.0157	0.0120	0.0223	0.0097	0.0268	0.0119	0.0401	0.0781	0.0603	0	0.0013	0.0113	0.0051	0.0021	0.0020	0.0031
西藏	0.0005	0.0014	0.0006	0.0002	0.0000	0.0000	0.0039	0.0175	0.0021	0.0027	0	0.0015	0.0186	0.0164	0.0000	0.0007
陕西	0.0397	0.0214	0.0092	0.0232	0.0068	0.0214	0.0117	0.0241	0.0055	0.0129	0.0504	0	0.1276	0.0821	0.1761	0.0562
甘肃	0.0135	0.0084	0.0030	0.0060	0.0046	0.0059	0.0085	0.0311	0.0021	0.0058	0.1217	0.0749	0	0.1276	0.2783	0.1758
青海	0.0162	0.0056	0.0012	0.0006	0.0008	0.0012	0.0042	0.0042	0.0006	0.0029	0.0504	0.0154	0.1058	0	0.0040	0.0153
宁夏	0.0027	0.0014	0.0006	0.0004	0.0000	0.0016	0.0027	0.0010	0.0003	0.0002	0.0000	0.0118	0.0397	0.0082	0	0.0118
新疆	0.0202	0.0128	0.0068	0.0014	0.0023	0.0040	0.0212	0.0358	0.0045	0.0042	0.0119	0.0240	0.0917	0.0103	0.0202	0

附表3-5 2005～2010年马尔可夫模型初始转移概率矩阵

现住地	北京	天津	河北	山西	内蒙古	辽宁	吉林	黑龙江	上海	江苏	浙江	安徽	福建	江西	山东
北京	0	0.0120	0.0836	0.0145	0.0169	0.0089	0.0141	0.0218	0.0068	0.0048	0.0033	0.0360	0.0049	0.0088	0.0131
天津	0.0142	0	0.0297	0.0090	0.0090	0.0072	0.0097	0.0170	0.0025	0.0021	0.0011	0.0079	0.0021	0.0040	0.0085
河北	0.2152	0.2345	0	0.1455	0.1213	0.0464	0.0545	0.0660	0.0094	0.0138	0.0048	0.0226	0.0056	0.0180	0.0762
山西	0.0421	0.0452	0.0464	0	0.1074	0.0150	0.0212	0.0190	0.0070	0.0089	0.0032	0.0117	0.0040	0.0159	0.0333
内蒙古	0.0310	0.0316	0.0654	0.0538	0	0.0990	0.0749	0.0914	0.0033	0.0035	0.0014	0.0052	0.0019	0.0125	0.0366
辽宁	0.0361	0.0278	0.0532	0.0193	0.0550	0	0.1377	0.1212	0.0089	0.0069	0.0031	0.0122	0.0045	0.0087	0.0404
吉林	0.0311	0.0321	0.0441	0.0166	0.0437	0.1624	0	0.1805	0.0074	0.0069	0.0034	0.0093	0.0039	0.0073	0.0816
黑龙江	0.0514	0.0632	0.1242	0.0192	0.0787	0.2898	0.2317	0	0.0119	0.0105	0.0055	0.0092	0.0053	0.0073	0.1659
上海	0.0046	0.0026	0.0026	0.0027	0.0019	0.0034	0.0064	0.0084	0	0.0179	0.0095	0.0918	0.0070	0.0224	0.0051
江苏	0.0271	0.0253	0.0255	0.0412	0.0242	0.0269	0.0333	0.0309	0.1515	0	0.0325	0.1917	0.0139	0.0368	0.0625
浙江	0.0163	0.0159	0.0197	0.0262	0.0141	0.0178	0.0318	0.0267	0.0475	0.0352	0	0.1337	0.0233	0.1200	0.0276
安徽	0.0525	0.0474	0.0417	0.0454	0.0241	0.0409	0.0406	0.0416	0.2565	0.3162	0.1816	0	0.0491	0.0575	0.0598
福建	0.0130	0.0117	0.0137	0.0258	0.0111	0.0114	0.0146	0.0154	0.0274	0.0192	0.0162	0.0331	0	0.0888	0.0179
江西	0.0210	0.0116	0.0160	0.0147	0.0095	0.0091	0.0127	0.0164	0.0504	0.0339	0.1184	0.0377	0.1953	0	0.0143
山东	0.0902	0.1540	0.0685	0.0592	0.0549	0.0711	0.1061	0.1277	0.0502	0.0608	0.0187	0.0394	0.0123	0.0233	0
河南	0.1295	0.1121	0.1270	0.2007	0.0692	0.0646	0.0590	0.0481	0.0965	0.1397	0.1060	0.0889	0.0660	0.0463	0.1326
湖北	0.0487	0.0324	0.0429	0.0531	0.0262	0.0193	0.0265	0.0355	0.0505	0.0552	0.0720	0.0456	0.0791	0.0599	0.0390
湖南	0.0245	0.0127	0.0188	0.0226	0.0135	0.0127	0.0159	0.0192	0.0286	0.0282	0.0606	0.0306	0.0535	0.0730	0.0168
广东	0.0134	0.0082	0.0097	0.0109	0.0059	0.0090	0.0111	0.0160	0.0176	0.0129	0.0198	0.0417	0.0469	0.2143	0.0120
广西	0.0062	0.0046	0.0069	0.0054	0.0031	0.0037	0.0054	0.0071	0.0069	0.0072	0.0129	0.0116	0.0167	0.0263	0.0051
海南	0.0020	0.0025	0.0039	0.0039	0.0011	0.0016	0.0068	0.0052	0.0016	0.0014	0.0011	0.0039	0.0039	0.0117	0.0025
重庆	0.0121	0.0086	0.0144	0.0217	0.0114	0.0095	0.0086	0.0080	0.0235	0.0221	0.0398	0.0131	0.0777	0.0120	0.0104
四川	0.0438	0.0311	0.0514	0.0742	0.0575	0.0346	0.0258	0.0223	0.0657	0.0803	0.0933	0.0376	0.1623	0.0365	0.0357
贵州	0.0066	0.0078	0.0123	0.0117	0.0081	0.0060	0.0080	0.0084	0.0180	0.0357	0.1280	0.0242	0.1067	0.0370	0.0118
云南	0.0056	0.0053	0.0106	0.0135	0.0065	0.0040	0.0056	0.0090	0.0106	0.0196	0.0370	0.0254	0.0274	0.0126	0.0165
西藏	0.0006	0.0006	0.0011	0.0007	0.0004	0.0011	0.0010	0.0010	0.0005	0.0010	0.0003	0.0011	0.0007	0.0011	0.0007
陕西	0.0264	0.0202	0.0352	0.0657	0.0960	0.0094	0.0117	0.0140	0.0182	0.0315	0.0166	0.0173	0.0153	0.0137	0.0257
甘肃	0.0225	0.0245	0.0161	0.0141	0.0933	0.0073	0.0084	0.0111	0.0138	0.0166	0.0064	0.0083	0.0057	0.0130	0.0247
青海	0.0019	0.0032	0.0047	0.0034	0.0038	0.0022	0.0055	0.0027	0.0016	0.0024	0.0009	0.0033	0.0007	0.0033	0.0067
宁夏	0.0032	0.0038	0.0033	0.0021	0.0292	0.0017	0.0033	0.0030	0.0015	0.0014	0.0006	0.0015	0.0015	0.0036	0.0047
新疆	0.0072	0.0074	0.0076	0.0032	0.0032	0.0044	0.0082	0.0054	0.0044	0.0045	0.0021	0.0044	0.0028	0.0045	0.0123

五年前常住地

续表

现住地	五年前常住地															
	河南	湖北	湖南	广东	广西	海南	重庆	四川	贵州	云南	西藏	陕西	甘肃	青海	宁夏	新疆
北京	0.0255	0.0152	0.0099	0.0018	0.0080	0.0077	0.0096	0.0193	0.0054	0.0060	0.0058	0.0113	0.0133	0.0107	0.0078	0.0057
天津	0.0085	0.0058	0.0038	0.0007	0.0043	0.0057	0.0029	0.0047	0.0018	0.0033	0.0013	0.0056	0.0083	0.0041	0.0034	0.0019
河北	0.0668	0.0283	0.0185	0.0044	0.0180	0.0178	0.0165	0.0256	0.0118	0.0154	0.0124	0.0457	0.0374	0.0394	0.0359	0.0190
山西	0.0547	0.0201	0.0110	0.0031	0.0091	0.0143	0.0123	0.0175	0.0061	0.0091	0.0038	0.0821	0.0228	0.0184	0.0231	0.0112
内蒙古	0.0131	0.0126	0.0064	0.0012	0.0059	0.0132	0.0063	0.0077	0.0027	0.0036	0.0016	0.0407	0.0190	0.0087	0.0452	0.0044
辽宁	0.0171	0.0107	0.0098	0.0032	0.0109	0.0164	0.0071	0.0127	0.0059	0.0072	0.0042	0.0142	0.0186	0.0093	0.0121	0.0065
吉林	0.0161	0.0072	0.0079	0.0037	0.0129	0.0187	0.0057	0.0091	0.0062	0.0072	0.0014	0.0101	0.0128	0.0072	0.0092	0.0052
黑龙江	0.0237	0.0098	0.0085	0.0047	0.0173	0.0373	0.0062	0.0100	0.0051	0.0099	0.0024	0.0138	0.0132	0.0094	0.0135	0.0074
上海	0.0116	0.0107	0.0071	0.0013	0.0052	0.0046	0.0093	0.0159	0.0083	0.0059	0.0029	0.0050	0.0063	0.0041	0.0034	0.0036
江苏	0.0485	0.0389	0.0219	0.0058	0.0171	0.0188	0.0202	0.0356	0.0260	0.0174	0.0094	0.0351	0.0417	0.0381	0.0249	0.0290
浙江	0.0502	0.0627	0.0475	0.0072	0.0357	0.0243	0.0393	0.0580	0.1085	0.0452	0.0178	0.0314	0.0437	0.0273	0.0227	0.0150
安徽	0.0927	0.0476	0.0281	0.0191	0.0250	0.0339	0.0145	0.0198	0.0217	0.0204	0.0199	0.0394	0.0337	0.0357	0.0408	0.0374
福建	0.0297	0.0361	0.0344	0.0190	0.0449	0.0345	0.0315	0.0318	0.0506	0.0356	0.0073	0.0218	0.0186	0.0142	0.0113	0.0093
江西	0.0278	0.0517	0.0544	0.0842	0.0410	0.0498	0.0160	0.0234	0.0294	0.0287	0.0066	0.0177	0.0190	0.0135	0.0100	0.0062
山东	0.0785	0.0356	0.0212	0.0077	0.0208	0.0203	0.0164	0.0260	0.0159	0.0192	0.0133	0.0464	0.0432	0.0416	0.0456	0.0378
河南	0	0.1369	0.0461	0.0872	0.0433	0.0652	0.0293	0.0448	0.0355	0.0406	0.0597	0.1478	0.1279	0.1257	0.1237	0.2074
湖北	0.0964	0	0.1177	0.1132	0.0549	0.0707	0.0437	0.0478	0.0447	0.0484	0.0400	0.0574	0.0662	0.0587	0.0247	0.0304
湖南	0.0428	0.0881	0	0.2112	0.1733	0.0980	0.0269	0.0362	0.1198	0.0899	0.0282	0.0250	0.0336	0.0307	0.0148	0.0182
广东	0.0627	0.1149	0.2986	0	0.2628	0.1327	0.0872	0.1399	0.1195	0.0436	0.0063	0.0297	0.0169	0.0138	0.0082	0.0109
广西	0.0165	0.0271	0.0488	0.1690	0	0.0859	0.0136	0.0162	0.0337	0.0294	0.0024	0.0096	0.0081	0.0059	0.0044	0.0024
海南	0.0057	0.0107	0.0124	0.0081	0.0160	0	0.0053	0.0060	0.0046	0.0066	0.0010	0.0045	0.0045	0.0009	0.0022	0.0010
重庆	0.0170	0.0595	0.0174	0.0375	0.0175	0.0314	0	0.1649	0.0838	0.0932	0.0576	0.0189	0.0196	0.0186	0.0177	0.0369
四川	0.0566	0.0633	0.0485	0.1105	0.0538	0.0994	0.4218	0	0.1706	0.2368	0.4737	0.0910	0.1021	0.1119	0.0542	0.1792
贵州	0.0176	0.0251	0.0531	0.0461	0.0462	0.0314	0.0699	0.0448	0	0.1411	0.0075	0.0152	0.0098	0.0053	0.0072	0.0044
云南	0.0186	0.0177	0.0253	0.0169	0.0269	0.0178	0.0340	0.0717	0.0593	0	0.0179	0.0095	0.0117	0.0094	0.0045	0.0060
西藏	0.0034	0.0014	0.0017	0.0005	0.0009	0.0004	0.0026	0.0131	0.0010	0.0028	0	0.0081	0.0105	0.0178	0.0010	0.0003
陕西	0.0469	0.0285	0.0162	0.0228	0.0124	0.0196	0.0151	0.0296	0.0105	0.0159	0.0400	0	0.1126	0.0783	0.1372	0.0601
甘肃	0.0194	0.0134	0.0096	0.0072	0.0061	0.0132	0.0116	0.0270	0.0051	0.0070	0.1048	0.1007	0	0.2228	0.2766	0.2105
青海	0.0093	0.0055	0.0034	0.0008	0.0029	0.0036	0.0042	0.0107	0.0023	0.0040	0.0446	0.0140	0.0508	0	0.0049	0.0108
宁夏	0.0042	0.0034	0.0022	0.0005	0.0011	0.0024	0.0034	0.0041	0.0007	0.0014	0.0013	0.0234	0.0310	0.0065	0	0.0218
新疆	0.0184	0.0114	0.0085	0.0018	0.0060	0.0110	0.0175	0.0264	0.0032	0.0050	0.0048	0.0247	0.0430	0.0122	0.0102	0

附表 3-6　2010～2015 年马尔可夫模型初始转移概率矩阵

现住地	北京	天津	河北	山西	内蒙古	辽宁	吉林	黑龙江	上海	江苏	浙江	安徽	福建	江西	山东
								五年前常住地							
北京	0	0.0169	0.2166	0.0564	0.0259	0.0389	0.0263	0.0487	0.0067	0.0278	0.0146	0.0416	0.0113	0.0202	0.0872
天津	0.0169	0	0.2321	0.0506	0.0236	0.0298	0.0287	0.0463	0.0042	0.0331	0.0130	0.0425	0.0074	0.0091	0.1274
河北	0.1125	0.0284	0	0.0824	0.0432	0.0421	0.0414	0.0972	0.0043	0.0150	0.0145	0.0347	0.0123	0.0129	0.0685
山西	0.0283	0.0147	0.1124	0	0.0548	0.0387	0.0132	0.0218	0.0059	0.0370	0.0202	0.0346	0.0242	0.0125	0.0709
内蒙古	0.0545	0.0152	0.1063	0.1231	0	0.0732	0.0505	0.0859	0.0038	0.0176	0.0072	0.0263	0.0130	0.0071	0.0648
辽宁	0.0255	0.0067	0.0598	0.0175	0.0873	0	0.1643	0.2464	0.0033	0.0223	0.0088	0.0353	0.0097	0.0043	0.0821
吉林	0.0385	0.0221	0.0459	0.0260	0.0808	0.1560	0	0.2027	0.0164	0.0312	0.0217	0.0340	0.0166	0.0098	0.0713
黑龙江	0.0267	0.0150	0.0492	0.0436	0.0796	0.0812	0.1158	0	0.0064	0.0200	0.0258	0.0461	0.0075	0.0146	0.0815
上海	0.0096	0.0039	0.0113	0.0104	0.0034	0.0107	0.0076	0.0134	0	0.1519	0.0491	0.2249	0.0219	0.0464	0.0502
江苏	0.0080	0.0032	0.0198	0.0242	0.0034	0.0061	0.0073	0.0149	0.0413	0	0.0387	0.2520	0.0124	0.0250	0.0678
浙江	0.0079	0.0023	0.0080	0.0073	0.0024	0.0061	0.0051	0.0061	0.0204	0.0570	0	0.1538	0.0235	0.1061	0.0185
安徽	0.0235	0.0139	0.0282	0.0230	0.0050	0.0161	0.0110	0.0073	0.0938	0.2178	0.1408	0	0.0331	0.0402	0.0413
福建	0.0102	0.0033	0.0091	0.0086	0.0030	0.0070	0.0047	0.0083	0.0184	0.0257	0.0377	0.0443	0	0.1522	0.0239
江西	0.0126	0.0042	0.0209	0.0199	0.0087	0.0076	0.0080	0.0081	0.0252	0.0381	0.1270	0.0540	0.0761	0	0.0239
山东	0.0266	0.0178	0.0656	0.0547	0.0249	0.0311	0.0437	0.1091	0.0127	0.0694	0.0318	0.0626	0.0223	0.0188	0
河南	0.0586	0.0203	0.1007	0.0451	0.0102	0.0172	0.0214	0.0144	0.0369	0.0589	0.0611	0.1076	0.0389	0.0273	0.0790
湖北	0.0182	0.0093	0.0323	0.0231	0.0100	0.0099	0.0079	0.0134	0.0168	0.0410	0.0600	0.0674	0.0339	0.0467	0.0533
湖南	0.0173	0.0053	0.0223	0.0167	0.0083	0.0081	0.0084	0.0145	0.0157	0.0260	0.0550	0.0211	0.0404	0.0498	0.0143
广东	0.0046	0.0018	0.0055	0.0044	0.0014	0.0044	0.0048	0.0059	0.0043	0.0094	0.0121	0.0178	0.0195	0.0841	0.0073
广西	0.0053	0.0027	0.0412	0.0125	0.0074	0.0124	0.0150	0.0148	0.0139	0.0183	0.0377	0.0176	0.0305	0.0364	0.0240
海南	0.0090	0.0044	0.0311	0.0174	0.0183	0.0261	0.0254	0.0632	0.0067	0.0223	0.0334	0.0374	0.0290	0.0448	0.0229
重庆	0.0098	0.0030	0.0108	0.0092	0.0033	0.0048	0.0054	0.0082	0.0178	0.0254	0.0424	0.0146	0.0354	0.0175	0.0149
四川	0.0231	0.0043	0.0280	0.0180	0.0103	0.0147	0.0138	0.0148	0.0279	0.0385	0.0708	0.0231	0.0371	0.0156	0.0255
贵州	0.0043	0.0031	0.0093	0.0041	0.0024	0.0038	0.0030	0.0039	0.0209	0.0500	0.1895	0.0210	0.0748	0.0219	0.0133
云南	0.0092	0.0029	0.0177	0.0131	0.0069	0.0092	0.0089	0.0095	0.0078	0.0396	0.0657	0.0369	0.0359	0.0286	0.0388
西藏	0.0078	0.0006	0.0071	0.0110	0.0006	0.0110	0.0032	0.0097	0.0078	0.0149	0.0226	0.0168	0.0116	0.0142	0.0116
陕西	0.0163	0.0112	0.0486	0.1082	0.0313	0.0140	0.0132	0.0117	0.0092	0.0403	0.0289	0.0462	0.0263	0.0193	0.0507
甘肃	0.0221	0.0090	0.0453	0.0273	0.0350	0.0305	0.0155	0.0112	0.0158	0.0361	0.0336	0.0245	0.0240	0.0092	0.0331
青海	0.0180	0.0132	0.0612	0.0309	0.0132	0.0107	0.0047	0.0098	0.0054	0.0416	0.0246	0.0353	0.0082	0.0107	0.0539
宁夏	0.0144	0.0099	0.0339	0.0243	0.0838	0.0086	0.0086	0.0075	0.0027	0.0363	0.0140	0.0400	0.0188	0.0089	0.0544
新疆	0.0097	0.0060	0.0309	0.0202	0.0074	0.0066	0.0081	0.0077	0.0060	0.0512	0.0156	0.0315	0.0109	0.0051	0.0323

续表

现住地	五年前常住地															
	河南	湖北	湖南	广东	广西	海南	重庆	四川	贵州	云南	西藏	陕西	甘肃	青海	宁夏	新疆
北京	0.1171	0.0423	0.0238	0.0172	0.0079	0.0020	0.0206	0.0378	0.0106	0.0138	0.0007	0.0263	0.0245	0.0025	0.0051	0.0090
天津	0.1385	0.0408	0.0105	0.0075	0.0048	0.0017	0.0117	0.0391	0.0101	0.0091	0.0018	0.0193	0.0274	0.0036	0.0031	0.0061
河北	0.1708	0.0319	0.0216	0.0065	0.0040	0.0069	0.0155	0.0420	0.0131	0.0119	0.0003	0.0447	0.0097	0.0036	0.0015	0.0065
山西	0.1174	0.1067	0.0373	0.0102	0.0078	0.0036	0.0111	0.0707	0.0105	0.0069	0.0000	0.0937	0.0241	0.0030	0.0048	0.0029
内蒙古	0.0594	0.0151	0.0042	0.0071	0.0010	0.0030	0.0046	0.0253	0.0022	0.0069	0.0000	0.0901	0.0683	0.0030	0.0574	0.0039
辽宁	0.0595	0.0069	0.0217	0.0083	0.0083	0.0031	0.0120	0.0207	0.0239	0.0078	0.0019	0.0083	0.0240	0.0018	0.0029	0.0155
吉林	0.0486	0.0236	0.0133	0.0154	0.0045	0.0102	0.0061	0.0283	0.0119	0.0090	0.0000	0.0197	0.0230	0.0039	0.0014	0.0080
黑龙江	0.0677	0.0364	0.0072	0.0290	0.0248	0.0051	0.0159	0.0611	0.0484	0.0126	0.0003	0.0155	0.0539	0.0044	0.0004	0.0042
上海	0.1123	0.0545	0.0324	0.0249	0.0078	0.0020	0.0186	0.0488	0.0230	0.0181	0.0002	0.0205	0.0151	0.0012	0.0018	0.0040
江苏	0.1626	0.0462	0.0300	0.0207	0.0068	0.0023	0.0145	0.0551	0.0269	0.0262	0.0001	0.0482	0.0248	0.0013	0.0024	0.0075
浙江	0.0974	0.0592	0.0567	0.0358	0.0114	0.0015	0.0283	0.0681	0.1305	0.0558	0.0004	0.0170	0.0095	0.0008	0.0010	0.0022
安徽	0.0762	0.0447	0.0371	0.0367	0.0093	0.0041	0.0121	0.0225	0.0138	0.0119	0.0003	0.0136	0.0097	0.0009	0.0031	0.0090
福建	0.0648	0.0535	0.0510	0.0918	0.0187	0.0082	0.0574	0.1004	0.1214	0.0484	0.0007	0.0145	0.0080	0.0010	0.0009	0.0029
江西	0.0398	0.0613	0.0705	0.1737	0.0354	0.0150	0.0153	0.0390	0.0507	0.0224	0.0001	0.0152	0.0193	0.0037	0.0024	0.0022
山东	0.1077	0.0269	0.0147	0.0215	0.0068	0.0039	0.0113	0.0647	0.0243	0.0232	0.0008	0.0276	0.0374	0.0085	0.0084	0.0213
河南	0	0.0564	0.0305	0.0621	0.0164	0.0052	0.0134	0.0286	0.0170	0.0106	0.0002	0.0213	0.0186	0.0051	0.0032	0.0137
湖北	0.1149	0	0.0873	0.1231	0.0251	0.0126	0.0367	0.0415	0.0298	0.0178	0.0032	0.0208	0.0211	0.0038	0.0032	0.0161
湖南	0.0345	0.0798	0	0.3264	0.0355	0.0115	0.0237	0.0463	0.0460	0.0205	0.0011	0.0161	0.0157	0.0025	0.0039	0.0131
广东	0.0668	0.1055	0.2032	0	0.1963	0.0101	0.0312	0.0855	0.0535	0.0317	0.0001	0.0192	0.0070	0.0007	0.0005	0.0012
广西	0.0418	0.0413	0.1043	0.3682	0	0.0129	0.0170	0.0441	0.0367	0.0214	0.0000	0.0098	0.0035	0.0017	0.0002	0.0074
海南	0.0532	0.0630	0.0719	0.1490	0.0687	0	0.0250	0.0727	0.0380	0.0206	0.0002	0.0168	0.0128	0.0023	0.0015	0.0128
重庆	0.0208	0.0277	0.0266	0.0887	0.0102	0.0058	0	0.4169	0.1035	0.0319	0.0024	0.0126	0.0101	0.0060	0.0023	0.0121
四川	0.0370	0.0435	0.0293	0.1428	0.0126	0.0049	0.1403	0	0.0483	0.0610	0.0099	0.0285	0.0194	0.0141	0.0029	0.0400
贵州	0.0217	0.0416	0.0731	0.1670	0.0283	0.0037	0.0489	0.1005	0	0.0582	0.0006	0.0199	0.0060	0.0018	0.0006	0.0026
云南	0.0370	0.0532	0.0852	0.0520	0.0326	0.0040	0.0701	0.1806	0.1136	0	0.0012	0.0225	0.0094	0.0018	0.0005	0.0058
西藏	0.0259	0.0278	0.0239	0.0097	0.0078	0.0006	0.0362	0.5479	0.0097	0.0336	0	0.0498	0.0459	0.0278	0.0019	0.0006
陕西	0.1089	0.0396	0.0282	0.0340	0.0102	0.0049	0.0185	0.0546	0.0157	0.0119	0.0129	0	0.1040	0.0186	0.0256	0.0369
甘肃	0.1464	0.0343	0.0308	0.0341	0.0117	0.0110	0.0201	0.0570	0.0080	0.0077	0.0067	0.1062	0	0.0515	0.0405	0.0619
青海	0.1627	0.0451	0.0246	0.0114	0.0041	0.0022	0.0139	0.0659	0.0035	0.0826	0.0085	0.0653	0.1507	0	0.0060	0.0120
宁夏	0.1037	0.0284	0.0192	0.0103	0.0062	0.0021	0.0120	0.0500	0.0157	0.0171	0.0003	0.1167	0.2159	0.0072	0	0.0291
新疆	0.1667	0.0259	0.0202	0.0165	0.0062	0.0017	0.0263	0.1277	0.0043	0.0042	0.0004	0.0687	0.2539	0.0059	0.0220	0